校企合作开发课程教材

Shuiwu kuaiji shiwu

税务会计实务

主　编　宋建军　李国辉

副主编　朱晓蓉　孙　丽

图书在版编目（CIP）数据

税务会计实务 / 宋建军，李国辉主编．— 杭州：浙江工商大学出版社，2014.6（2015.2 重印）

ISBN 978-7-5178-0493-2

Ⅰ．①税… Ⅱ．①宋… ②李… Ⅲ．①税务会计 Ⅳ．① F810.42

中国版本图书馆 CIP 数据核字（2014）第 109576 号

税务会计实务

宋建军　李国辉　主 编　朱晓蓉　孙　丽　副主编

责任编辑　梁春晓　尤锡麟
封面设计　王妤驰
责任印制　包建辉
出版发行　浙江工商大学出版社
（杭州市教工路 198 号　邮政编码 310012）
（E-mail: zjgsupress@163.com）
（网址：http://www.zjgsupress.com)
电话：0571-88904980，88831806（传真）
印　　刷　杭州五象印务有限公司
开　　本　787mm × 1092mm　1/16
印　　张　16.5
字　　数　381 千
版 印 次　2014 年 6 月第 1 版 2015 年 2 月第 2 次印刷
书　　号　ISBN 978-7-5178-0493-2
定　　价　38.00 元

版权所有　翻印必究　印装差错　负责调换

浙江工商大学出版社营销部邮购电话　0571-88904970

前言
Foreword

经济越发展，会计越重要，随着税制改革和会计改革的不断深化，尽快熟悉税制改革内容，并将其与会计核算有效结合起来是当前企业财会实务中要重点解决的问题。面对形势的不断变化，为了适应当前高职会计教育的需要，我们与企业联合开发了“税务会计”课程，本书就是校企联合开发课程的重要成果之一。

本书系统介绍了税务会计的基础理论，并按税种详细介绍了现行税制下各税种的基本要素、应纳税额计算、会计核算和纳税申报。全书分十大项目，每个项目下设置若干任务，重点突出，内容新颖，注重实际操作技能的训练，列示了大量图表和任务实例，使之接近企业实际。

本书由宋建军、李国辉担任主编，参加编写的有朱晓蓉、孙丽、王晓辉、蓝晓宁、郑祥玉、何旭娟。具体分工为：宋建军编写项目一、二；李国辉编写项目六；朱晓蓉编写项目七、十；孙丽编写项目三；王晓辉编写项目四；蓝晓宁编写项目五；郑祥玉编写项目八；何旭娟编写项目九。宋建军负责全书总纂定稿。

本书既可以作为普通高等院校经济管理类专业的教材，也可为广大工商企业的财务人员提供学习参考。

本书在编写过程中参考了不少近年来出版的专著与教材，得到了专家、合作企业和本书责任编辑的大力支持，在此致以诚挚谢意！

尽管我们在编写过程中已经充分考虑了税收制度改革的最新内容和要求，但由于编者理论水平与实践知识有限，书中疏漏之处恳请各位专家和读者批评指正。

编　者

2014 年 4 月

目录

Content

项目一 税务会计认知

【知识目标】

了解税收及其特征；

掌握我国税制及其构成要素；

理解税务会计含义及其与财务会计的关系；

掌握税务会计的核算方法；

明确税务会计岗位的工作内容与职责。

【技能要求】

能根据企业业务判断应纳税种类；

会设置税务会计核算账户；

能根据税务会计岗位的工作内容与职责要求，完成税务会计的基础工作。

任务一 了解税收

【案例导入】

王某为一私营企业业主，今日税务机关工作人员上门要求其按有关规定缴纳税款，王某很纳闷，才交完工商管理税、卫生费、营业执照年检费 …… 怎么还要缴税？

【任务要求】

请分析王某的说法正确吗？如果你是税务机关工作人员，如何向他解释？

一、税收及其特征

(一)税收的含义

税收指政府为了实现其职能，凭借政治权力，依照法律规定，强制、无偿地参与社会产品分配的活动，是财政收入的重要形式，也称“赋税”或“捐税”。其内涵包括：

1. 课税主体是国家或政府

税收与国家存在直接联系，两者密不可分。税收由政府制定征收办法、组织征税活动、支配管理税收收入。整个税收分配活动都体现国家意志。

2. 征税的依据是政治权力

国家取得财政收入的依据主要是财产权力和政治权力，国家以生产资料所有者身份参与国民收入的分配凭借的是财产权力，如国有企业利润上缴，税收则是国家以社会管理者的身份把私人占有的社会产品的一部分变为国家所有，凭借的是其政治权力，带有强制无偿的特点。

3. 征税的目的是实现国家职能

国家职能是通过政府部门的活动来实现的，政府部门为了维持其有效运转和实现其职能，需大量、稳定的财力作为保障。而税收则是政府运用时间最长、范围最广、效果最佳的财力保障。

国家筹集财政收入的形式多样，除了税收外，还有发行公债、收费、国有企业利润上缴等，但税收从产生以来，就一直是国家财政收入的主要形式。

知识链接：税收是财政收入的主要形式

2013 年，全国公共财政收入 129 143 亿元，比上年增加 11 889 亿元，增长 10.1%。财政收入中的税收收入 110 497 亿元，比上年增长 9.8%，其中：国内增值税 28 803 亿元，国内消费税 8 230 亿元，营业税 17 217 亿元，企业所得税 22 416 亿元，个人所得税 6 531 亿元，进口货物增值税、消费税 14 003 亿元。

（二）税收的特征

与其他财政收入相比，税收特征非常明显，具有强制性、无偿性、固定性，习惯称为税收“三性”。

1. 强制性

税收的强制性指税收是依靠国家的政治权力而强制征收的，并非是自愿缴纳。纳税人（包括法人）必须依法纳税，否则将受到法律制裁。强制性是国家取得财政收入的基本前提，也是国家满足社会公共需要（即实现国家职能）的保证。征税方式的强制性就是由税收的无偿性决定的。

2. 无偿性

税收的无偿性是指国家征税以后，其收入就成为国家所有，不再直接归还纳税人，也不支付任何报酬。无偿性体现了财政分配的本质，是税收“三性”的核心。

3. 固定性

税收的固定性是指国家以法律形式预先规定征税范围和征收比例，便于征纳双方共同遵守。

税收的“三性”是税收的基本标志，是衡量“税”与“非税”的主要尺度，判断一种财政收入形式是不是税收，不在于它的名称是什么，主要看其是否同时具有税收“三性”。税收“三性”相互联系，不可分离，无偿性是税收的本质体现，其必然要求税收征收方式的强制性；强制性是税收无偿性和固定性得以实现的保证；固定性是强制性的必然结果。

二、税收制度的构成要素

在任何一个国家里，不论采用什么样的税收制度，构成税种的要素都不外乎以下几项：纳税人、征税对象、税目、税率、纳税环节、纳税期限、纳税地点、减税、免税和法律责任等，这里对基本要素进行介绍。

1. 纳税义务人

纳税义务人简称“纳税人”，是税法规定的直接负有纳税义务的单位和个人，也称纳税主体，从法律角度划分，纳税人包括法人和自然人两种。无论何种税法，都要规定相应的纳税义务人，因此，纳税义务人是税法的基本要素。纳税人与负税人、扣缴义务人不同，需要进行区分。

> **知识链接：**与“纳税人”相关的概念辨析
>
> 负税人：最终负担税款的单位和个人。纳税人与负税人有时候一致，有时候不一致，这里有个“税负转嫁”的问题，如果纳税人将其所缴纳的税款通过各种方式转移给他人负担，则纳税人与负税人不一致；如果纳税人不能将其所缴纳的税款转嫁给他人，则自己就是负税人，此时纳税人与负税人一致。
>
> 扣缴义务人：税法规定的在经营活动中负有代扣税款并向国库缴纳税款义务的单位和个人。扣缴义务人虽然也上缴税款，但不是纳税人，它只是代替税务机关向纳税人征税，并按时按量上缴税务机关或国库，从中获得一定的报酬，即代扣手续费。

2. 征税对象

征税对象又称征税客体，是指对什么东西征税，是征税的标的物。征税对象体现不同税种的基本界限，决定不同税种名称的由来及各税种在性质上的差别，反映了征税的广度，是一种税区别于另一种税的主要标志，是税制的基本要素。

3. 税目

税目是课税对象的具体项目。设置税目的目的一是为了体现公平原则，根据不同项目的利润水平和国家经济政策，通过设置不同的税率进行税收调控；二是为了体现简便原则，对性质相同、利润水平相同且国家经济政策调控方向也相同的项目进行分类，以便按照项目类别设置税率。有些税种不分课税对象的性质，一律按照课税对象的应税数额采用同一税率计征税款，因此没有必要设置税目，如房产税。有些税种具体课税对象复杂，需要规定税目，如消费税、营业税，一般都规定有不同的税目。

4. 税率

税率是应纳税额与征税对象数额之间的法定比例，是计算税额的尺度，体现着征税的深度。税收的固定性特征主要是通过税率来体现的。在征税对象确定的前提下，税率形式的选择和设计的高低，决定着国家税收收入的规模和纳税人的负担水平，因此，税率是税收制度的中心环节。税率可分为比例税率、累进税率、定额税率三大类。

（1）比例税率是指对同一课税对象，不论其数额多少，都按同一比例征收。如企业所得税税率25%。

（2）累进税率是指随课税对象数额的增大而提高的税率，即按课税对象数额的大小分别规定不同等级的税率，课税对象数额越大，税率越高。按照累进依据和累进方式不同，累进税率又可分为全额累进税率、超额累进税率和超率累进税率。

全额累进税率简称全累税率，即征税对象的全部数量都按其相应等级的累进税率计算征税率。全额累进税率实际上是按照征税对象数额大小、分等级规定的一种差别比例税率，它的名义税率与实际税率一般相等。全额累进税率在调节收入方面，较之比例税率要合理。

超额累进税率简称超累税率，是把征税对象的数额划分为若干等级，对每个等级部分的数额分别规定相应税率，分别计算税额，各级税额之和为应纳税额。超累税率的“超”字，是指征税对象数额超过某一等级时，仅就超过部分，按高一级税率计算征税。如个人所得税工资薪金 7 级超额累进税率就是如此。

超率累进税率以征税对象数额的某种比率划分若干级距，分别规定相应的差别税率，该比率每超过一个级距的，对超过的部分就按高一级的税率计算征税。它与超额累进税率的原理是相同，不过税率累进的依据不是绝对数，而是增值率、销售利润率等相对数。目前采用这种税率的是土地增值税。

（3）定额税率是指按课税对象的一定计量单位，直接规定固定的税额，又称固定税额。如消费税中的黄酒税率为 240 元 / 吨。

5. 纳税环节

纳税环节是对处于不断运动中的纳税对象选定的应当缴纳税款的环节。任何税种都要确定纳税环节，有的比较明确、固定，有的则需要在许多流转环节中选择确定。如对一种产品，在生产、批发、零售诸环节中，可以选择只在生产环节征税，称为一次课征制；也可以选择在两个环节征税，称为两次课征制；还可以实行在所有流转环节都征税，称为多次课征制。

6. 纳税期限

纳税期限是纳税人产生纳税义务后，应向税务机关申报纳税并解缴税款的起止时间。它是税收强制性、固定性在时间上的体现。各税种由于自身特点不同，有不同的纳税期限，一般分为按期纳税和按次纳税两种形式。

7. 纳税地点

纳税地点是纳税人依税法规定向征税机关申报纳税的具体地点，它说明纳税人应向哪里的征税机关申报纳税以及哪里的征税机关有权实施管辖的问题。在税法中明确规定纳税地点，对于纳税人正确、有效地履行纳税义务，确保国家有效地取得财政收入，实现宏观调控的经济政策及保障社会公平的社会政策，均甚为重要。一般说来，在税法上规定的纳税地点主要有以下几类：机构所在地、经济活动发生地、财产所在地、报关地等。

8. 减税、免税

减税是对应纳税额少征一部分税款；免税是对应纳税额全部免征。减税、免税是对某些纳税人和征税对象给予鼓励和照顾的一种措施。减税和免税的方法很多，除了直接规定减税和免税的项目和数额外，还可以通过规定起征点和免征额来进行减税和免税。起征点是指税法规定的对课税对象开始征税的数量界限；免征额是指税法规定的课税对象中免于征税的数额。

9. 法律责任

违章处理体现了税收的强制性，是保证税法正确贯彻执行、严肃纳税纪律的重要手段，通过违章处理，可以加强纳税人的法制观念，提高依法纳税的自觉性，从而有利于确保国家财政收入并充分发挥税收的职能作用。违章处理包括加收滞纳金、处理罚款、送交人民法院依法处理等。违章处理是税收强制性在税收制度中的体现，纳税人必须按期足额地缴纳税款，凡有拖欠税款、逾期不缴税、偷税逃税等违反税法行为的，都应受到制裁（包括法律制裁和行政处罚制裁等）。

三、我国现行税种及分类

我国现行税制中一共有19个税种,包括增值税、消费税、车辆购置税、营业税、关税、企业所得税、个人所得税、土地增值税、房产税、城镇土地使用税、耕地占用税、契税、资源税、车船使用税、船舶吨税、印花税、城市维护建设税、烟叶税、固定资产投资方向调节税(从2000年起停止征收)。

(一)按征税对象性质分类

1. 流转税类

流转税类通常是在生产、流通或者服务中,按照纳税人取得的销售收入或者营业收入征收的,包括增值税、消费税、营业税、关税。

2. 所得税类

所得税类是按照生产、经营者取得的利润或者个人取得的收入征收的,包括企业所得税、个人所得税。

3. 资源税类

资源税类是对从事资源开发或者使用城镇土地者征收的,可以体现国有资源的有偿使用,并对纳税人取得的资源级差收入进行调节,包括资源税和城镇土地使用税。

4. 财产税类

财产税类是以纳税人所拥有的财产为征税对象的税种,包括房产税等。

5. 行为税类

行为税类是对纳税人特定的行为征收的税,包括城市维护建设税、车船使用税、耕地占用税、印花税、契税等。

(二)按税收管理权限和收入归属分类

根据税收管理权限和税收收入的归属,税收可以分为中央税、地方税和中央地方共享税三种。

中央税是指由中央政府负责征收管理,收入归中央政府支配使用的税种;地方税是指由地方政府负责征收管理,收入归地方政府支配使用的税种;中央地方共享税是指由中央和地方政府共同负责征收管理,收入由中央政府和地方政府按一定比例分享的税种。

(三)按税收与价格关系分类

根据税收与价格的关系,税收可分为价内税和价外税两种。

价内税就是税金包含在价格之中,作为价格构成部分的税种,如消费税;价外税是指税金不包含在价格之中,价税分列的税种,如增值税。

(四)按税收负担能否转嫁分类

根据税收负担是否能够转嫁,税收可以分为直接税和间接税两种。

直接税是指税收负担不能转嫁,纳税人与负税人一致的税种,如所得税和财产税等;间接税是指税收负担可以通过一定方式转嫁出去,纳税人与负税人不一致的税种,如流转税和行为税等。

知识链接：我国的税务组织机构设置及其征收管理范围

税务机关是主管我国税收征收管理工作的部门。1994 年，我国开始实行分税制财政管理体制，对税收管理机构也进行了相应的配套改革。中央政府设立国家税务总局，省及省以下税务机构分设为国家税务局和地方税务局两个系统。

1. 国家税务局系统

国家税务局系统包括省国家税务局、地（设区的市）国家税务局、县国家税务局。国家税务局系统负责征收和管理"中央税"，其项目有：增值税、消费税（其中进口环节的增值税、消费税由海关负责代征）、车辆购置税、中央企业缴纳的企业所得税等。

2. 地方税务局系统

国家（地方）税务局系统依法设置，对外称谓统一为国家（地方）税务局、税务分局、税务所和国家（地方）税务局稽查局。地方税务局分为三级，即省地方税务局、地（设区的市）地方税务局、县地方税务局。地方税务局系统负责征收和管理"地方税"，其项目有：营业税、企业所得税、个人所得税、资源税、印花税和城市维护建设税（不包括由国家税务局系统负责征收管理的部分）、房产税、城镇土地使用税、耕地占用税、契税、土地增值税、车船使用税、烟叶税等。

中央和地方共享税即由中央和地方共同管理和使用，一般说来由国税系统征收，其中归地方所有的部分划入地方金库。

任务二 认识税务会计

【案例导入】

浙江衢州包乐门商贸有限公司招聘启事

招聘岗位：税务会计

岗位描述：

（1）负责所辖公司的发票管理、纳税申报等税务处理；

（2）核算和对外报送财务报表，按税法规定向税务局购买、保管、开具、申报核销增值税发票；

（3）按时完成财务月度结账和出具财务报表，并及时完成国地税各税种的报税业务；

（4）完成所负责公司费用、银行和收入凭证的填制，并完成成本计算等相应的会计处理业务；

（5）其他日常工作。

注：五天工作制，可包吃住。

任职条件：

（1）财务、会计或税务相关专业大专以上学历；

（2）具有相关税务工作经验者优先，注册税务师或者注册会计师优先；

（3）计算机操作熟练；

（4）熟悉国家、地方的财税政策及法律法规；

（5）具备优秀的团队协作能力、执行力和良好的沟通协调能力。

小邵是刚毕业的会计专业大学生，想应聘该岗位，但小邵心里在打鼓，虽然自己会计专业知识掌握比较扎实，也学习过税法，但并未系统学习过税务会计，税务会计的工作内容是什么？如何进行会计核算？小邵对于能否胜任这项工作还没有底。

【任务要求】

请根据上述企业的税务会计招聘启事讨论、归纳涉税会计岗位职责与职业能力要求。

一、税务会计岗位

税务会计岗位是指以税收法规为依据，运用会计理论和方法，对本企业的涉税事项进行确认、计量、记录和报告，并向税务机关申报缴纳税款的一系列涉税业务活动的岗位。大中型企业设有专人负责涉税业务，但小型企业往往由财会人员代办。

知识链接： 什么是税务会计？

税务会计是以现行税收法律法规为依据，以货币为主要计量单位，运用会计的专门理论与方法，全面、系统、连续地对涉税活动引起的资金运动进行反映和监督的一门专业会计。

税务会计是社会经济发展到一定阶段而从财务会计中分离出来的，它是融税收法律、法规、规章和会计核算于一体的一门特种专业会计。税务会计与财务会计在会计主体、记账基础、核算前提等方面有相同之处，但在会计目标、会计对象、核算依据等方面存在着区别。

二、税务会计岗位工作内容

税务会计岗位工作内容基本固定，特别是作为已经相对稳定发展的企业的税务会计，其工作内容可从不同时间阶段进行如下划分：

1. 月初应处理的工作内容

总体上讲，月初应处理的工作内容就是交纳税款。具体地讲，首先，要进行网上申报。按不同税种分别填写纳税申报表，进行国税和地税的网上申报，并打印出报表。其次，根据“应交税费”科目的贷方余额划转税款，进入纳税账户。再次，到税务机构进行税款缴纳，取回完税凭证，报送相关报表。最后，根据完税凭证编制税款缴纳的记账凭证，完成上月的税务处理工作。

2. 月中应处理的工作内容

（1）每天根据所发生的涉税业务的原始凭证编制记账凭证，并在“应交税费”明细账上登记。

（2）做好发票的购买、领用、开具、检收、保管工作。及时去税务机构购买发票，并报送发票使用明细表。做好每张发票领用、开具的登记工作，并将作废发票登记在备查簿中。对购入发票做好验收工作，确保发票的真实、正确，防止假发票的流入。切实做好发票的管理工作，防止发票流失。

（3）做好退税和减免税办理工作。认真及时办理好各种手续，顺利取得退税和减免税。

（4）积极配合税务机关征管员做好对本企业的税收征管工作。主动做好情况介绍、资料提供、纳税情况汇报等工作。

（5）做好相关新税收政策的学习，及时解答企业内的各种涉税事务的疑难问题。

（6）做好纳税筹划工作，结合本企业情况，及时根据学习的税法，提供税务筹划方案，并检查原有筹划方案的实施情况，及时调整和处理不当之处。

（7）做好税法的宣传、解释工作。

（8）做好其他特殊工作，如税务变更登记、税务大检查等等。

3. 月末应处理的工作内容

（1）做好“应交税费”账户的总分类账登记工作，并与明细账进行核对，进行月度结转，将各相关账户结出余额。

（2）将开出的各种发票进行汇总，编制发票使用汇总表。

（3）将收到的各种发票重新进行检查，编制发票取得汇总表，并到税务机关进行认证确认。

（4）编制发票领用存月报表，检查空白发票的库存数。

（5）按照税务机关的规定，办理预交税款的业务。

（6）对检查出来需要调整的账项按会计制度、会计准则和税法的要求进行调整。

4. 年末应处理的工作内容

（1）汇算清缴。对全年的涉税业务进行汇算清缴，按税法调整需要调整的账项，补交该补交的税款。

（2）编制并上报各种税务年报，并进行网上申报。

（3）协助税务机关做好税务年检工作。

三、税务会计岗位的职责与任职要求

1. 岗位职责

（1）办理税务登记及变更，税务登记证的年检、年审等有关事项；

（2）办理发票购领、税务局对发票的检查和发票缴销；

（3）办理有关的减免税申请及退税冲账等事项；

（4）办理公司各种税款的计算、缴纳、查对、复核等事项；

（5）编制涉税业务的记账凭证，登记有关应交税费明细账；

（6）进行纳税申报；

（7）编制有关的税务报表及相关分析报告；

（8）协调税企关系；

（9）提出税务筹划建议；

（10）办理其他与税务有关的事项。

2. 任职要求

熟悉税务及财务法规；能熟练进行会计核算；了解纳税主体运作状况；具备良好的沟通协调能力；具备良好的数据分析能力；熟练使用通用办公软件；具有较高的专业素养和良好的职业道德。

四、税务会计的核算方法

税务会计核算方法是对纳税人涉税事项进行连续、完整、系统反应和监督所运用的方法,主要包括设置账户、复式记账、凭证处理、登记账簿、填制纳税申报表等。目前,税务会计尚未建立完整、独立的会计核算制度,企业税务会计核算是与财务会计核算融合为一体的,并从属于财务会计核算的,只是将税务会计核算方面的有关规定分散在各种具体的税收法规之中。鉴于核算方法与财务会计基本相同,现仅介绍会计科目设置与会计凭证。

(一)税务会计科目

1. 设置“应交税费”科目

在税务会计制度尚未独立之前,按照新会计准则和企业会计制度的规定,主要通过“应交税费”科目进行企业税务核算。该科目为负债类科目,专门反映企业应交、未交和已交税金的情况。“应交税费”科目核算企业按税法规定应交纳的各种税金和费用,包括增值税、消费税等。企业交纳的印花税、耕地占用税以及其他不需要预计应交数的税金,不在“应交税费”科目核算。应交税费总账采用三栏式账页。“应交税费”科目按应交的税费项目进行明细核算。

2. 设置“营业税金及附加”科目

该科目核算企业按规定计算应交的消费税、营业税、资源税、城市维护建设税、教育费附加等,借记本科目。

3. 设置“所得税费用”、“递延所得税资产”、“递延所得税负债”科目

三科目分别用于核算所得税费用和暂时性差异对所得税的影响。

4. 设置“营业外收入”、“营业外支出”账户

核算企业实际收到即征即退、先征后退、先征后返的增值税或直接减免的增值税;无形资产出售业务核算营业税;核算应缴纳的各种罚款、罚金、滞纳金等。

5. 设置“管理费用”账户

该科目核算企业按规定计算应交的房产税、土地使用税、车船使用税、矿产资源补偿费、印花税,借记本科目。

(二)税务会计凭证

税务会计凭证是记载纳税人有关纳税活动,明确经济责任,具有法律效力,并据以登记账簿的书面证明文件。税务会计凭证大致有以下几类:

1. 应征凭证

应征凭证是税务机关用以核定纳税人和代征、代扣人应缴税金实现情况的证明,是核算应征税金的原始凭证。主要有纳税(减免)申报表、代扣代收税款报告表、应纳税款核定书、预缴税款通知单、定额税款通知书或定税清册、调整定额税款通知书、申报(缴款)错误更正通知书、核准停业通知书、税务处理决定书、复议决定书、审计通知书和法院判决书及各种临时征收凭证或票款结报单等。

2. 征缴凭证

征缴凭证是税务机关向纳税人征收税款时使用的完税证明,也是纳税人实际上缴税金

的原始会计凭证。征缴凭证主要有以下种类：

(1)税收缴款书，包括通用税收缴款书和专用税收缴款书。

(2)税收完税证，它是税务机关、海关在收取税款、基金等填开的征缴凭证。

(3)其他征缴凭证，包括代扣代缴税款凭证、税收罚款收据、税收收入退还书、印花税票及印花税票销售凭证。

(4)特种会计凭证，如增值税专用发票。

3. 减免凭证

减免凭证是按税法规定享受减税、免税的纳税人，在减税、免税期间发生纳税义务后，按税务机关确定的纳税申报期限向税务机关填报的，或直接由税务机关填制的，用以确定其实际享受的减征、免征税额的凭证。减免税款按其实施方式的不同，分为征前减免和退库减免两种。征前减免凭证为载有减免税款的纳税申报表和批准抵顶欠税的减免批件；退库减免凭证为办理减免退库的收入退还书或提退清单。

【知识与技能训练】

一、单项选择

1. 下列哪一项不属于税收“三性”的内容(　　)。

A. 强制性　B. 无偿性　C. 固定性　D. 合法性

2. 税务会计核算以(　　)为准绳。

A. 税法和税务法规　B. 会计准则　C. 会计制度　D. 企业制度

3. 税务会计的核算内容不包括(　　)。

A. 企业应纳税款的形成　B. 应纳税款的计算　C. 税款的缴纳　D. 应付账款的核算

4. 税务会计在年末应处理的工作中不包括(　　)。

A. 汇算清缴　B. 编制并上报各种税务年报

C. 协助税务机关做好税务年检工作　D. 编制涉税凭证

5. 下列税种收入中属于中央政府与地方政府共享收入的是(　　)。

A. 消费税　B. 增值税　C. 车辆购置税　D. 土地增值税

6. 以征税对象数额的相对率划分若干级距，分别规定相应的差别税率，相对率每超过一个级距的，对超过的部分就按高一级的税率计算纳税，这种税率称为(　　)。

A. 差别比例税率　B. 超额累进税率　C. 全率累进税率　D. 超率累进税率

7. 区分不同税种的主要标志是(　　)。

A. 纳税义务人　B. 征税对象　C. 适用税率　D. 纳税环节

8. 下列各项中，属于纳税义务人享有的权利的是(　　)。

A. 申请延期纳税　B. 办理税务登记　C. 进行纳税申报　D. 依法缴纳税款

9. 下列税种采用定额税率的有(　　)。

A. 营业税　B. 车船使用税　C. 企业所得税　D. 土地增值税

二、多项选择

1. 税收的特征主要表现在（　　）。
A. 强制性　B. 及时性　C. 固定性　D. 无偿性
2. 税务会计具有（　　）的特点。
A. 法定性　B. 广泛性　C. 统一性　D. 独立性
3. 税务会计核算的对象包括（　　）。
A. 经营收入　B. 材料费用　C. 税款的申报缴纳　D. 固定资产核算
4. 税务会计与财务会计的区别有（　　）。
A. 核算目的不同　B. 核算范围不同　C. 核算依据不同　D. 会计计量属性不同
5. 我国现行的税率形式主要有（　　）。
A. 比例税率　B. 超额累进税率　C. 超率累进税率　D. 定额税率
6. 下列税种应由地方税务机关征收的是（　　）。
A. 增值税　B. 房产税　C. 营业税　D. 关税
7. 下列各项，属于纳税人应承担的义务有（　　）。
A. 申请延期纳税　B. 办理纳税申报
C. 申请减免退税　D. 接受税务检查
8. "应交税费"科目核算包括（　　）。
A. 教育费附加　B. 矿产资源补偿费　C. 印花税　D. 耕地占用税

三、计算分析

1. 某税种以营业额为计税依据，起征点为500元，税率为5%。现有纳税义务人王某当期取得的营业额为800元，计算王某当期应纳税额。

2. 某税种以销售额为计税依据，免征额为2000元，税率为8%。现有纳税义务人张某当月取得销售额10000元，请计算张某当期应纳税额。

项目二 企业纳税工作程序

【知识目标】

了解企业纳税工作的基本程序；

掌握税务登记的基本知识与要求；

掌握涉税账证管理、发票领购与使用的基本知识与要求；

掌握纳税申报、税款缴纳的基本知识与要求。

【技能要求】

能根据业务要求办理企业各类税务登记；

会根据企业需要领购发票并能正确使用各类发票；

会根据业务需要完成纳税申报及税款缴纳工作。

任务一 税务登记

【案例导入】

刘华出资人民币150万元，张友出资100万元，设立一家汽车配件生产企业，于2008年3月1日向衢州市工商行政管理局领取了营业执照。营业执照有关注册事项如下。

注册号：3306258744235

名称：浙江衢州腾飞汽车配件有限公司

住所：衢州市城南路5号

法定代表人：刘华

注册资本：人民币250万元

企业类型：有限责任公司

经营范围：各式汽车配件的生产与销售

成立日期：2008年3月1日

营业期限：2008年3月1日至2018年3月10日

职工人数：280人

组织机构代码证号码：13356789-7

开户银行及账号：工行衢州市城南支行63-671248790002475

法人代表刘华的身份证号：3308211975********

出资人张友身份证号：3308211970********

邮政编码：324001

电话：0570-12345678

财务负责人：王金

税务会计人员：张锐，身份证号：3308611985********

【任务要求】

1. 张锐应如何办理税务登记？

2. 公司经过一年运营后，即2009年3月2日，将注册资本从250万元增加到300万元，法人变更为张友，怎样办理税务登记？

3. 公司在2010年3月需要到金华市进行一个月的商品销售活动，如何办理税务登记？

税务登记是税务机关依照法律规定，对纳税人的生产经营活动进行登记管理的一项基本制度，是纳税人依法履行纳税义务的法定手续。税务登记可分为开业登记、变更登记、注销登记、停业复业税务登记、外出经营报验登记和核查登记。

一、开业登记

开业税务登记是指纳税人在新成立时或在外地设立分支机构和从事生产、经营的场所时，应向税务机关申请办理的纳税登记。

（一）办理开业登记的时间

从事生产、经营的纳税人应当自领取营业执照之日起30日内向所在地税务机关申请办理税务登记。

其他纳税人应当自依照税收法律、行政法规成为纳税义务人之日起30日内向所在地税务机关申报办理税务登记。

（二）办理开业登记的地点

纳税企业向所在地税务机关申请办理税务登记。

纳税企业跨县（市）区设立的分支机构和从事生产经营的场所，除总机构向当地主管国家税务机关申报办理税务登记外，分支机构还应当向其所在地主管国家税务机关申报办理纳税登记。

（三）办理开业登记的程序

（1）纳税人提出书面申请报告，并提供下列有关证件和资料：营业执照或其他核准执业证件；有关合同、章程、协议书；银行账号证明；法定代表或业主居民身份证、护照或者其他证明身份的合法证件；组织机构统一代码证书；属于享受税收优惠政策的企业，应当提供相应的证明、资料；其他由省（市、自治区）税务机关确定的需要提供的有关证件、资料。

（2）填写税务登记表（见表2-1）。纳税人领取税务登记表或注册登记表后，按照规定的内容逐项填写，并加盖企业印章，经法定代表人签字后将税务登记表报送主管国家税务机关。纳税人填写完表格后，在相应位置盖上单位公章和法人代表章，将其与相关材料一并交税务登记窗口。

（3）税务机关审核、发证。主管税务机关登记窗口对纳税人报送的表格进行分类审核，确认是否符合登记要求以及所附资料的完整性，符合要求的给予受理，开具“税务文书领取通知单”给纳税人。纳税人按照“税务文书领取通知单”注明的日期到税务登记窗口领取税务登记证件，同时缴纳税务登记工本费，领取税务登记证（正、副本）。

表 2-1 税务登记表

（适用单位纳税人）

<table>
<tr><td>纳税人名称</td><td colspan="3"></td><td colspan="2">纳税人识别号</td><td colspan="2"></td></tr>
<tr><td>登记注册类型</td><td colspan="3"></td><td colspan="2">批准设立机关</td><td colspan="2"></td></tr>
<tr><td>组织机构代码</td><td colspan="3"></td><td colspan="2">批准设立证明或文号</td><td colspan="2"></td></tr>
<tr><td>开业（设立）日期</td><td></td><td>生产经营期限</td><td></td><td>证照名称</td><td></td><td>证照号码</td><td></td></tr>
<tr><td>注册地址</td><td colspan="3"></td><td>邮政编码</td><td></td><td>联系电话</td><td></td></tr>
<tr><td>生产经营地址</td><td colspan="3"></td><td>邮政编码</td><td></td><td>联系电话</td><td></td></tr>
<tr><td>核算方式</td><td colspan="4">请选择对应项目打“√” □独立核算 □非独立核算</td><td>从业人数</td><td colspan="2">____ 其中外籍人数 ____</td></tr>
<tr><td>单位性质</td><td colspan="7">请选择对应项目打“√” □企业 □事业单位 □社会团体 □民办非企业单位 □其他</td></tr>
<tr><td>网站网址</td><td colspan="3"></td><td>国标行业</td><td colspan="3">□□□□□□□□</td></tr>
<tr><td>适用会计制度</td><td colspan="7">请选择对应项目打“√”
□企业会计制度 □小企业会计制度 □金融企业会计制度 □行政事业单位会计制度</td></tr>
<tr><td>经营范围</td><td colspan="7"></td></tr>
<tr><td rowspan="2">项目
内容
联系人</td><td rowspan="2">姓名</td><td colspan="2">身份证件</td><td rowspan="2">固定电话</td><td rowspan="2">移动电话</td><td colspan="2" rowspan="2">电子邮箱</td></tr>
<tr><td>种类</td><td>号码</td></tr>
<tr><td>法定代表人（负责人）</td><td></td><td></td><td></td><td></td><td></td><td colspan="2"></td></tr>
<tr><td>财务负责人</td><td></td><td></td><td></td><td></td><td></td><td colspan="2"></td></tr>
<tr><td>办税人</td><td></td><td></td><td></td><td></td><td></td><td colspan="2"></td></tr>
<tr><td colspan="2">税务代理人名称</td><td colspan="2">纳税人识别号</td><td colspan="2">联系电话</td><td colspan="2">电子邮箱</td></tr>
<tr><td colspan="2"></td><td colspan="2"></td><td colspan="2"></td><td colspan="2"></td></tr>
<tr><td colspan="2">注册资本或投资总额</td><td>币种</td><td>金额</td><td>币种</td><td>金额</td><td>币种</td><td>金额</td></tr>
<tr><td>投资方名称</td><td>投资方经济性质</td><td>投资比例</td><td>证件种类</td><td colspan="2">证件号码</td><td colspan="2">国籍或地址</td></tr>
<tr><td></td><td></td><td></td><td></td><td colspan="2"></td><td colspan="2"></td></tr>
<tr><td></td><td></td><td></td><td></td><td colspan="2"></td><td colspan="2"></td></tr>
<tr><td></td><td></td><td></td><td></td><td colspan="2"></td><td colspan="2"></td></tr>
<tr><td colspan="2">自然人投资比例</td><td colspan="2">外资投资比例</td><td colspan="2"></td><td colspan="2">国有投资比例</td></tr>
<tr><td colspan="2">分支机构名称</td><td colspan="4">注册地址</td><td colspan="2">纳税人识别号</td></tr>
<tr><td colspan="2"></td><td colspan="4"></td><td colspan="2"></td></tr>
<tr><td colspan="2"></td><td colspan="4"></td><td colspan="2"></td></tr>
<tr><td colspan="2"></td><td colspan="4"></td><td colspan="2"></td></tr>
<tr><td>总机构名称</td><td colspan="3"></td><td>纳税人识别号</td><td colspan="3"></td></tr>
<tr><td>注册地址</td><td colspan="3"></td><td>经营范围</td><td colspan="3"></td></tr>
<tr><td>法定代表人姓名</td><td></td><td>联系电话</td><td></td><td colspan="2">注册地址邮政编码</td><td colspan="2"></td></tr>
<tr><td rowspan="3">代扣代缴
代收代缴
税款业务情况</td><td colspan="4">代扣代缴、代收代缴税款业务内容</td><td colspan="3">代扣代缴、代收代缴税种</td></tr>
<tr><td colspan="4"></td><td colspan="3"></td></tr>
<tr><td colspan="4"></td><td colspan="3"></td></tr>
<tr><td colspan="8">附报资料：</td></tr>
<tr><td colspan="2">经办人签章：

年 月 日</td><td colspan="3">法定代表人（负责人）签章：

年 月 日</td><td colspan="3">纳税人公章：

年 月 日</td></tr>
</table>

续 表

以下由税务机关填写：

<table>
<tr><td>纳税人所处街乡</td><td colspan="3"></td><td>隶属关系</td><td></td></tr>
<tr><td>国税主管税务局</td><td></td><td>国税主管税务所（科）</td><td></td><td rowspan="2">是否属于国税、地税共管户</td><td rowspan="2"></td></tr>
<tr><td>地税主管税务局</td><td></td><td>地税主管税务所（科）</td><td></td></tr>
<tr><td colspan="2">经办人（签章）：
国税经办人：
地税经办人：
受理日期：
年 月 日</td><td colspan="2">国家税务登记机关
（税务登记专用章）：
核准日期：
年 月 日
国税主管税务机关：</td><td colspan="2">地方税务登记机关
（税务登记专用章）：
核准日期：
年 月 日
地税主管税务机关：</td></tr>
<tr><td colspan="6">国税核发税务登记证副本数量： 本 发证日期： 年 月 日</td></tr>
<tr><td colspan="6">地税核发税务登记证副本数量： 本 发证日期： 年 月 日</td></tr>
</table>

本表一式一份（联合办证两份），税务机关留存。

二、变更登记

企业变更税务登记是指纳税人登记内容发生变化，向税务机关申请将税务登记内容重新调整为与实际情况一致的一种税务登记管理制度，分工商登记变更和非工商登记变更。

（一）办理时间

纳税人纳税登记内容发生变化以及其他需要改变税务登记情形的，如改变单位名称、注册类型、经营地址、经营方式、经营范围等，自工商行政管理机关或者其他机关办理变更之日起 30 日内，持有关证件向原税务登记机关申请办理变更税务登记。

不需在工商行政管理机关办理变更登记，或变更登记的内容与工商登记内容无关的，应当自税务登记内容发生变化之日起 30 日内，或者自有关机关批准宣布变更之日起 30 日内，持有关证件向原税务登记机关申报办理变更税务登记。

（二）办理地点

市区纳税人在所属城区局办税服务厅及当地政务服务中心国税局、地税局窗口办理，各县纳税人在各县办税服务厅办理。

（三）办理程序

1. 提出书面申请，并提交证明材料

（1）纳税人因变更工商登记而需变更税务登记的：变更登记申请书；工商变更登记表、工商执照（注册登记执照）及复印件；纳税人变更税务登记内容的决议及有关证明资料；税务机关发放的原税务登记资料（登记证正、副本）；税务登记变更表（见表 2–2）；纳税人税种登记表（涉及税种变更的）；其他有关资料。

（2）非工商登记变更因素而变更税务登记内容的：变更登记申请书；纳税人变更税务登记内容的决议及有关证明资料；税务机关发放的原税务登记资料（登记证正、副本）；税务登记变更表；纳税人税种登记表（涉及税种变更的）；其他有关资料。

纳税人填写完相关内容后，在相应位置盖上单位公章、法人代表章、经办人章以及税务登记专用章，然后将税务登记变更表交至税务登记窗口。如果有涉及税种变更时，同时领取并填写“纳税人税种登记表”。纳税人根据填表要求填写表格，经负责人签章并加盖公章后将表格交税务登记窗口。

表 2-2 税务登记变更表

<table>
<tr><td colspan="2">纳税人名称</td><td></td><td>纳税人识别号</td><td></td></tr>
<tr><td colspan="5">变更登记事项：</td></tr>
<tr><td>序号</td><td>变更项目</td><td>变更前内容</td><td>变更后内容</td><td>批准机关名称及文件</td></tr>
<tr><td></td><td></td><td></td><td></td><td></td></tr>
<tr><td></td><td></td><td></td><td></td><td></td></tr>
<tr><td></td><td></td><td></td><td></td><td></td></tr>
<tr><td></td><td></td><td></td><td></td><td></td></tr>
<tr><td></td><td></td><td></td><td></td><td></td></tr>
<tr><td colspan="5">送缴证件情况：

经办人：　　　　法定代表人（负责人）：　　　　纳税人（签章）
年　月　日　　　　年　月　日　　　　年　月　日</td></tr>
<tr><td colspan="5">经办税务机关审核意见：

经办人：　　　　负责人：　　　　税务机关（签章）
年　月　日　　　　年　月　日　　　　年　月　日</td></tr>
</table>

2. 受理

税务登记管理岗位人员审阅纳税人填报的表格是否符合要求，附送的资料是否齐全，符合条件的，予以受理。

3. 审核

对纳税人报送的变更登记表及附列资料进行核对，检查填写内容是否准确，有无漏缺项目。对变更法人代表的，利用法定代表人居民身份证号码进行审核比对，检查是否有在案的未履行纳税义务的记录。

4. 证件制作、发放

税务机关应当自受理之日起 30 日内，审核办理变更税务登记。纳税人税务登记表和税务登记证中的内容都发生变更的，税务机关按变更后的内容重新核发税务登记证件；纳税人税务登记表的内容发生变更而税务登记证中的内容未发生变更的，税务机关不重新核发税务登记证件。

（四）注意事项

纳税人改变单位名称的必须先缴销发票；如果纳税人未在规定期限内办理变更税务登记的，税务机关按照规定进行违章处罚；纳税人经营地址发生跨征收区域变更（指迁出原主管税务机关）的，必须按照迁移税务登记程序办理跨区迁移。

三、注销税务登记

注销税务登记是指纳税人发生解散、破产、撤销以及依法终止纳税义务情形时应当办理的税务登记注销手续。

纳税人发生解散、破产、撤销以及其他情形,依法终止纳税义务的,应当在向工商行政管理机关或者其他机关办理注销登记前,持有关证件和资料向原税务登记机关申报办理注销税务登记;按规定不需要在工商行政管理机关或者其他机关办理注销登记的,应当自有关机关批准或者宣告终止之日起15日内,持有关证件和资料向原税务登记机关申报办理注销税务登记。

纳税人因住所、经营地点变动,涉及改变税务登记机关的,应当在向工商行政管理机关或者其他机关申请办理变更、注销登记前,或者住所、经营地点变动前,持有关证件和资料,向原税务登记机关申报办理注销税务登记。

(一)办理注销登记的程序

1. 提出书面申请,并提供资料

纳税人在办理工商登记注销前和营业执照被吊销或终止之日起15日内或迁出日前,向原税务登记机关申报办理注销税务登记,同时向税务登记窗口提供如下资料:

(1)主管部门或董事会(职代会)的决议以及其他有关证明文件;

(2)营业执照被吊销的应提交工商行政管理部门发放的吊销决定;

(3)税务机关发放的原税务登记证件(税务登记证正、副本及税务登记表等);

(4)分支机构的注销税务登记通知书(涉外企业提供);

(5)发票、发票购领证;

(6)税务机关要求提供的其他有关证件和资料。

如属增值税一般纳税人,还需提供以下资料及设施:增值税一般纳税人资格证书;企业用金税卡、IC卡(指已纳入防伪税控的纳税人)。

知识链接: 增值税防伪税控系统

增值税防伪税控系统是集计算机、微电子、光电技术和数据加密等技术于一体开发研制的。税务部门和企业利用该系统能独立实现发票的防伪认证,同时,从该系统的报税子系统取得的存根联数据和认证子系统取得的抵扣联数据将直接进入增值税计算机稽核系统,通过增值税计算机稽核系统,对增值税专用发票信息和纳税申报信息进行全面的交叉比对,及时掌握税源情况和发现增值税税收管理过程中的各种问题。

增值税防伪税控系统由4个子系统构成:税务发行子系统、企业发行子系统、防伪开票子系统和认证报税子系统。防伪开票子系统专门用于企业开具专用发票,该系统必须通过其主管防伪税控税务机关对其所持有的税控IC卡和金税卡进行发行后才能使用。

防伪税控系统专用设备包括金税卡、税控IC卡、读卡器、延伸板及相关软件等。税务机关防伪税控专用设备由国家统一配备。企业所需防伪税控专用设备由防伪税控服务单位实施发售管理。

2. 填写"注销税务登记申请审批表"

纳税人领取并填写"注销税务登记申请审批表"(见表2-3)。

纳税人填写完相关内容后,在相应位置盖上单位公章、法人代表章、经办人章,然后将注销税务登记申请审批表提交给税务登记窗口。

表 2-3 注销税务登记申请审批表

纳税人识别号：□□□□□□□□□□□□□□□
纳税编码：□□□□□□□□
纳税人名称：　　　　是否双定户□　是否一般纳税人□

<table>
<tr><td colspan="2">联系地址</td><td colspan="4"></td><td colspan="2">联系电话</td><td colspan="2"></td></tr>
<tr><td colspan="2">注销原因</td><td colspan="4"></td><td colspan="2">经济性质</td><td colspan="2"></td></tr>
<tr><td rowspan="2">批准
机关</td><td colspan="2">名称</td><td colspan="7"></td></tr>
<tr><td colspan="2">批准文号及日期</td><td colspan="7"></td></tr>
<tr><td colspan="2">迁入地税务机关代码</td><td colspan="3"></td><td colspan="3">税务机关名称</td><td colspan="2"></td></tr>
<tr><td colspan="2">迁入地址</td><td colspan="8"></td></tr>
<tr><td colspan="10">纳税人（签章）
法定代表人（负责人）：　　办税人员：　　年　月　日</td></tr>
<tr><td colspan="10">以下由税务机关填写</td></tr>
<tr><td colspan="2">实际经营期限</td><td colspan="3"></td><td colspan="3">已享受税收优惠</td><td colspan="2"></td></tr>
<tr><td colspan="10">负责人：　　经办人：　　年　月　日</td></tr>
<tr><td rowspan="7">发票管理
环节缴纳
发票情况</td><td colspan="2">购领发票名称</td><td></td><td colspan="2"></td><td colspan="2"></td><td colspan="2"></td></tr>
<tr><td colspan="2">购领发票数量</td><td></td><td colspan="2"></td><td colspan="2"></td><td colspan="2"></td></tr>
<tr><td colspan="2">已使用发票数量</td><td></td><td colspan="2"></td><td colspan="2"></td><td colspan="2"></td></tr>
<tr><td colspan="2">结存发票数量</td><td></td><td colspan="2"></td><td colspan="2"></td><td colspan="2"></td></tr>
<tr><td colspan="2">起至号码</td><td></td><td colspan="2"></td><td colspan="2"></td><td colspan="2"></td></tr>
<tr><td colspan="2">发票领购薄名称</td><td></td><td colspan="2"></td><td colspan="2"></td><td colspan="2"></td></tr>
<tr><td colspan="9">负责人：　　经办人：　　年　月　日</td></tr>
<tr><td>稽查环节
清查情况</td><td colspan="9">负责人：　　经办人：　　年　月　日</td></tr>
<tr><td>征收环节
结算清缴
税款情况</td><td colspan="9">负责人：　　经办人：　　年　月　日</td></tr>
<tr><td rowspan="3">登记管理
环节审批
意　见</td><td rowspan="2">封存税务
机关发放
证件情况</td><td colspan="3">税务登记证</td><td colspan="3">税务登记证副本</td><td colspan="2">其他有关证件</td></tr>
<tr><td colspan="3"></td><td colspan="3"></td><td colspan="2"></td></tr>
<tr><td colspan="9">负责人：　　经办人：　　年　月　日</td></tr>
<tr><td colspan="3">分支机构名称</td><td colspan="4">税务登记注销情况</td><td colspan="3">主管税务机关</td></tr>
<tr><td colspan="3"></td><td colspan="4"></td><td colspan="3"></td></tr>
<tr><td>税证环节资格
取消情况</td><td colspan="9">负责人：　　经办人：　　年　月　日</td></tr>
<tr><td>批准意见</td><td colspan="9">主管税务机关：

局长签字：</td></tr>
</table>

注：本表一式两份，一份税务机关留存，一份交纳税人。

3. 受理

提供资料完整、填写内容准确、各项手续齐全、符合受理条件的,自受理之日起在 2 个工作日内办结纳税人注销登记;在注销清算过程中未发现纳税人涉嫌偷、逃、骗、抗税或虚开发票等行为的,在办结受理前的涉税事项的,应在受理后 2 个工作日内办结。

(二)注意事项

(1)纳税人未在规定期限内办理注销税务登记的,税务机关按照规定进行违章处罚;

(2)纳税人有在查案件的,必须办理结案后才能办理注销登记;

(3)纳税人注销手续办结前尚需向主管税务机关进行纳税申报。

四、停业、复业登记

纳税人在营业执照核准经营期限内停业 15 天以上时(或停业后复业),应向主管税务机关的税务登记窗口提出停业(或复业)登记申请报告。

(一)办理程序

1. 申请并提供相关资料

纳税人在营业执照核准期限内停业 15 天以上时(或停业后复业),应向主管税务机关的税务登记窗口提出停业(或复业)登记申请报告,领取并填写"停业申请登记表"(或"复业单证领取表"),连同如下资料交税务登记窗口:工商行政管理部门要求停业的,提交工商行政管理部门的停业文件;主管税务机关原发放的"税务登记证"正、副本;"发票购领证"及未使用的发票。

2. 填写"停业申请登记表"(见表 2-4),并结清应纳税款、滞纳金、罚款

3. 税务机关审核、批准

主管税务机关经过审核(必要时可实地审查),对已结清应纳税款、滞纳金、罚款并交回税务登记证件及副本、发票领购簿、未使用完的发票和其他税务证件的申请停业纳税人,即时办理停业登记,发放"核准停业通知书"。

4. 停业期满或复业

纳税人停业期满或提前恢复营业,应在恢复生产、经营前 5 个工作日内,向主管地方税务机关申报办理复业登记,如实填写"停、复业报告书",税务机关确认后,制作"复业单证领取表",纳税人确认签章后即时领回并启用税务登记证件、发票领购簿及其停业前领购的发票,纳入正常管理。

(二)注意事项

(1)对需延长停业时间的,纳税人应在停业期满 5 天前填写"延期复业申请审批表"提出申请,报税务机关重新核批停业期限,主管税务机关核准后发放"核准延期复业通知书",方可延期;

(2)对停业期满未申请延期复业的,税务机关视为已恢复营业,实施正常的税收管理;

(3)纳税人停业期满未按期复业又不申请延长停业的,主管地方税务机关视为已恢复营业,实施正常的税收征收管理。纳税人在停业期间发生纳税义务的,应当按照税收法律、行政法规的规定申报缴纳税款。

表 2-4　停业登记表

纳税人识别号：□□□□□□□□□□□□□□□

纳税人名称：

<table>
<tr><td colspan="8">停业原因：</td></tr>
<tr><td colspan="2">批准机关</td><td colspan="3">名称
批准文号及日期</td><td colspan="3"></td></tr>
<tr><td colspan="2">申请停业期限</td><td colspan="6">年　月　日至　　年　月　日</td></tr>
<tr><td colspan="8">纳税人盖章：

法定代表人
（负责人、业主）：
办税人员：　　　　年　月　日</td></tr>
<tr><td colspan="8">以下由税务机关填写</td></tr>
<tr><td>征收环节结算清缴税款情况</td><td colspan="7">负责人：　　　经办人：　　　年　月　日</td></tr>
<tr><td rowspan="6">发票管理环节</td><td>发票领购簿</td><td colspan="2"></td><td colspan="2">证件名称</td><td colspan="2">证件号码</td></tr>
<tr><td>发票名称</td><td colspan="2"></td><td colspan="2"></td><td colspan="2"></td></tr>
<tr><td>发票代码</td><td colspan="2"></td><td colspan="2"></td><td colspan="2"></td></tr>
<tr><td>发票数量</td><td colspan="2"></td><td colspan="2"></td><td colspan="2"></td></tr>
<tr><td>发票起始号码</td><td colspan="2"></td><td colspan="2"></td><td colspan="2"></td></tr>
<tr><td colspan="7">负责人：　　　经办人：　　　年　月　日</td></tr>
<tr><td>稽查环节
清算情况</td><td colspan="7">负责人：　　　经办人：　　　年　月　日</td></tr>
<tr><td rowspan="4">封存税务机关发放证件情况</td><td colspan="2">税务登记证正本</td><td colspan="2">税务登记证副本</td><td colspan="3">其他有关证件</td></tr>
<tr><td colspan="2">号码</td><td>数量</td><td>号码</td><td>数量</td><td colspan="2">号码</td></tr>
<tr><td colspan="2"></td><td></td><td></td><td></td><td colspan="2"></td></tr>
<tr><td colspan="7">负责人：　　　经办人：　　　年　月　日</td></tr>
<tr><td colspan="2">核准停业期限</td><td colspan="6">年　月　日至　　年　月　日</td></tr>
<tr><td colspan="3">主管税务机关审批意见：

负责人：　　经办人：
年　月　日</td><td>批准意见</td><td colspan="4">主管税务机关盖章：

局长签字：
年　月　日</td></tr>
</table>

注：本表一式两份，一份税务机关留存，一份交纳税人。

(4)纳税人提前复业的,按提前复业的日期作为复业日期。

五、外出经营报验登记

从事生产、经营的纳税人到外县(市)临时从事生产、经营活动的,应当持税务登记证副本和所在地税务机关填开的外出经营活动税收管理证明,向营业地税务机关报验登记,接受税务管理。在经营活动结束后向外出经营地税务机关申报核销。

(一)办理程序

1. 纳税人提出申请

纳税人须到外县(市)从事经营活动的,可持以下资料、证明到主管税务机关申请办理"外出经营税收管理证明":税务登记证(副本);"外出经营活动税收管理证明申请审批表"一式两份;外出经营场所的相关证明或租赁合同及复印件(适用于纳税人到外埠销售货物的);建筑安装工程施工合同、中标通知书、施工许可证或开工报告及复印件(适用于纳税人到外埠从事建筑安装工程的)。

2. 税务机关受理,审核并发证

主管税务机关负责税务登记管理环节的部门受理纳税人填写的申请,经审核无误后,按照一地一证的原则核发"外出经营税收管理证明"。

3. 核销

外出经营活动结束后,纳税人应于10日内将经营地主管税务机关注明经营情况并加盖印章的"外出经营活动税收管理证明"向主管税务机关申请办理核销手续。

(二)注意事项

(1)纳税人到外县(市)进行生产经营的,必须向主管税务机关申请开具"外出经营活动税收管理证明",未持有该证明的,经营地税务机关一律按6%的征收率征收税款,并处以10000元以下的罚款。

(2)纳税人到外埠销售货物的,"外出经营活动税收管理证明"有效期一般为30日;到外埠从事建筑安装工程的,有效期一般为1年,因工程需要延长的,应当向核发税务机关重新申请。从事生产、经营的纳税人外出经营,在同一地累计超过180天的,应当在营业地办理税务登记手续。

(3)纳税人应当向经营地税务机关结清税款、清缴未使用的发票,在证明上加盖经营地税务机关印章。

六、税务登记证验证、换证

税务登记证实行定期验证和换证制度,一般每年验证1次,3年更换1次。纳税人应当在规定的期限内持税务登记证(正、副本)到主管税务机关办理验证或换证手续。

(一)办理程序

1. 申请、填写并提供相关资料

纳税人按主管税务机关验证、换证或联合年检公告要求的时间、地点到主管税务机关登记窗口领取并填写"税务登记验证(换证)登记表";要求换证的,同时领取并填写相应的"税务登记表”,办理税务登记验证、换证或联合年检手续。

申请时提交以下材料：税务登记证正、副本；法定代表人（或负责人）的居民身份证、护照或其他合法身份证件及复印件；营业执照副本或其他核准的执业证件及复印件；组织机构代码证及复印件；“税务登记验证（换证）登记表”（一式三份，个体两份）；税务机关需要的其他资料。

2. 税务机关审核

税务机关受理、审阅纳税人填报的表格是否符合要求,所提交的资料是否齐全。验证时,经审核验证合格的在“税务登记验证（换证）登记表”签章并注明受理日期,加盖地税机关公章,退回“税务登记验证（换证）登记表”一份给纳税人,将验证信息录入征管软件。换证时,在税务登记表格上签章，并注明受理日期，加盖地税机关公章，退回税务登记表一份交付纳税人。将纳税人登记换证信息录入征管软件,并打印核发新税务登记证件交付纳税人。

（二）注意事项

（1）纳税人未按期前来年检换证的，视作未按期办理税务登记，税务机关按规定进行违章处罚；

（2）纳税人有变更事项而未办理变更登记的,必须先按程序办理变更手续；

（3）验证和换证必须提供原登记证件，换证的收缴证件，如有遗失的应先在新闻媒体公开声明作废后申请补发。

七、增值税一般纳税人认定登记

（一）办理时间

符合增值税一般纳税人条件的企业,应在向税务机关办理开业税务登记的同时,申请办理一般纳税人认定手续；已开业经营的小规模企业（商业零售企业除外），若当年应税销售额超过小规模纳税人标准的,应在次年 1 月底之前,申请办理一般纳税人认定手续。

（二）办理地点

企业申请办理一般纳税人认定手续,应向所在地（县级以上）主管国税局提出书面申请。企业总、分支机构不在同一县市的,应分别向其机构所在地主管税务机关申请办理一般纳税人认定登记手续。企业总机构已被认定为增值税一般纳税人的，其分支机构可持总机构为增值税一般纳税人的证明，向主管税务机关申请认定为一般纳税人。除商业企业总机构以外，纳税人总分支机构实行统一核算，其总机构年应税销售额超过小规模企业标准，但分支机构年应税销售额未超过小规模企业标准的,其分支机构可申请办理一般纳税人认定手续。

（三）办理程序

1. 申请并提供相关资料

纳税人提出认定为增值税一般纳税人的申请（包括未达标及新开业纳税人、达标纳税人及转正企业的申请），并提供以下资料：“增值税一般纳税人申请认定表”；申请报告；企业法定代表人（以下简称法人代表）或业主的有效身份证明（居民身份证、护照或公安单位出具的身份证明）；营业执照、组织机构代码证、税务登记证副本及复印件；会计人员的有效身份证明、从业资格证及复印件；固定经营场所证明（房产证或租赁合同）；开户许可证及复印件；有关公司成立的章程、合同、协议书以及验资报告等；税务机关要求报送的其他资料。

2. 填写“增值税一般纳税人申请认定表”（见表 2–5）等相关表格

表 2–5 增值税一般纳税人申请认定表

<table>
<tr><td>纳税人名称</td><td colspan="2"></td><td>纳税人识别号</td><td colspan="2"></td></tr>
<tr><td>法定代表人
（负责人、业主）</td><td></td><td>证件名称及号码</td><td></td><td>联系电话</td><td></td></tr>
<tr><td>财务负责人</td><td></td><td>证件名称及号码</td><td></td><td>联系电话</td><td></td></tr>
<tr><td>办税人员</td><td></td><td>证件名称及号码</td><td></td><td>联系电话</td><td></td></tr>
<tr><td>生产经营地址</td><td colspan="5"></td></tr>
<tr><td>核算地址</td><td colspan="5"></td></tr>
<tr><td colspan="6">纳税人类别：企业、企业性单位□ 非企业性单位□ 个体工商户□ 其他□</td></tr>
<tr><td colspan="6">纳税人主业：工业□ 商业□ 其他□</td></tr>
<tr><td colspan="3">认定前累计应税销售额
（连续不超过 12 个月的经营期内）</td><td colspan="3">年 月至 年 月共 元。</td></tr>
<tr><td>纳税人
声明</td><td colspan="5">上述各项内容真实、可靠、完整。如有虚假，本纳税人愿意承担相关法律责任。
（签章）：
年 月 日</td></tr>
<tr><td colspan="6">税务机关</td></tr>
<tr><td>受理
意见</td><td colspan="5">受理人签名：
年 月 日</td></tr>
<tr><td>查验
意见</td><td colspan="5">查验人签名：
年 月 日</td></tr>
<tr><td>主管
税务
机关
意见</td><td colspan="5">（签章）
年 月 日</td></tr>
<tr><td>认定
机关
意见</td><td colspan="5">（签章）
年 月 日</td></tr>
</table>

本表一式两份，税务机关一份，纳税人一份。

3. 税务机关审核确认

主管税务机关收到“增值税一般纳税人申请认定表”及有关资料后，对照国家关于增值税一般纳税人认定的标准及有关规定进行审核。税务机关做出认定结论后，应当在一般纳税人“税务登记证”副本的“资格认定”栏内加盖“增值税一般纳税人”确认专用章作为领取增值税专用发票的依据。将“增值税一般纳税人申请认定表”（一份）、工商执照（副本）、税务登记证副本（国税）退还给纳税人。

任务二 管理凭证与账簿

【案例导入】

在办理税务登记时,税务机关工作人员向张锐了解企业账簿设置情况,要求其将相关的财务、会计制度等在规定时间内报送税务机关备案。

【任务要求】

明确腾飞公司的账簿设置与保管、凭证管理的要求。

一、涉税账簿设置

由于账簿、凭证反映了纳税人的所有生产、经营活动情况,因此账簿、凭证管理是税收征管的重要环节,是纳税人纳税申报的重要依据。我国税收征管法律规定:

(1)从事生产、经营的纳税人应当在领取营业执照之日起15日内按照规定设置总账、明细账、日记账以及其他辅助性账簿,其中总账、日记账必须采用订本式。生产经营规模小又确无建账能力的个体工商业户,可以聘请注册会计师或者经主管国家税务机关认可的财会人员代为建账和办理账务。

(2)扣缴义务人应当自税收法律、行政法规规定的扣缴义务发生之日起10日内,按照所代扣、代收的税种,分别设置代扣代缴、代收代缴税款账簿。

(3)纳税人、扣缴义务人采用电子计算机记账的,对于会计制度健全,能够通过电子计算机正确、完整计算其收入、所得的,其电子计算机储存和输出的会计记录,可视同会计账簿,但应按期打印成书面记录并完整保存;对于会计制度不健全,不能通过电子计算机正确、完整反映其收入、所得的,应当建立总账和与纳税或者代扣代缴、代收代缴税款有关的其他账簿。

(4)从事生产、经营的纳税人应当自领取税务登记证件之日起15日内,将其财务、会计制度或者财务、会计处理办法报送主管国家税务机关备案。纳税人、扣缴义务人采用计算机记账的,应当在使用前将其记账软件、程序和使用说明书及有关资料报送主管国家税务机关备案。

二、凭证编制

税务会计应在审核涉税业务原始凭证的基础上,编制相应的记账凭证,如采购销售涉税凭证、计算并结转税款的凭证、交纳税款的凭证、结转利润的凭证。如果纳税人使用的财务、会计制度和具体的财务、会计处理方法与有关税收方面的规定不一致时,纳税人必须依照税收规定计算纳税。

三、账簿登记

记账凭证审核无误后,根据原始凭证和记账凭证进行相关账簿的登记。会计人员要按照财务、会计制度或财务、会计处理办法,真实、逐笔记账,确保账簿登记的正确、及时、完整。

四、涉税账证资料的管理

企业税务会计人员还必须做好各类凭证、账簿、报表和原始资料的整理、保管和归档工作,确保纳税资料的完整。

(1)年度结束后,应将各种账证资料按顺序装订成册,统一编号归档保管。

(2)纳税人的涉税账证资料需保存10年(另有规定者除外),保存期满按规定程序销毁。

(3)纳税人的账证资料不得伪造、编造或擅自损毁。

任务三 领购与使用发票

【案例导入】

衢州腾飞汽车配件有限公司办税员张锐领购发票。

【任务要求】

1. 衢州腾飞汽车配件有限公司初次购买普通发票,张锐应如何办理?

2. 衢州腾飞汽车配件有限公司初次购买增值税专用发票,张锐应如何办理?

一、发票的领购

纳税人办理了税务登记后,应当持税务登记证件、经办人身份证明、按照国务院税务主管部门规定式样制作的发票专用章印模等文件向主管税务机关办理发票领购手续。主管税务机关根据纳税人的经营范围和规模,确认领购发票的种类、数量以及领购方式,发放发票领购簿。

(一)首次领购发票办理流程

1. 票种核定

纳税人办理票种核定需填写“税务行政许可申请审批表(票种核定)”并携带税务登记证副本到主管税务机关文书受理窗口办理。

2. 登记购票员

纳税人登记购票员填写“购票员授权委托证明书”到主管税务机关发票供售部门办理。

3. 领取磁条式“发票领购簿”

领取磁条式“发票领购簿”并进行购票密码初始化时需携带以下资料:税务登记证(副本);“购票员授权委托证明书”、购票员身份证明原件以及复印件;财务专用章或者发票专用章印模。对于新办税务登记的纳税人,可以直接持上述资料到发票供售部门办理“发票领购簿核发手续”;非新办税务登记的纳税人,携带“准予税务行政许可决定书(票种核定)”。

4. 领购发票

领购发票时需填写“发票验旧供新表”,同时提供税务登记证(副本)和“发票领购簿”;到银行开户,与银行签订银税联网协议;领购增值税专用发票以及增值税普通发票还须税控IC卡。

（二）发票验旧供新办理流程

纳税人已领购的发票使用完毕后，如仍需领购发票，可携带以下资料办理验旧供新："税务登记证"（副本）；"发票领购簿"；"发票验旧供新表"；发票存根联。对于使用增值税普通发票以及单联发票的纳税人，如果需要手工验销发票，应提供开票清单及最后一张发票的记账联；对于使用普通发票开票软件开具电脑版普通发票的纳税人，还应提供含开票信息的U盘；到银行开户，与银行签订银税联网协议；领购增值税专用发票以及增值税普通发票还须税控IC卡。

二、发票的使用

（一）发票的开具

在销售商品、提供服务以及从事其他经营活动对外收取款项时，应向付款方开具发票。特殊情况下，由付款方向收款方开具发票。

开具发票应当按照规定的时限、顺序，逐栏、全部联次一次性如实开具，并加盖单位发票专用章；使用计算机开具发票，须经国税机关批准，并使用国税机关统一监制的机外发票，并要求开具后的存根联按顺序号装订成册。

发票限于领购的单位和个人在本市、县范围内使用，跨出市县范围的，应当使用经营地的发票；开具发票单位和个人的税务登记内容发生变化时，应相应办理发票和发票领购簿的变更手续；注销税务登记前，应当缴销发票领购簿和发票。

所有单位和从事生产、经营的个人，在购买商品、接受服务，以及从事其他经营活动支付款项时，向收款方取得发票，不得要求变更品名和金额；对不符合规定的发票，不得作为报销凭证，任何单位和个人有权拒收；发票应在有效期内使用，过期应当作废。

（二）增值税专用发票的使用

1. 增值税专用发票的使用范围

增值税专用发票（以下简称专用发票）只限于增值税的一般纳税人领购使用，增值税的小规模纳税人和非增值税纳税人不得领购使用。

一般纳税人销售货物或者提供应税劳务可汇总开具专用发票。汇总开具专用发票的，同时使用防伪税控系统开具"销售货物或者提供应税劳务清单"，并加盖财务专用章或者发票专用章。

2. 不得领购开具专用发票的情形

（1）会计核算不健全，不能向税务机关准确提供增值税销项税额、进项税额、应纳税额数据及其他有关增值税税务资料的。上列其他有关增值税税务资料的内容，由省、自治区、直辖市和计划单列市国家税务局确定。

（2）有《税收征管法》规定的税收违法行为，拒不接受税务机关处理的。

（3）有下列行为之一，经税务机关责令限期改正而仍未改正的：虚开增值税专用发票；私自印制专用发票；向税务机关以外的单位和个人买取专用发票；借用他人专用发票；未按规定开具专用发票；未按规定保管专用发票和专用设备；未按规定申请办理防伪税控系统变更发行；未按规定接受税务机关检查。

有上列情形的，如已领购专用发票，主管税务机关应暂扣其结存的专用发票和IC卡。

3. 专用发票的开具

一般纳税人应通过增值税防伪税控系统（以下简称防伪税控系统）使用专用发票。

（1）不得开具专用发票的情形：商业企业一般纳税人零售的烟、酒、食品、服装、鞋帽（不包括劳保专用部分）、化妆品等消费品不得开具专用发票；增值税小规模纳税人（以下简称小规模纳税人）需要开具专用发票的，可向主管税务机关申请代开；销售免税货物不得开具专用发票，法律、法规及国家税务总局另有规定的除外。

（2）专用发票开具要求：项目齐全，与实际交易相符；字迹清楚，不得压线、错格；发票联和抵扣联加盖财务专用章或者发票专用章；按照增值税纳税义务的发生时间开具。对不符合上列要求的专用发票，购买方有权拒收。

4. 特定情形下专用发票的使用与管理

（1）专用发票的作废处理：

一般纳税人在开具专用发票当月，发生销货退回、开票有误等情形，收到退回的发票联、抵扣联符合作废条件的，按作废处理。

同时具有下列情形的，为符合作废条件：收到退回的发票联、抵扣联时间未超过销售方开票当月；销售方未抄税（抄税是报税前用IC卡或者IC卡和软盘抄取开票数据电文）并且未记账；购买方未认证或者认证结果为“纳税人识别号认证不符”、“专用发票代码、号码认证不符”。

开具时发现有误的，可即时作废。作废专用发票须在防伪税控系统中将相应的数据电文按“作废”处理，在纸质专用发票（含未打印的专用发票）各联次上注明“作废”字样，全联次留存。

（2）红字增值税专用发票的开具：

一般纳税人取得专用发票后，发生销货退回、开票有误等情形但不符合作废条件的，或者因销货部分退回及发生销售折让的，购买方应向主管税务机关填报“开具红字增值税专用发票申请单”，“申请单”所对应的蓝字专用发票应经税务机关认证。

需要注意的是，经认证结果为“认证相符”并且已经抵扣增值税进项税额的，一般纳税人在填报“申请单”时不填写相对应的蓝字专用发票信息。经认证结果为“纳税人识别号认证不符”、“专用发票代码、号码认证不符”的，一般纳税人在填报“申请单”时应填写相对应的蓝字专用发票信息。

主管税务机关对一般纳税人填报的“申请单”进行审核后，出具“开具红字增值税专用发票通知单”（以下简称“通知单”），“通知单”应与“申请单”要对应。

销售方凭购买方提供的“通知单”开具红字专用发票，在防伪税控系统中以销项负数开具，红字专用发票应与“通知单”对应。

三、发票的保管

纳税人应当建立发票保管制度，专人负责，设置台账，定期盘点。已开具的发票存根联和发票登记簿及账册应当保存5年，保存期满报经国税机关查验后销毁。

增值税专用发票要专人保管；放在保险柜内；设置领、用、存登记簿；取得的发票抵扣联装订成册；已开具的存根保存5年，期满后报主管税务机关查验后销毁；未经批准，不得跨规定的区域携带、邮寄、运输空白的发票；禁止携带、邮寄、运输空白的发票出入境。

纳税人发生丢失、被盗增值税专用发票和普通发票时，应于当日书面报告主管税务机关，在报刊和电视等传播媒介上公告声明作废，并接受税务机关处罚。丢失、被盗增值税专用发票的，纳税人应在事发当日书面报告国税机关，并在《中国税务报》公开声明作废。

任务四 纳税申报

【案例导入】

到增值税纳税申报时间了，浙江衢州腾飞公司财务经理提醒办税员张锐该准备纳税申报了，但张锐对于纳税申报的相关知识还比较欠缺，只好向经验丰富的老王请教。

【任务要求】

如果你是老王，请向张锐介绍纳税申报的基础知识。

纳税申报是纳税人在发生纳税义务后按照税法规定的期限和内容向主管税务机关提交有关纳税书面报告的法律行为，是界定纳税人法律责任的主要依据，是税务机关税收管理信息的主要来源。

纳税人、扣缴义务人在申报期限内，无论有无应税收入和所得等都必须持纳税申报表、财务会计报表及其他纳税资料，到税务机关直接办理纳税申报。享受减税、免税的纳税人，也应按期办理纳税申报。

一、纳税申报对象

纳税申报的对象就是指谁应当办理纳税申报，它主要包括：

（1）应当正常履行纳税义务的纳税人。在正常情况下，纳税人必须在规定的申报期限内向主管税务机关如实办理纳税申报。

（2）应当履行扣缴税款义务的扣缴义务人。扣缴义务人必须在规定的申报期限内如实报送代扣代缴、代收代缴税款报告表以及税务机关根据实际需要要求扣缴义务人报送的其他有关资料。

（3）享受减税、免税待遇的纳税人。纳税人享受减税、免税待遇的，在减税、免税期间也应当按照规定办理纳税申报手续。

二、纳税申报的内容

纳税申报的内容主要包括两个方面，一是纳税申报表或者代扣代缴、代收代缴税款报告表；二是与纳税申报有关的资料或证件。

（1）纳税人和扣缴义务人在填报纳税申报表或代扣代缴、代收代缴税款报告时，应将税种，税目，应纳税项目或者应代扣代缴、代收代缴税款项目，适用税率或单位税额，计税依据，扣除项目及标准，应纳税额或应代扣代缴、代收代缴税款，税款所属期限等内容逐项填写清楚。

（2）纳税人办理纳税申报时，要报送如下资料：

①纳税申报表；

②财务会计报表及其说明材料；

③其他纳税资料。比如：与纳税有关的经济合同、协议书；固定工商业户外出经营税收管理证明；境内外公证机关出具的有关证件；个人工资及收入证明；等等。

（3）扣缴义务人纳税申报时，要报送的资料有：

①代扣代缴、代收代缴税款报告表。

②其他有关资料。通常包括：代扣代缴、代收代缴税款的合法凭证；与代扣代缴、代收代缴税款有关的经济合同、协议书、公司章程等。

三、纳税申报期限

在发生纳税义务后，纳税人、扣缴义务人必须按照法律、行政法规的规定或者税务机关依据法律、行政法规的规定确定的应纳或应缴税款的期限，到税务机关办理纳税申报。由此可以看出，申报期限有两种：一种是法律、行政法规明确规定的；另一种是税务机关按照法律、行政法规的规定，结合纳税人生产经营的实际情况及其所应缴纳的税种等相关问题予以确定的。按税法规定时间，一般有按期纳税和按次纳税两种。

纳税人办理纳税申报期限的最后一天，如遇公休日，可以顺延。

纳税人、扣缴义务人不能按期办理纳税申报或者报送代扣代缴、代收代缴税款报告表的，经税务机关核准，可以延期申报。

需要注意的是，纳税人在纳税期限内，无论有无应税收入、所得及其他应税项目，均须在规定的申报期限内，持纳税申报表、财务会计报表及其他纳税资料，向税务机关办理纳税申报；扣缴义务人在扣缴税款期内无论有无代扣、代收税款，均须在规定的期限内，持代扣代缴、代收代缴税款报告表及其他有关资料，向税务机关办理扣缴税款报告。

四、纳税申报方式

1. 直接申报

直接申报是指纳税人直接到税务部门办税服务厅进行纳税申报。

2. 邮寄申报

邮寄申报是指纳税人使用统一规定的纳税申报特快专递专用信封，通过邮政部门邮寄纳税申报表的方式进行纳税申报，以寄出的邮戳日期为实际申报日期。

3. 数据电文

数据电文是指纳税人通过电话语音、电子数据交换和网络传输等电子方式进行纳税申报，如网上申报。以税务机关的计算机网络系统收到数据电文的时间为申报日期。

4. 银行网点申报

银行网点申报是在税银联网的基础上，国税机关委托指定银行受理纳税申报和代征税款，增值税小规模纳税人同税务机关指定银行签订“委托代缴税款协议”，开设缴税账户，并在规定的申报缴税期限内，到开户的缴税银行网点进行申报纳税或委托银行按照税务机关核定的应纳税额直接划缴入库的一种申报纳税方式。

另外，对实行定期定额缴纳税款的纳税人，可以实行简易申报、简并征期等申报纳税方式。“简易申报”是指实行定期定额缴纳税款的纳税人在法律、行政法规规定的期限内或者税务机关依照法律、行政法规确定的期限内缴纳税款的，税务机关可以视同申报。“简并征期”是指实行定期定额缴纳税款的纳税人，经税务机关批准，可以采取将纳税期限合并为按季、按半年、按一年的方式缴纳税款，具体期限由省级税务机关根据具体情况确定。

五、违反纳税申报规定的法律责任

纳税人未按照规定的期限办理纳税申报和报送纳税资料的，或者扣缴义务人未按照规定的期限向税务机关报送代扣代缴、代收代缴税款报告表和有关资料的，由税务机关责令限期改正，可以处2000元以下的罚款；情节严重的，可以处2000元以上10000元以下的罚款。

任务五 税款缴纳

【案例导入】

在办理税务登记时，张锐向税务机关工作人员咨询税款缴纳事宜，税务机关工作人员告诉张锐税款征收方式有多种，纳税人可根据实际情况申请选择税款缴纳方式。作为办税员，张锐想深入了解税款缴纳的知识。

【任务要求】

了解税款缴纳的基础知识。

一、税款征收方式

1. 查账征收

查账征收是指税务机关按照纳税人提供的账表所反映的经营情况，依照适用税率计算缴纳税款的方式。这种征收方式适用于账簿、凭证、财务会计制度比较健全，能够据以如实核算生产经营情况、正确计算应纳税款的纳税人。

2. 查定征收

查定征收是指税务机关对纳税人的生产经营情况进行查实，进而核定其应纳税额的一种征收方式。这种征收方式适用于生产经营规模小，财务会计制度不健全，账册不齐全的小型企业和个体工商户。

3. 查验征收

查验征收是指税务机关到纳税人的生产经营场所进行实地查验，进而确定其应纳税额的一种征收方式。这种征收方式适用于财务会计制度不健全，生产经营不固定的纳税人。

4. 定期定额征收

定期定额征收是由税务机关对纳税人在一定经营时间内核定其应纳税收入或所得额和应纳税额,分期征收税款的一种征收方式。它是由纳税人先自行申报,再由税务机关调查核实情况,经民主评议后由税务机关核定其一定期间内应纳的各项税额,分期征收。在核定期限内税额一般不作变动,如果经营情况有较大变化,定额税款应及时调整。这种征收方式适用于无完整考核依据的小型纳税单位,如小型个体工商户。

5. 代扣代缴、代收代缴

代扣代缴、代收代缴是指依照税法规定负有代扣代缴、代收代缴税款义务的扣缴义务人,按照税法规定对纳税人应纳税款进行扣缴或收缴的征收方式。《个人所得税法》规定了代扣代缴方式。《消费税暂行条例》规定了代收代缴方式。这两种征收方式适用于税源零星分散、不易控管的纳税人。

6. 委托代征

委托代征是指税务机关根据国家有关规定委托有关单位和人员代征少数零星分散和异地缴纳的税收的征收方式。税务机关根据有利于税收控管和方便纳税人的原则,可以按照国家有关规定委托有关单位和人员代征零星分散和异地缴纳的税收,并发给委托代征证书。

另外,税款征收方式还有邮寄申报纳税、自计自填自缴、自报核缴方式等。

二、税款缴纳方式

税款缴纳方式,是指纳税人、扣缴义务人向税务机关缴纳税款的方法和形式。

(一)转账缴税

转账缴税是指纳税人、扣缴义务人根据税务机关填制的缴款书通过其开户银行转账缴纳税款的方式。

(二)自核自缴(三自纳税)

自核自缴(三自纳税)是指纳税人、扣缴义务人自行计算应纳税额,自行填开缴款书,自行到银行缴纳税款的方式。

(三)支票缴税

支票缴税是指纳税人、扣缴义务人用支票缴纳税款的方式。支票缴税需在税务机关、银行、国库实现计算机联网后方可实施。

(四)现金缴税

现金缴税是指纳税人、扣缴义务人用现金缴纳税款的一种方式。

1. 纳税人、扣缴义务人需申报的

(1)纳税人、扣缴义务人自行计算应纳税款并在规定的期限内持申报表(包括附报资料)和现金(有纳税手册的,应同时提供)向税务机关办税服务厅申报纳税窗口办理申报事宜。

(2)申报纳税窗口填制“税收通用完税证”,向纳税人、扣缴义务人收取现金后,将完税凭证交纳税人、扣缴义务人,并在“纳税手册”上签章,申报纳税窗口在规定的期限内填开汇总缴款书,将现金交国库经收处解缴税款。

(3)税务机关凭国库经收处盖章后转来的缴款书报查联转税收会计上解销号,凭“完税证”报查联和缴款书报查联向税收票证管理环节办理票款结报，并将相关信息录入征管信息系统。

2. 纳税人无须申报的（主要指简易申报户）

（1）申报纳税窗口填制“税收通用完税证”，向纳税人收取现金，将完税凭证收据联交纳税人；同时，申报纳税窗口在规定的期限内，将“完税证”进行汇总，填开汇总缴款书向国库经收处解缴税款。

（2）税务机关凭国库经收处盖章后转来的缴款书报查联转税收会计上解销号，凭“完税证”报查联和缴款书报查联向税收票证管理环节办理票款结报。

（五）信用卡缴税

信用卡缴税是指纳税人、扣缴义务人用信用卡缴纳税款的方式。其程序是：

（1）纳税人、扣缴义务人自行计算应纳税款并在规定的期限内持申报表（或纳税手册）和信用卡到税务机关办税服务厅申报纳税窗口或有关银行网点办理缴纳税款事宜。

（2）申报纳税窗口或有关银行网点受理时，应查询纳税人、扣缴义务人存款余额。

（3）税务机关凭国库经收处盖章后转来的缴款书报查联转税收会计上解销号，凭“完税证”报查联和缴款书报查联向税收票证管理环节办理票款结报。

（六）税银一体化缴税

税银一体化缴税是指纳税人、扣缴义务人在指定银行开设税款解缴专用账户，按期提前存入当期应纳税款，并在规定的期限内由税务机关通知银行直接划解税款或自行到税务机关指定银行网点缴纳的方式。按实施方式不同，可分为一般缴税专户缴税、网上实时缴税和批量扣款征收。

知识链接：网上实时缴税

网上实时缴税是税银一体化缴税的一种，其基本程序为：

（1）网上申报纳税人、扣缴义务人在税务机关指定的联网银行开设税款解缴专用账户，并与开户银行签订“委托代扣税款协议书”，同意银行按纳税申报信息从其专用账户上划缴税款，并在办理纳税申报前在专用账户存入不少于当期应纳税款的款项。

（2）纳税人、扣缴义务人登录电子申报纳税系统，输入并提交当期缴纳税额信息。

（3）联网银行根据电子申报纳税系统提供的纳税人有效申报缴纳税款信息，实时自动从其专用账户中扣划税款。

（七）委托代征缴税

委托代征缴税是指委托代征单位按照税务机关规定的代征范围和要求，以税务机关名义向纳税人征收零散税款的方式。

纳税人可根据自己的实际情况申请选择纳税申报方式和税款缴纳方式。无论纳税人采取哪种缴纳方式，税务机关都必须开具完税凭证——中华人民共和国税收缴款书（盖有国库经收处收款章，见表 2–6）或税收完税证（见图 2–1）。

表 2-6 中华人民共和国税收缴款书

隶属关系 ______________ （___）国缴 _____ 号

经济类型填发日期 ______ 年 _____ 月 _____ 日 征收机关 ________

<table>
<tr><td rowspan="4">缴款单位（人）</td><td>识别号</td><td colspan="2"></td><td rowspan="3">预算科目</td><td>款</td><td></td></tr>
<tr><td>全称</td><td colspan="2"></td><td>项</td><td></td></tr>
<tr><td>开户银行</td><td colspan="2"></td><td>级次</td><td></td></tr>
<tr><td>账号</td><td colspan="2"></td><td colspan="3">收款国库</td></tr>
<tr><td colspan="4">税款所属时期 _____ 年 ____ 月 ____ 日</td><td colspan="3">税款限缴日期 _____ 年 ___ 月 ___ 日</td></tr>
<tr><td>品目名称</td><td>课税数量</td><td>计税金额或销售收入</td><td>税率或单位税额</td><td>已缴或扣除额</td><td colspan="2">实缴金额</td></tr>
<tr><td></td><td></td><td></td><td></td><td></td><td colspan="2" rowspan="2"></td></tr>
<tr><td>金额合计</td><td colspan="4">（大写）亿仟佰拾万仟佰拾元角分</td></tr>
<tr><td colspan="2">缴款单位（人）（盖章）
经办人（章）</td><td>税务机关（盖章）
填票人（章）</td><td colspan="3">上列款项已收妥
并划转收款单位账户国库（银行）
（盖章）
_______ 年 ____ 月 ____ 日</td><td>备注</td></tr>
</table>

逾期不缴按税法规定加收滞纳金；

无银行收讫章无效；

第一联（收据）国库经收处收款盖章后退缴款单位人作完税凭证。

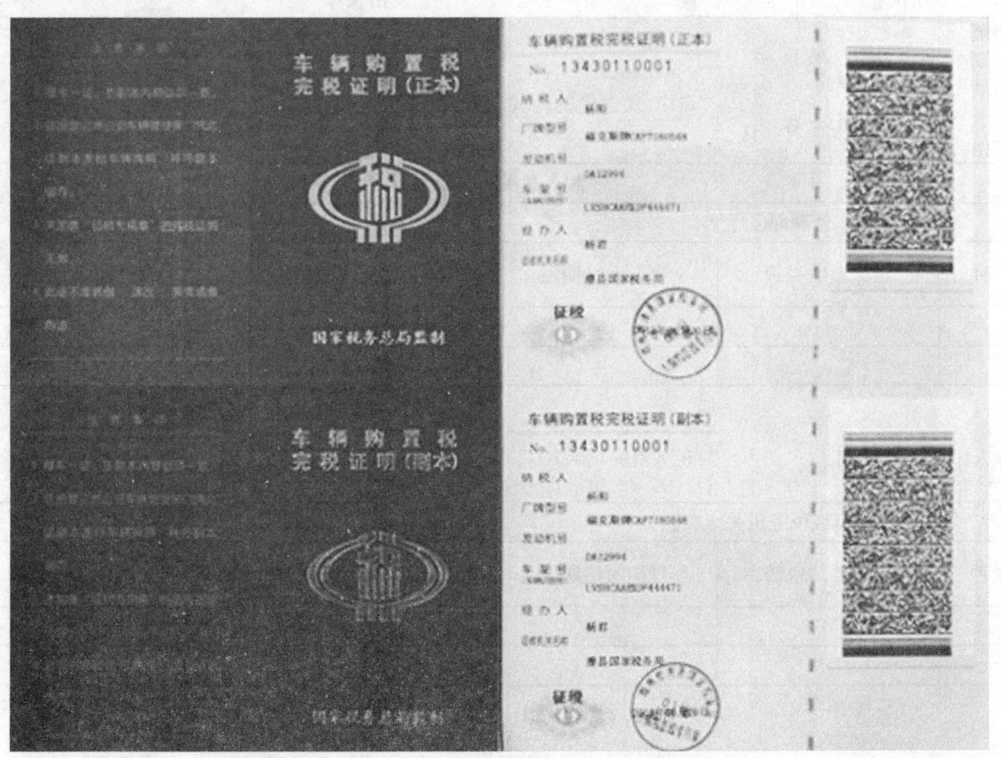

图 2-1 中华人民共和国税收电子转账专用完税证

三、延期缴纳税款

纳税人因有特殊困难不能按期缴纳税款的，经税务机关批准后可以延期缴纳税款。特殊困难指因不可抗力导致纳税人发生较大损失，正常生产经营活动受到较大影响的；当期货币资金在扣除应付职工工资、社会保险费后不足以缴纳税款的。办理延期缴纳分两步：

第一步，在缴纳税款期限届满前 2 日内提出延期缴纳税款的申请，填报“延期缴纳税款申请审批表”（一式三份，纳税人、征收局、批准局各一份，见表 2–7），并报送“申请延期缴纳税款报告”等相关材料。

表 2–7　延期缴纳税款申请审批表

金额单位：元（列至角分）

<table>
<tr><td>纳税人识别号</td><td colspan="2"></td><td>纳税人名称</td><td colspan="2"></td></tr>
<tr><td rowspan="4">申请延期缴纳税款情况</td><td>税种</td><td>税款所属时期</td><td>应纳税额</td><td>申请延期缴纳税额</td><td>申请延期缴纳期限</td></tr>
<tr><td></td><td></td><td></td><td></td><td></td></tr>
<tr><td></td><td></td><td></td><td></td><td></td></tr>
<tr><td></td><td></td><td></td><td></td><td></td></tr>
<tr><td>当期货币资金余额</td><td colspan="5">人民币（大写）　　　　　　　　　　￥</td></tr>
<tr><td>当期应付职工工资支出预算</td><td colspan="2"></td><td>当期社会保险费支出预算</td><td colspan="2"></td></tr>
<tr><td>申请延期缴纳税款理由</td><td colspan="5">经办人：
年 月 日
法定代表人（负责人）：
年 月 日
纳税人（签章）
年 月 日</td></tr>
<tr><td colspan="6">税务机关审批意见</td></tr>
<tr><td colspan="3">管理部门意见</td><td colspan="3">县（区）税务机关意见</td></tr>
<tr><td>税种</td><td>延期缴纳税额</td><td>延期缴纳期限</td><td>税种</td><td>延期缴纳税额</td><td>延期缴纳期限</td></tr>
<tr><td></td><td></td><td></td><td></td><td></td><td></td></tr>
<tr><td></td><td></td><td></td><td></td><td></td><td></td></tr>
<tr><td colspan="3">经办人：　负责人：　税务机关（签章）
年 月 日　年 月 日　年 月 日</td><td colspan="3">经办人：　负责人：　税务机关（签章）
年 月 日　年 月 日　年 月 日</td></tr>
<tr><td colspan="3">（地）市级税务机关审核意见</td><td colspan="3">省级税务机关批准意见</td></tr>
<tr><td>税种</td><td>延期缴纳税额</td><td>延期缴纳期限</td><td>税种</td><td>延期缴纳税额</td><td>延期缴纳期限</td></tr>
<tr><td></td><td></td><td></td><td></td><td></td><td></td></tr>
<tr><td></td><td></td><td></td><td></td><td></td><td></td></tr>
<tr><td colspan="3">经办人：　负责人：　税务机关（签章）
年 月 日　年 月 日　年 月 日</td><td colspan="3">经办人：　负责人：　税务机关（签章）
年 月 日　年 月 日　年 月 日</td></tr>
</table>

第二步，主管税务机关审核无误后，必须经省（自治区、直辖市）级国家税务局或地方税务局批准才可以延期缴纳税款。

需要注意的是，经批准的延期缴纳税款，在批准的延期内免予加收滞纳金；不予批准的延期缴纳税款，从缴纳税款期限届满次日起加收滞纳金。延期缴纳税款的期限最长不得超过 3 个月，同一笔税款不得滚动申请报批。

【知识与技能训练】

一、单项选择

1. 变更税务登记的变更情况是（　　）。

A. “税务登记证”内容变化，需重新发证　B. “税务登记证”内容不变，需重新发证

C. “税务登记证”内容不变，只需变更“税务登记表”，不需重新发证　D. A 和 C

2. 税务登记是我国税务管理的一项制度，对（　　）具法律约束力。

A. 税务机关　B. 纳税人　C. 扣税人　D. 征纳双方

3. 从事生产、经营的纳税人外出经营，在同一地（　　）的，应当在营业地办理税务登记手续。

A. 连续 12 个月内超过 180 日　B. 连续 12 个月内累计超过 180 日

C. 连续 12 个月内连续超过 90 日　D. 连续 12 个月内累计超过 90 日

4. 税收征管法及其实施细则规定，从事生产经营的纳税人应自领取（　　）之日起 15 日内，将其财务、会计制度或者财务、会计处理办法报送税务机关备案。

A. 税务登记证件　B. 发票领购簿　C. 营业执照　D. 财务专用章

5. “外出经营税收管理证明”的有效期限一般为 30 日，最长不得超过（　　）。

A. 30 日　B. 60 日　C. 90 日　D. 180 日

6. 关于发票管理叙述，不正确的一项是（　　）。

A. 发票的主管机关是税务机关

B. 发票印制是发票管理的首要环节

C. 增值税专用发票由各省（自治区、直辖市）国家税务局指定的企业印刷

D. 未经税务机关指定，不得印制发票

7. 对会计核算制度比较健全，能如实核算企业收入、成本、费用和财务成果，并能认真履行纳税义务的纳税人的税款征收一般应采用（　　）。

A. 查账征收　B. 查定征收　C. 查验征收　D. 定期定额征收

8. 纳税人若有特殊困难，不能按期缴纳税款时，可以申请延期缴纳税款，延长期最长不超过（　　）个月。

A. 1　B. 2　C. 3　D. 6

9. 下列有关纳税申报的表述中，正确的是（　　）。

A. 纳税人只能采取直接纳税方式　B. 享受免税的企业不必申报纳税

C. 享受减税的企业应按时纳税申报　D. 扣缴义务人无须进行纳税申报

10. 下列各项中，属于查定征收方式的是（　）。

A. 税务机关通过典型调查，逐户确定营业额和所得额并据以征税的方式

B. 税务机关根据纳税人的从业人员、生产设备、采用原材料等，对其产制的应税产品查实核定产量、销售额并据以征收税款的方式

C. 税务机关按照纳税人提供的账表所反映的经营情况，依照适用税率计算缴纳税款的方式

D. 税务机关对纳税人的应税商品通过查验数量、按市场一般销售单价计算其销售收入并据以征税的方式

11. 根据《税收征管法》第十五条的规定，税务机关应当自收到申报之日起（　　）内审核并发给税务登记证件。

A. 7 日　B. 10 日　C. 15 日　D. 30 日

二、多项选择

1. 下列应当办理开业税务登记的有（　　）。

A. 工商局　B. 个体工商户

C. 某公司在上海的分公司　D. 企业在外地设立的分支机构

2. 纳税人在申报办理停业登记时，税务机关应收存其（　　）。

A. 税务登记证件及副本　B. 发票领购簿　C. 未使用完的发票　D. 其他税务证件

3. 税务登记实行属地管理，纳税人应当到（　　）的主管税务机关申报办理税务登记。

A. 注册所在地　B. 生产、经营所在地　C. 纳税义务发生地　D. 财务核算地

4. 关于税务登记证件的管理和使用，下列说法正确的有（　　）。

A. 税务机关对税务登记证件实行定期验证换证制度

B. 纳税人应当在规定的期限内持有关证件到主管税务机关办理验证或者换证手续

C. 纳税人应将税务登记证件正本在其生产、经营场所或办公场所公开悬挂，接受税务机关检查

D. 纳税人遗失税务登记证件的，应当在 30 日内书面报告主管税务机关，并登报声明作废

5. 因工商行政管理部门登记发生变更而需变更税务登记的，须提交的资料有（　　）。

A. 营业执照原件及复印件　B. 纳税人变更登记的决议及有关证明文件

C. 主管税务机关发放的原税务登记证件　D. 主管税务机关需要的其他资料

6. 下列须办理注销税务登记的是（　）。

A. 纳税人破产　B. 纳税人撤销

C. 纳税人被注销工商登记　D. 纳税人改变营业地址，不涉及主管税务机关变动

7. 须办理税务登记的对象有（　　）。

A. 从事生产、经营的事业单位　B. 个体工商户

C. 仅交个人所得税的纳税人

D. 企业在外地设立的分支机构和从事生产经营的场所

8. 下列各项中,属于法定税务登记事项的有( )。

A. 开业税务登记 B. 注销税务登记 C. 停业税务登记 D. 临时经营税务登记

9. 下列关于账簿设置的表述,错误的是( )。

A. 扣缴义务人应当自税法、行政法规规定的扣缴义务发生之日起10日内,按照所代扣、代收的税种,分别设置代扣代缴、代收代缴税款账簿

B. 从事生产、经营的纳税人应当自领取税务登记证之日起30日内将其账务、会计制度或者账务、会计处理办法和会计核算软件报送主管税务机关备案

C. 纳税、扣缴义务人会计制度健全,能够通过计算机正确、完整计算其收入和所得或者代扣代缴、代收代缴税款情况的,其计算机储存的会计记录可视同会计账簿,不必打印成书面资料

D. 生产经营规模小又确无建账能力的纳税人,若聘请专业机构或者人员有实际困难的,经县级以上税务机关批准,可以按照规定建立收支凭证粘贴簿、进货销货登记簿或者安装税控装置

10. 下列关于发票的开具要求的表述错误的有( )。

A. 未发生经营业务不得开具发票 B. 开具发票时应按号顺序填开

C. 所有发票使用者填写发票都必须使用中文

D. 发票开具时限可以根据需要进行调整

11. 下列各项中属于需办理注销税务登记的情形有( )。

A. 企业破产终止纳税义务的 B. 被吊销营业执照的

C. 企业名称发生改变的 D. 经营地点变动改变税务机关的

12. 发票管理主要包括( )。

A. 发票的印制 B. 发票的使用 C. 发票的开具和保管 D. 发票的缴销

13. 税务机关是发票的主管机关,负责发票( )的管理和监督。

A. 印制 B. 领购 C. 保管 D. 开具

14. 纳税人领购普通发票的方式有( )。

A. 批量供应 B. 交旧购新 C. 验旧购新 D. 限期缴销

三、实训

1. 训练目的

能够进行新办企业的开业税务登记。

能够进行一般纳税人申请登记。

2. 训练资料

企业基本情况如下。

企业名称:衢州市曙光钢铁制品有限公司

注册类型:有限责任公司

法人代表:李财法 身份证号:330861968********

财务负责人:朱光 身份证号:330861978********

注册资本：100 万元

成立时间：2007 年 10 月 5 日

税务登记号：330602119875123

开户银行及账号：工商银行衢州支行 000664678023

企业地址及电话：衢州市城南路 32 号　0570–12345678

预计年销售额：200 万元

从业人数：150 人

组织机构代码：33061234–7

经营范围：不锈钢丝、不锈钢丝球的加工、销售；不锈钢带、不锈钢标准件的生产、销售。

3. 训练要求

（1）根据提供的基本材料，撰写开业登记和一般纳税人认定的申请报告。

（2）准备开业税务登记所需的材料和填写开业税务登记表，模拟进行开业税务登记的办理。

（3）准备一般纳税人认定申请所需的材料和填写一般纳税人申请认定表，模拟进行一般纳税人申请认定的办理。

项目三 增值税会计实务

【知识目标】

熟悉增值税的法律知识；

掌握增值税的会计核算；

掌握增值税纳税申报的方法。

【技能要求】

能正确计算增值税的应纳数额；

能进行增值税的会计处理；

能进行增值税的纳税申报。

任务一 增值税基本要素认知

【案例导入】

宇林食品公司设有一个食品生产部和餐饮住宿服务部，注册资本100万元，食品生产部主要从事饼干类食品的生产、销售，年销售额120万元；同时餐饮住宿服务部主要提供对外的餐饮和住宿服务，年营业额80万元。

【任务要求】

判断宇林食品公司纳税人身份。

增值税是对在我国境内销售货物或者提供加工、修理修配劳务，以及进口货物的单位和个人，就其取得的货物或应税劳务的销售额，以及进口货物的金额计算税款，并进行税款抵扣的一种流转税。就计税原理而言，增值税对商品生产和流通各环节的新增价值或商品附加值征税。然而，新增价值或商品附加值在商品流通过程中难以准确计算，因此，在实际操作上采用间接计算办法：从事货物销售及提供应税劳务的纳税人，要根据货物或应税劳务的销售额，按照规定的税率计算税额，然后从中扣除上一环节已纳税额，其余额即为纳税人应缴增值税税额。这种计算办法同样体现了对新增价值征税的原则。

增值税按对外购固定资产处理方式的不同可划分为以下三种类型：

（1）生产型增值税，是指在征收增值税时，只能扣除属于非固定资产项目的那部分生产资料的税款，不允许扣除固定资产价值中所含有的税款。该类型增值税的征税对象大体上相当于国民生产总值。

（2）收入型增值税，是指在征收增值税时，只能扣除属于非固定资产项目的那部分生产资料的税款，不允许扣除固定资产价值中所含有的税款。该类型增值税的征税对象大体上相当于国民收入。

(3)消费型增值税，是指计算增值税时允许将固定资产价值中所含的税款全部一次性扣除。这样，就整个社会而言，生产资料都排除在征税范围之外。该类型增值税的征税对象仅相当于社会消费资料的价值。这种方法便于操作，是三种类型中最先进、最能体现增值税优越性的类型。中国从2009年1月1日起，在全国所有地区实施消费型增值税。

我国于1993年发布的《中华人民共和国增值税暂行条例》和《增值税暂行条例实施细则》是我国增值税法的主要法律规范性文件。这两个规范性文件对增值税的内容作了明确的规定。《中华人民共和国增值税暂行条例》已经于2008年11月5日国务院第34次常务会议修订通过并公布，自2009年1月1日起施行。2013年12月颁布的《营业税改征增值税试点实施办法》将营业税征税范围中的交通运输业、邮政业及部分现代服务业纳入增值税的征税范围，并自2014年1月1日起在全国范围内执行。

一、征税范围

在我国境内销售货物或者提供加工、修理修配劳务以及进口货物的单位和个人，为增值税的纳税人，应当缴纳增值税。

(一)一般规定

1. 销售货物

销售货物是指我国境内有偿转让货物的所有权。货物是指土地、房屋和其他建筑物等不动产之外的有形动产，即包括不动产之外的所有用于销售的产品、商品以及电力、热力和气体。

2. 提供加工、修理修配劳务

加工是指受托加工货物，即委托方提供原料及主要材料，受托方按照委托方的要求，制造货物并收取加工费的业务；修理修配是指受托对损伤和丧失功能的货物进行修复，使其恢复原状和功能的业务。但是，单位或个体经营者聘用的员工为本单位或雇主提供的加工、修理修配劳务，不在征税之列。

3. 进口货物

进口货物是指经过关境进入我国境内的货物。我国税法规定，凡进入我国国境或关境的货物，在报关进口环节，除了依法缴纳关税之外，还必须缴纳增值税。

知识链接：

根据财税〔2013〕106号文件发布的《营业税改征增值税试点实施办法》，交通运输业、邮政业及部分现代服务业纳入增值税的征税范围，不再征收营业税。

(二)特殊项目

货物期货(包括商品期货和贵金属期货)在实物交割环节纳税；

银行销售金银的业务；

典当业销售死当物品业务；

寄售业销售委托人寄售物品的业务；

集邮商品的生产、调拨及邮政部门以外的其他单位和个人销售集邮商品的业务。

（三）特殊行为

1. 视同销售行为

单位或者个体工商户的下列行为，视同销售货物：

（1）将货物交付其他单位或者个人代销；

（2）销售代销货物；

（3）设有两个以上机构并实行统一核算的纳税人，将货物从一个机构移送其他机构用于销售，但相关机构设在同一县（市）的除外；

（4）将自产或者委托加工的货物用于非增值税应税项目；

（5）将自产、委托加工的货物用于集体福利或者个人消费；

（6）将自产、委托加工或者购进的货物作为投资，提供给其他单位或者个体工商户；

（7）将自产、委托加工或者购进的货物分配给股东或者投资者；

（8）将自产、委托加工或者购进的货物无偿赠送给其他单位或者个人。

【学中做 3-1】某汽车厂生产出最新型号的汽车，不含税销售单价为 60000 元／辆，2013 年 12 月 21 日发货给外省的分支机构 100 辆汽车用于销售，分析该业务属于何种销售行为。

2. 混合销售

一项销售行为如果既涉及货物又涉及非增值税应税劳务，为混合销售行为。非增值税应税劳务，是指属于应缴营业税的劳务。销售货物与提供劳务两者之间是紧密相连的从属关系。

从事货物的生产、批发或者零售的企业、企业性单位和个体工商户（包括以从事货物的生产、批发或零售为主，并兼营非应税劳务的企业、企业性单位及个体经营者）的混合销售行为，视为销售货物，应当缴纳增值税；其他单位和个人的混合销售行为，视为销售非增值税应税劳务，不缴纳增值税。

电信单位自己销售无线寻呼机、移动电话，并为客户提供有关的电信服务的，属于混合销售，征收营业税；对单独销售无线寻呼机、移动电话，不提供有关的电信劳务的，征收增值税。

3. 兼营非应税劳务

兼营非应税劳务是指增值税纳税人在从事应税货物销售或提供应税劳务的同时，还从事非应税劳务（即营业税规定的各项劳务），且从事的非应税劳务与某一项销售货物或提供应税劳务并无直接的联系和从属关系。如某建材商店除销售建材外，还提供装修装潢业务，即属于建材商店兼营的非增值税应税劳务。纳税人兼营非应税劳务的，应分别核算货物或应税劳务和非应税劳务的销售额，对货物和应税劳务的销售额按各自适用的税率征收增值税，对非应税劳务的销售额（即营业额）按适用的税率征收营业税。如果不分别核算或者不能准确核算货物或应税劳务和非应税劳务销售额的，其非应税劳务应与货物或应税劳务一并征收增值税。

混合销售与兼营，两者有相同的方面，又有明显的区别。相同点是：两种行为的经营范围都有销售货物和提供劳务这两类经营项目。区别是：混合销售强调的是在同一销售行为中存在两类经营项目的混合，销售货款及劳务价款是同时从一个购买方取得的；兼营强调的是在同一纳税人的经营活动中存在着两类经营项目，但是这两类经营项目不是在同一销售行为中发生，即销售货物和应税劳务不是同时发生在同一购买者身上。

【学中做 3-2】判断以下行为哪些是混合销售行为，哪些是兼营销售行为：

（1）防盗门生产企业销售防盗门并负责安装；

（2）建筑公司包工包料承包工程；

（3）建材商店既销售建材，又从事装饰、装修业务；

（4）食品厂既生产食品又出租加工设备。

二、纳税义务人

在我国境内销售货物或者提供加工、修理修配劳务以及进口货物的单位和个人，为增值税的纳税人。

由于增值税实行凭增值税专用发票抵扣税款的制度，因此对纳税人的会计核算水平要求较高，要求能够准确核算销项税额、进项税额和应纳税额。但实际情况是有众多的纳税人达不到这一要求，因此将纳税人按其经营规模大小以及会计核算是否健全划分为一般纳税人和小规模纳税人。

（一）一般纳税人

生产货物或者提供应税劳务的纳税人，以及以生产货物或者提供应税劳务为主（即纳税人的货物生产或者提供应税劳务的年销售额占应税销售额的比重在 50% 以上）并兼营货物批发或者零售的纳税人，年应税销售额超过 50 万元的；从事货物批发或者零售经营，年应税销售额超过 80 万元的。

知识链接： 年应税销售额的范围

年应税销售额，是指纳税人在连续不超过 12 个月的经营期内累计应征增值税的销售额，包括纳税申报销售额、稽查查补销售额、纳税评估调整销售额、税务机关代开发票销售额和免税销售额。

已办理税务登记、年应纳增值税销售额达到上述标准的企业，应当向主管国家税务机关申请办理增值税一般纳税人的认定手续；年应纳增值税销售额未达到前项规定的定量标准的小规模企业，但会计核算健全，能够按照会计制度和税务机关的要求准确核算销项税额、进项税额和应纳税额的，可以向主管国家税务机关申请办理增值税一般纳税人认定手续。

纳税人总分支机构实行统一核算，其总机构年应税销售额达到定量标准，但分支机构年应税销售额未达到定量标准的，其分支机构可以申请办理增值税一般纳税人认定手续。年应税销售额未超过财政部、国家税务总局规定的小规模纳税人标准以及新开业的纳税人，可以向主管税务机关申请一般纳税人资格认定。

下列纳税人不办理一般纳税人资格认定：

个体工商户以外的其他个人；

选择按照小规模纳税人纳税的非企业性单位；

选择按照小规模纳税人纳税的不经常发生应税行为的企业。

除国家税务总局另有规定外，纳税人一经被认定为一般纳税人后，不得转为小规模纳税人。

（二）小规模纳税人

增值税的小规模纳税人是指年销售额在规定标准以下，并且会计核算不健全，不能按照规定报送有关税务资料的增值税纳税人。所称的会计核算不健全是指不能正确核算增值税的销项税额、进项税额和应纳税额。对于符合条件的小规模纳税人，由税务机关依照税法规定的标准认定。年销售额达不到前述标准的为小规模纳税人，此外个人、非企业性单位以及不经常发生增值税应税行为的企业也被认定为小规模纳税人。小规模纳税人在达到标准后经申请被批准后可以成为一般纳税人。对小规模纳税人实现简易办法征收增值税，其进项税不允许抵扣。

【学中做 3-3】以下关于增值税一般纳税人和小规模纳税人划分的规定，表述正确的有（　　）。

A. 小规模纳税人与一般纳税人身份可以相互转换

B. 年应税销售额超过小规模纳税人标准的其他个人按小规模纳税人纳税

C. 年应税销售额超过小规模纳税人标准的非企业性单位可选择按小规模纳税人纳税

D. 年应税销售额未超过小规模纳税人标准的企业，也可能被认定为一般纳税人

三、税率和征收率

（一）税率

一般纳税人采用简化税率，适用的税率有：17%、13%、11%、6%、0% 等。

1. 适用 17% 税率

销售货物或者提供加工、修理修配劳务以及进口货物；提供有形动产租赁服务。

2. 适用 13% 税率

粮食、食用植物油；自来水、暖气、冷气、热水、煤气、石油液化气、天然气、沼气、居民用煤炭制品；图书、报纸、杂志；饲料、化肥、农药、农机、农膜、农产品。

3. 适用 11% 税率

提供交通运输业服务、邮政业服务。

4. 适用 6% 税率

提供现代服务业服务（有形动产租赁服务除外）。

5. 适用 0% 税率

出口货物等特殊业务。

纳税人兼营不同税率的货物或者应税劳务，应当分别核算不同税率货物或者应税劳务的销售额；未分别核算销售额的，从高适用税率。

（二）征收率

小规模纳税人适用征收率，征收率为 3%。

知识链接：征收率的特殊规定

(1)一般纳税人销售自己使用过的固定资产，按简易办法依4%征收率减半征收增值税。

(2)小规模纳税人销售自己使用过的固定资产，减按2%征收率征收增值税。

(3)一般纳税人销售自产的下列货物，可选择按照简易办法依照6%征收率计算缴纳增值税：

县级及县级以下小型水力发电单位生产的电力；建筑用和生产建筑材料所用的砂、土、石料；以自己采掘的砂、土、石料或其他矿物连续生产的砖、瓦、石灰(不含黏土实心砖、瓦)；用微生物、微生物代谢产物、动物毒素、人或动物的血液或组织制成的生物制品；自来水；商品混凝土(仅限于以水泥为原料生产的水泥混凝土)。

一般纳税人选择简易办法计算缴纳增值税后，36个月内不得变更。

(4)一般纳税人销售以下物品，按4%征收率计算缴纳增值税：

寄售商店代销寄售物品(包括居民个人寄售的物品在内)；典当业销售死当物品。

四、减免税范围

《中华人民共和国增值税暂行条例》规定了下列7个项目免征增值税：

(1)农业生产者销售的自产农产品；

(2)避孕药品和用具；

(3)古旧图书；

(4)直接用于科学研究、科学试验和教学的进口仪器、设备；

(5)外国政府、国际组织无偿援助的进口物资和设备；

(6)由残疾人的组织直接进口供残疾人专用的物品；

(7)销售的自己使用过的物品。

自2002年1月1日起，纳税人销售自己使用过的属于征收消费税的机动车、摩托车、游艇，售价超过原值的，按照4%的征收率计算税额后再减半征收增值税；售价未超过原值的，免征增值税。旧机动车经营单位销售旧机动车、摩托车、游艇，按照4%的征收率计算税额后再减半征收增值税。

除上述规定外，增值税的免税、减税项目由国务院规定。任何地区、部门均不得规定免税、减税项目。

【学中做3-4】某一般纳税企业将使用过的两辆进口小汽车销售，每辆销售额16万元(原值14万元)，开具普通发票上注明价格32万元，该企业此项业务是否需缴增值税？

应纳增值额 = 32/(1+4%)×4%/2 = 0.62(万元)

五、增值税的起征点

(1)销售货物的，为月销售额5000–20000元；

(2)提供应税劳务的，为月销售额5000–20000元；

(3)按次纳税的，为每次(日)销售额300–500元。

任务二 增值税应纳税额计算

【案例导入】

李明为大成服装有限公司（一般纳税人）的会计，公司财务主管让她进行增值税涉税业务的处理，2013 年 6 月该企业发生以下业务：

(1)6 月 2 日，销售服装，开具增值税专用发票上注明的销售额为 520 000 元；开具的普通发票上注明的销售额为 45 200 元，款已收；

(2)6 月 7 日，将生产的一批服装赞助给某企业，其成本为 50 000 元，同类产品的不含税售价为 60 000 元；

(3)6 月 20 日，本月购进原材料取得增值税专用发票上注明的金额为 180 000 元；采购免税农产品，取得发票上注明的金额为 20 000 元；购进材料发生运费，取得运输业增值税专用发票，价款 3 000 元；

上期尚未抵扣完的进项税额 2 700 元，本月的增值税专用发票已通过认证。以上款项均以存款支付，原材料均已验收入库。

【任务要求】

计算该企业本月的应纳增值税额。

一、一般纳税人应纳税额的计算

一般纳税人增值税的应纳税额，是指当期销项税额抵扣当期进项税额后的余额。

应纳税额计算公式：应纳税额 = 当期销项税额 - 当期进项税额

当期销项税额小于当期进项税额不足抵扣时，其不足部分可以结转下期继续抵扣。

（一）销项税额

增值税的计税依据为销售额。

1. 销售额的一般构成

销售额为纳税人销售货物或者应税劳务向购买方收取的全部价款和价外费用，但是不包括收取的销项税额。

价外费用是指价外向购买方收取的手续费、补贴、基金、集资费、返还利润、奖励费、违约金（延期付款利息）、包装费、包装物租金、储备费、优质费、运输装卸费、代收款项、代垫款项及其他各种性质的价外收费。但下列项目不包括在内。

（1）向购买方收取的销项税额。

（2）受托加工应征消费税的消费品所代收代缴的消费税。

（3）同时符合以下条件的代垫运输费用：①承运部门的运输费用发票开具给购买方的；②纳税人将该项发票转交给购买方的。

（4）同时符合以下条件代为收取的政府性基金或者行政事业性收费：①由国务院或者财政部批准设立的政府性基金，由国务院或者省级人民政府及其财政、价格主管部门批准设立的行政事业性收费；②收取时开具省级以上财政部门印制的财政票据；③所收款项全额上缴财政。

（5）销售货物的同时代办保险等而向购买方收取的保险费，以及向购买方收取的代购买方缴纳的车辆购置税、车辆牌照费。

凡价外费用，无论其会计制度如何核算，均应并入销售额计算应纳税额。根据国家税务总局的规定，各种价外费用均应视为含税收入，在征税时换算为不含税收入再并入销售额计算销项税额。

【学中做 3–5】某企业为增值税一般纳税人，本月销售产品，开具增值税专用发票，销售价款 500 000 元，适用 17% 的税率，则该企业的销售额为 400 000 元，企业在销售产品过程中提供有偿运输取得运费 3 000 元，装卸费 500 元，则 3 500 元作为价外费用。

2. 特殊情况下的销售额

（1）纳税人为销售货物而出租出借包装物收取的押金，单独记账核算的，不并入销售额征税。但对因逾期未收回包装物不再退还，或者超过 1 年（含 1 年）以上仍不退还的押金，应按所包装货物的适用税率征收增值税。

对销售酒类产品（啤酒、黄酒除外）而收取的包装物押金，无论是否返还以及会计上如何核算，均应并入当期销售额征税。

（2）纳税人采取折扣方式销售货物，如果销售额和折扣额在同一张发票上分别注明的，可按折扣后的销售额征收增值税；如果将折扣额另开发票，不论其在财务上如何处理，均不得从销售额中减除折扣额。

【学中做 3–6】甲企业（一般纳税人）销售给乙企业 10 000 件玩具，每件不含税价格为 20 元，由于乙企业购买数量多，甲企业按原价的 8 折优惠销售（销售业务开具一张发票），并提供 1/10，n/20 的销售折扣，乙企业于 10 日内付款，甲企业此项业务的计税销售额为多少？

计税销售额 = 10 000 × 20 × 0.8 = 160 000（元）

（3）纳税人采取以旧换新方式销售货物，应按新货物的同期销售价格确定销售额，不得扣减旧货物的收购价格。

（4）纳税人采取还本销售方式销售货物，以货物的销售价格作为销售额，不得从销售额中减除还本支出。

3. 应税销售额的核定

纳税人销售货物或提供应税劳务的价格明显偏低无正当理由，或者视同销售行为而无销售额的，由主管税务机关按下列顺序确定其销售额：

（1）按纳税人最近时期同类货物的平均销售价格确定；

（2）按其他纳税人最近时期同类货物的平均销售价格确定；

（3）按组成计税价格确定。组成计税价格的公式为：

组成计税价格 = 成本 ×（1+ 成本利润率）

属于应征消费税的货物，其组成计税价格中应加计消费税税额。

销售自产货物的“成本”是指实际生产成本，销售外购货物的“成本”是指实际采购成本。公式中的成本利润率为 10%，属于应征消费税的货物，其成本利润率由国家税务总局确定。

【学中做 3–7】某企业（一般纳税人）12 月份向职工发放福利，决定以自产的一批新服装发放给职工,该批服装的实际成本 120000 元,无同类服装的售价。

计税销售额 = 120000×(1+10%)=132000(元)

(二)进项税额

进项税额是指纳税人购进货物或接受劳务所支付或者负担的增值税税额。增值税的核心就是以纳税人收取的销项税额抵扣其所支付的进项税额,其余额为纳税人实际应缴纳的增值税税额。进项税税额作为可以抵扣的部分,对于纳税人实际纳税多少就产生了举足轻重的作用,但并不是纳税人支付的所有进项税额都可以从销项税额中抵扣。

1. 准予从销项税额中抵扣的进项税额

(1)从销售方取得的增值税专用发票上注明的增值税税额。

(2)从海关取得的完税凭证上注明的增值税税额。

(3)购进免税农产品进项税额的确定与抵扣。按照农产品收购发票或者销售发票上注明的农产品买价和 13% 比例计算抵扣进项税额。

2. 不得从销项税额中抵扣的进项税额

按《增值税暂行条例》规定,下列项目不得从销项税额中抵扣:

(1)用于非增值税应税项目、免征增值税项目、集体福利或者个人消费的购进货物或者应税劳务。

(2)非正常损失的购进货物及相关的应税劳务。非正常损失是指因管理不善造成被盗、丢失、霉烂变质的损失。

(3)非正常损失的在产品、产成品所耗用的购进货物或者应税劳务。

(4)国务院财政、税务主管部门规定的纳税人自用消费品。

(5)上述第一项至第四项规定的货物的运输费用和销售免税货物的运输费用。

《增值税暂行条例》第九条规定,纳税人购进货物或者应税劳务,取得的增值税扣税凭证不符合法律、行政法规或者国务院税务主管部门有关规定的,其进项税额不得从销项税额中抵扣。

【学中做 3-8】某一般纳税企业 3 月购进材料若干批,取得增值税专用发票上注明价款 100000 元,增值税额 17000 元,月底因仓库保管员失职,导致仓库原材料被窃,经盘查,被窃材料损失 1/10。

该企业 3 月可以抵扣的进项税额 = 17000−1700 = 15300 元

【学中做 3-9】某生产企业为增值税一般纳税人,适用 17%增值税税率,2014 年 5 月发生如下生产经营业务:

(1)销售甲产品给某大商场,开具增值税专用发票,取得不含税销售额 80 万元,另外,开具普通发票,取得销售甲产品的送货运输费收入 5.85 万元。

(2)销售乙产品,开具普通发票,取得含税销售额 29.25 万元。

(3)将试制的一批应税新产品用于本企业基建工程,成本价 20 万元,成本利润率 10%,该新产品没有同类产品市场销售价格。

(4)销售使用过的进口摩托车 5 辆,开具普通发票,每辆取得含税销售额 1.04 万元,该摩托车原值每辆 1.2 万元。

(5)购进货物取得增值税专用发票，注明支付的货款60万元、进项税额10.2万元，另外支付购货的运输费用5万元，进项税额0.85万元，取得运输业增值税专用发票。

(6)向农业生产者购进免税农产品一批，支付收购价30万元，本月下旬将购进的农产品20%用于本企业的职工福利(以上相关票据均符合税法的规定)。

上期尚未抵扣完的进项税额0.5万元，本月的增值税专用发票已通过认证。

计算该企业2014年5月的应缴纳增值税税额。

5月份的销项税额 =[80+5.85/(1+17%)]×17%+29.25/(1+17%)×17% = 18.7(万元)

5月份的进项税额 = 10.2+0.85+30×13%×(1−20%)=14.17(万元)

应纳税额 = 18.7−14.17−0.5 = 4.03(万元)

【案例导入解析】大成服装有限公司：

本月销项税额 = 520 000×17%+45 200/(1+17%)×17%+60 000×17% = 105 167.52(元)

进项税额 = 180 000×17%+20 000×13%+3 000×11% = 30 600+2 600+330 = 33 530(元)

应纳税额 = 105 167.52−33 530−2 700 = 68 937.52(元)

二、小规模纳税人应纳税额的计算

小规模纳税人销售货物或者应税劳务，实行简易办法按照销售额和规定的征收率计算应纳税额，不得抵扣进项税额。计算公式为：

应纳税额 = 不含税销售额 × 征收率

含税销售额的换算：不含税销售额 = 含税销售额 /(1+ 征收率)

小规模纳税人销售货物或提供应税劳务，可以申请由主管税务机关代开发票。

知识链接： 小规模纳税人购进税控收款机的进项税额抵扣

增值税小规模纳税人购置税控收款机，经主管税务机关审核批准后，可凭购进税控收款机取得的增值税专用发票，按照发票上注明的增值税额，抵免当期应纳增值税。或者按照购进税控收款机取得的普通发票上注明的价款，依下列公式计算可抵免的税额：

可抵免的税额 = 价款 /(1+17%)×17%

当期应纳税额不足抵免的，未抵免的部分可在下期继续抵免。

【学中做3-10】某小规模纳税企业2014年3月销售商品，所开出的普通发票上注明货款154 500元，增值税征收率为3%；购入原材料一批，增值税专用发票上注明货款100 000元，增值税额17 000元，计算该商店3月应该缴纳的增值税。

应纳税额 = 154 500/(1+3%)×3% = 4 500(元)

任务三 增值税会计核算

【案例导入】

任务二中大成服装有限公司2013年6月份的经济业务。

【任务要求】

进行大成服装有限公司6月份增值税的会计处理。

一、一般纳税人增值税的核算

为准确反映应纳增值税的计算和缴纳情况，一般纳税人应在“应交税费”科目下设置“应交税费 —— 应交增值税”和“应交税费 —— 未交增值税”两个明细科目进行核算，“应交税费 —— 应交增值税”明细账户核算增值税的计算形成情况，借方设置“进项税额”、“已交税金”、“减免税款”、“出口抵减内销产品应纳税额”、“转出未交增值税”等专栏，贷方设置“销项税额”、“出口退税”、“进项税额转出”、“转出多交增值税”等专栏。

“进项税额”核算的内容是企业购入货物或接受劳务而支付的、准予从销项税额中抵扣的增值税额。对于企业购入货物或接受应税劳务支付的进项税额，用蓝色登记；退回所购货物应冲销的进项税额，用红字登记。

“已交税金”核算企业当月上缴本月增值税额。

“减免税款”反映企业按规定减免的增值税款。企业按规定直接减免的增值税额借记本科目，贷记“营业外收入”科目。

“出口抵减内销产品应纳税额”反映出口企业销售出口货物后，向税务机关办理免抵退税申报，按规定计算的应免抵税额，借记本科目，贷记“应交税费 —— 应交增值税（出口退税）”科目。

“转出未交增值税”核算企业月终转出应缴未缴的增值税。月末企业“应交税费 —— 应交增值税”明细账出现贷方余额时，根据余额借记本科目，贷记“应交税费 —— 未交增值税”科目。

“销项税额”记录企业销售货物或提供应税劳务应收取的增值税额。企业销售货物或提供应税劳务应收取销项税额，用蓝字登记；退回销售货物应冲销的销项税额，用红字登记。

“出口退税”记录企业出口适用零税率的货物，向海关办理报关出口手续后，凭出口报关单等有关凭证，向税务机关申报办理出口退税而收到退回的税款。出口货物退回的增值税额，用蓝字登记；出口货物办理退税后发生退货或者退关而补缴已退的税款，用红字登记。

“进项税额转出”记录企业的购进货物、在产品、产成品等发生非正常损失以及其他原因而不应从销项税额中抵扣，按规定转出的进项税额。按税法规定，对出口货物不得抵扣税额的部分，应在借记“主营业务成本”科目的同时，贷记本科目。

“转出多交增值税”用来核算一般纳税人企业月终转出多缴的增值税。月末企业“应交税费 —— 应交增值税”明细账出现借方余额时，根据当前预缴税款与余额比较，按照较小金额借记“应交税费 —— 未交增值税”科目，贷记本科目。

（一）一般纳税人销售业务的会计处理

1. 一般销售业务

【学中做 3-11】一般纳税企业销售商品一批商品。该批商品销售价格为 585000 元，增值税率为 17%，款未收。

借：应收账款　　585000

　贷：主营业务收入　　500000

　　　应交税费——应交增值税（销项税额）　　85000

2. 视同销售业务

【学中做 3-12】一般纳税人购建办公楼等不动产领用本企业产品，产品成本 180000 元，计税价格 200000 元，增值税率为 17%。

借：在建工程　　180000

　贷：库存商品　　180000

知识链接：

2009 年消费性增值税实施后，企业购建机器设备等生产经营用固定资产领用本企业生产的产品，不确认销项税额，直接按产品的成本，借记"在建工程"，贷记"库存商品"。

【学中做 3-13】某一般纳税企业以其生产的成本为 10000 元的液晶彩电作为福利发放给公司每名职工。该型号液晶彩电的售价为每台 14000 元，该企业适用的增值税率为 17%。假定 200 名职工中 170 名为直接参加生产的职工，30 名为总部管理人员。

决定发放非货币性福利时：

借：生产成本　　2784600

　　管理费用　　491400

　贷：应付职工薪酬　　3276000

实际发放时：

借：应付职工薪酬　　3276000

　贷：主营业务收入　　2800000

　　　应交税费——应交增值税（销项税额）　　476000

借：主营业务成本　　2000000

　贷：库存商品　　2000000

【学中做 3-14】某一般纳税企业以一批产品对外投资，该批产品成本为 200 万元，公允价值（同计税价值）为 250 万元，双方协议按 250 万元作价。增值税率为 17%。

借：长期股权投资　　2925000

　贷：主营业务收入　　2500000

　　　应交税费——应交增值税（销项税额）　　425000

借：主营业务成本　　2000000

　贷：库存商品　　2000000

（二）一般纳税企业采购业务的会计处理

1. 一般采购业务

【学中做 3-15】一般纳税企业 2014 年 4 月购进甲材料一批已入库，取得增值税专用发票，价款 50000 元，增值税率 17%；取得货物运输业增值税专用发票，金额 2000 元，增值税率 11%，款已付。

借：原材料——甲材料　　52000

　　应交税费——应交增值税（进项税额）　　8720

　贷：银行存款　　60720

2. 一般纳税人购入免税农产品的会计处理

购入免税农产品可以按买价和规定的扣除率计算进项税额，并准予从销项税额中扣除。

【学中做 3-16】某粮食生产企业向农产品生产者收购免税农产品，收购凭单为 1000000 元，款已付。

借：原材料　　870000

　　应交税费——应交增值税（进项税额）　　130000

　贷：银行存款　　1000000

3. 不予抵扣项目的会计处理

（1）购入货物时即能认定其进项税额不能抵扣的，直接计入取得货物的成本；

（2）购入货物时不能直接认定其进项税额能否抵扣的，其增值税专用发票上注明的增值税额，记入“应交税费——应交增值税（进项税额）”科目，如果这部分购入货物以后用于按规定不得抵扣进项税额项目的，应将原已计入进项税额并已支付的增值税转入有关的承担者予以承担。

【学中做 3-17】某一般纳税企业库存材料因管理不善毁损一批，有关增值税专用发票确认的成本为 10000 元，增值税额为 1700 元。

借：待处理财产损溢——待处理流动资产损溢　　11700

　贷：原材料　　10000

　　　应交税费——应交增值税（进项转出）　　1700

【学中做 3-18】某一般纳税企业由于自然灾害毁损库存外购材料一批，其购进时成本为 50000 元；毁损库存成品，成本为 40000 元。

借：待处理财产损溢——待处理流动资产损溢　　90000

　贷：原材料　　50000

　　　库存商品　　40000

（三）应纳税额的会计处理

纳税人在准确核算当月“进项税额”、“销项税额”等基础上，月度终了时应根据具体情况进行如下账务处理。

（1）当月预缴税金时：

借：应交税费——应交增值税（已交税金）

　贷：银行存款

（2）当月发生应交未交增值税额时：

借：应交税费——应交增值税（转出未交增值税）

　贷：应交税费——未交增值税

（3）未交增值税在以后月份上交时：

借：应交税费——未交增值税

　贷：银行存款

当期销项税额小于当期进项税额不足抵扣时，其不足抵扣部分不需要做账务处理，留在“应交税费——应交增值税（进项税额）”中，在下期继续抵扣。

【学中做 3-19】某一般纳税人企业，当期进项税额为 40 万元，销项税额为 100 万元，已经预缴的税额为 30 万元，则月末企业如何进行相应的会计处理？

该企业当期应纳增值税额为 100−40＝60 万元，已经预缴了 30 万元，应当再补缴税款 30 万元。所以，应当转出未交增值税 30 万元。

借：应交税费——应交增值税（转出未交增值税）　　30

　贷：应交税费——未交增值税　　30

二、小规模纳税人增值税的核算

对于增值税小规模纳税人，其销售收入的核算与一般纳税人相同，也是不含增值税应税销售额，其应纳增值税额也要通过“应交税费——应交增值税”明细科目核算。所不同的是，小规模纳税人不得抵扣进项税额，不需要在“应交税费——应交增值税”科目的借、贷方设置若干专栏。

小规模纳税人“应交税费——应交增值税”科目的借方发生额反映已缴的增值税额，贷方发生额反映应缴增值税额；期末借方余额，反映多缴的增值税额；期末贷方余额，反映尚未缴纳的增值税额。

（1）购进货物或应税劳务，支付的增值税计入货物成本。

【学中做 3-20】某小规模纳税企业购入原材料一批，增值税专用发票上注明货款 60 000 元，增值税额 10 200 元，货物尚未到达，货款和进项税额已用银行存款支付。

借：原材料　　70 200

　贷：银行存款　　70 200

（2）销售货物或提供应税劳务，销售额应为向购买方收取的全部价款和价外费用。由于小规模纳税人只能开具普通发票，取得的销售收入为含税销售额，因此，在计算应纳税额时，必须将含税销售额换算成不含税销售额才能计算应纳税额。

销售额＝含税销售额 /（1+3%）

【学中做 3-21】某小规模纳税企业销售商品一批，所开出的普通发票上注明货款 20 600 元，增值税征收率为 3%，提货单和发票已交给买方，款项尚未收到。

借：应收账款　　20 600

　贷：主营业务收入　　20 000

　　　应交税费——应交增值税　　600

【学中做 3-22】某小规模纳税企业月末上交增值税 600 元。

借：应交税费——应交增值税　　600

　贷：银行存款　　600

【案例导入解析】大成服装有限公司 2013 年 6 月增值税会计处理如下：

（1）借：银行存款　　653 600

　　　贷：主营业务收入　　558 632.48

　　　　　应交税费——应交增值税（销项税额）　　94 967.52

（2）借：营业外支出　　702 000

贷：主营业务收入　　60 000

应交税费——应交增值税（销项税额）　　10 200

借：主营业务成本　　50 000

贷：库存商品　　50 000

（3）借：原材料　　200 400

应交税费——应交增值税（进项税额）　　33 530

贷：银行存款　　233 930

（4）月末转出应交未交的增值税：

借：应交税费——应交增值税（转出未交增值税）　　68 937.52

贷：应交税费——未交增值税　　68 937.52

任务四 增值税纳税申报

【案例导入】

在任务二中，大成服装有限公司 2013 年 6 月份的增值税涉税业务的日常核算工作已经完成，办税员着手办理 2013 年 6 月份增值税的纳税申报业务。

【任务要求】

完成大成服装有限公司“增值税纳税申报表”及其附表的填写，并在规定的期限内完成纳税申报工作。

一、纳税时间

（一）纳税义务发生时间

第一，销售货物或者应税劳务，为收讫销售款项或者取得索取销售款项凭据的当天；先开具发票的，为开具发票的当天。按销售结算方式的不同，具体为：

（1）采取直接收款方式销售货物，不论货物是否发出，均为收到销售款或者取得索取销售款凭据的当天；

（2）采取托收承付和委托银行收款方式销售货物，为发出货物并办妥托收手续的当天；

（3）采取赊销和分期收款方式销售货物，为书面合同约定的收款日期的当天，无书面合同的或者书面合同没有约定收款日期的，为货物发出的当天；

（4）采取预收货款方式销售货物，为货物发出的当天，但销售生产工期超过 12 个月的大型机械设备、船舶、飞机等货物，为收到预收款或者书面合同约定的收款日期的当天；

（5）委托其他纳税人代销货物，为收到代销单位的代销清单或者收到全部或部分货款的当天。未收到代销清单及货款的，为发出代销货物满 180 天的当天；

（6）销售应税劳务，为提供劳务同时收讫销售款或者取得索取销售款凭据的当天；

（7）纳税人发生《细则》第四条第（三）项至第（八）项所列视同销售货物行为，为货物移送的当天。

第二,进口货物,为报关进口的当天。

第三,增值税扣缴义务发生时间为纳税人增值税纳税义务发生的当天。

(二)进项税额的抵扣时间

增值税一般纳税人取得2010年1月1日以后开具的增值税专用发票、公路内河货物运输业统一发票和机动车销售统一发票,必须自开具发票180日内到税务机关办理认证,并在认证通过的次月申报期内向主管税务机关申报抵扣进项税额,否则不得作为合法的增值税扣税凭证申报抵扣进项税额。

二、纳税期限

(1)增值税的纳税期限分别为1日、3日、5日、10日、15日、1个月或者1个季度。纳税人的具体纳税期限,由主管税务机关根据纳税人应纳税额的大小分别核定;不能按照固定期限纳税的,可以按次纳税。纳税人以1个月或者1个季度为1个纳税期的,自期满之日起15日内申报纳税;以1日、3日、5日、10日或者15日为1个纳税期的,自期满之日起5日内预缴税款,于次月1日起15日内申报纳税并结清上月应纳税款。

(2)扣缴义务人解缴税款的期限,依照上述规定执行。

(3)纳税人进口货物,应当自海关填发海关进口增值税专用缴款书之日起15日内缴纳税款。

三、纳税地点

(1)固定业户应当向其机构所在地的主管税务机关申报纳税。总机构和分支机构不在同一县(市)的,应当分别向各自所在地的主管税务机关申报纳税;经国务院财政、税务主管部门或者其授权的财政、税务机关批准,可以由总机构汇总向总机构所在地的主管税务机关申报纳税;在本市范围内,总机构和分支机构不在同一区的,由总机构汇总向总机构所在地的主管税务机关申报纳税。

(2)固定业户到外县(市)销售货物或者应税劳务,应当向其机构所在地的主管税务机关申请开具外出经营活动税收管理证明,并向其机构所在地的主管税务机关申报纳税;未开具证明的,应当向销售地或者劳务发生地的主管税务机关申报纳税;未向销售地或者劳务发生地的主管税务机关申报纳税的,由其机构所在地的主管税务机关补征税款。

(3)非固定业户销售货物或者应税劳务,应当向销售地或者劳务发生地的主管税务机关申报纳税;未向销售地或者劳务发生地的主管税务机关申报纳税的,由其机构所在地或者居住地的主管税务机关补征税款。

(4)进口货物,应当向报关地海关申报纳税。

扣缴义务人应当向其机构所在地或者居住地的主管税务机关申报缴纳其扣缴的税款。

四、纳税申报

(一)一般纳税人的纳税申报

增值税一般纳税义务人应按有关规定及时办理纳税申报,并如实填写"增值税纳税申报表”及其两个附表和“固定资产进项税额抵扣情况表”。

一般纳税人无论采用何种申报方式申报缴纳增值税，均需提交以下资料：

（1）“增值税纳税申报表（适用于增值税一般纳税人）”（见表 3–1）；

表 3–1 增值税纳税申报表

（适用于增值税一般纳税人）

根据《中华人民共和国增值税暂行条例》第二十二条和二十三条的规定制定本表。纳税人不论有无销售额，均应按主管税务机关核定的纳税期限按期填报本表，并于次月一日起十日内，向当地税务机关申报。

税款所属时间：自 年 月 日至 年 月 日 填表日期： 年 月 日 金额单位：元（列至角分）

纳税人识别号					所属行业：	
纳税人名称	（公章）	法定代表人姓名		注册地址		营业地址
开户银行及账号		企业登记注册类型			电话号码	

	项 目	栏次	一般货物及劳务 本月数	一般货物及劳务 本年累计	即征即退货物及劳务 本月数	即征即退货物及劳务 本年累计
销售额	（一）按适用税率征税货物及劳务销售额	1				
	其中：应税货物销售额	2				
	应税劳务销售额	3				
	纳税检查调整的销售额	4				
	（二）按简易征收办法征税货物销售额	5				
	其中：纳税检查调整的销售额	6				
	（三）免、抵、退办法出口货物销售额	7				
	（四）免税货物及劳务销售额	8				
	其中：免税货物销售额	9				
	免税劳务销售额	10				
税款计算	销项税额	11				
	进项税额	12				
	上期留抵税额	13				
	进项税额转出	14				
	免抵退货物应退税额	15				
	按适用税率计算的纳税检查应补缴税额	16				
	应抵扣税额合计	17 = 12+13–14–15+16				
	实际抵扣税额	18（如 17<11，则为 17，否则为 11）				
	应纳税额	19 = 11–18				
	期末留抵税额	20 = 17–18				
	简易征收办法计算的应纳税额	21				
	按简易征收办法计算的纳税检查应补缴税额	22				
	应纳税额减征额	23				
	应纳税额合计	24 = 19+21–23				
税款缴纳	期初未缴税额（多缴为负数）	25				
	实收出口开具专用缴款书退税额	26				
	本期已缴税额	27 = 28+29+30+31				
	①分次预缴税额	28				
	②出口开具专用缴款书预缴税额	29				
	③本期缴纳上期应纳税额	30				
	④本期缴纳欠缴税额	31				
	期末未缴税额（多缴为负数）	32 = 24+25+26–27				
税款缴纳	其中：欠缴税额（≥0）	33 = 25+26–27				
	本期应补（退）税额	34 = 24–28–29				
	即征即退实际退税额	35				
	期初未缴查补税额	36				
	本期入库查补税额	37				
	期末未缴查补税额	38 = 16+22+36–37				

续表

<table>
<tr><td>授权声明</td><td>如果你已委托代理人申报，请填写下列资料：
为代理一切税务事宜，现授权
（地址）　　　　为本纳税人的代理申报人，任何与本申报表有关的往来文件，都可寄予此人。
授权人签字：</td><td>申报人声明</td><td>此纳税申报表是根据《中华人民共和国增值税暂行条例》的规定填报的，我相信它是真实的、可靠的、完整的。
声明人签字：</td></tr>
</table>

（2）“增值税纳税申报表附列资料”（表一、表二）及“固定资产进项税额抵扣情况表”（见表3–2、表3–3、表3–4）。

★符合享受增值税税收优惠的一般纳税人或符合享受简易办法征收条件的一般纳税人，还需报送“增值税税收优惠附报资料（一般纳税人）”。

★外贸出口退税企业纳税人，还需报送“增值税纳税申报表附列资料（表三）”。采用网上认证方式的企业可利用网上下载的相关软件，将网上认证的数据编辑打印成“增值税纳税申报表附列资料（表三）”上报。采用前台认证方式的企业可手工填写或以“认证结果通知书”及“认证结果清单”复印件（加盖公章）代替“增值税纳税申报表附列资料（表三）”上报。

★发生成品油零售业务的纳税人（加油站），还需报送“加油站 —— 月份加油信息明细表”或加油IC卡、“加油站月销售油品汇总表”、“成品油购销存情况明细表”。

★使用防伪税控系统的纳税人，报送记录当期纳税信息的IC卡（使用网上抄报税方式的纳税人不需报送）。

★涉及增值税其他抵扣凭证的纳税人，还需报送增值税其他抵扣凭证抵扣清单及电子数据（由纳税人通过相关采集软件打印后报送），具体包括：①“海关进口增值税专用缴款书稽核结果通知书”。②“增值税运输发票抵扣清单”及其电子数据的软盘（铁路、航空、管道、海洋运输等提供）。纳税人取得的公路、内河货运发票，可以以“认证结果通知书”及“认证结果清单”复印件（加盖公章）代替“增值税运输发票抵扣清单”上报。

★申请延期缴纳税款的纳税人，还需报送经主管税务机关受理的延期缴纳税款文书。

★汇总申报的商业企业总机构，还需报送“汇总申报税款划分明细表”。

★机动车生产企业，还需报送：

①“机动车辆生产企业销售明细表”及其电子信息（按月报送）；

②每年第一个增值税纳税申报期，报送上一年度“机动车辆生产企业销售情况统计表”及其电子信息；

③“机动车辆销售统一发票清单”及其电子信息（按月报送）；

④“机动车销售统一发票领用存月报表”，以及已开具的统一发票存根联；

⑤申报当期销售所有机动车辆的“代码清单”。

表 3-2 增值税纳税申报表附列资料（表一）

（本期销售情况明细）

税款所属时间：　　年　月

纳税人名称：（公章）　　填表日期：　　年　月　日　　金额单位：元（列至角分）

一、按适用税率征收增值税货物及劳务的销售额和销项税额明细													
项目	栏次	应税货物						应税劳务			小计		
		17% 税率			13% 税率								
		份数	销售额	销项税	份数	销售额	销项税	份数	销售额	销项税	份数	销售额	销项税
防伪税控系统开具的增值税专用发票	1												
非防伪税控系统开具的增值税专用发票	2	——	——	——	——	——	——	——	——	——	——	——	——
开具普通发票	3												
未开具发票	4	——			——			——			——		
小计	5 = 1+2+3+4	——			——			——			——		
纳税检查调整	6	——			——			——			——		
合计	7 = 5+6	——			——			——			——		

二、简易征收办法征收增值税货物的销售额和应纳税额明细										
项目	栏次	6% 征收率			4% 征收率			小计		
		份数	销售额	应纳税额	份数	销售额	应纳税额	份数	销售额	应纳税额
防伪税控系统开具的增值税专用发票	8									
非防伪税控系统开具的增值税专用发票	9	——	——		——	——	——	——	——	——
开具普通发票	10									
未开具发票	11	——			——			——		
小计	12 = 8+9+10+11	——			——			——		
纳税检查调整	13	——			——			——		
合计	14 = 12+13	——			——			——		

三、免征增值税货物及劳务销售额明细										
项目	栏次	免税货物			免税劳务			小计		
		份数	销售额	税额	份数	销售额	税额	份数	销售额	税额
防伪税控系统开具的增值税专用发票	15				——	——	——			
开具普通发票	16			——			——			——
未开具发票	17	——		——	——		——	——		——
合计	18 = 15+16+17	——			——		——	——		

以下由税务机关填写：

收到日期：　　接收人：　　主管税务机关盖章：

表 3-3 增值税纳税申报表附列资料(表二)

(本期进项税额明细)

税款所属时间: 年 月 日

纳税人名称:(公章) 填表日期: 年 月 日 金额单位:元(列至角分)

一、申报抵扣的进项税额				
项目	栏次	份数	金额	税额
(一)认证相符的防伪税控增值税专用发票	1			
其中:本期认证相符且本期申报抵扣	2			
前期认证相符且本期申报抵扣	3			
(二)非防伪税控增值税专用发票及其他扣税凭证	4			
其中:海关进口增值税专用缴款书	5			
农产品收购发票或者销售发票	6			
废旧物资发票	7			
运输费用结算单据	8			
6% 征收率	9	——	——	——
4% 征收率	10	——	——	——
(三)外贸企业进项税额抵扣证明	11	——	——	
当期申报抵扣进项税额合计	12			

二、进项税额转出额		
项目	栏次	税额
本期进项税转出额	13	
其中:免税货物用	14	
非应税项目用、集体福利、个人消费	15	
非正常损失	16	
按简易征收办法征税货物用	17	
免抵退税办法出口货物不得抵扣进项税额	18	
纳税检查调减进项税额	19	
未经认证已抵扣的进项税额	20	
红字专用发票通知单注明的进项税额	21	

三、待抵扣进项税额				
项目	栏次	份数	金额	税额
(一)认证相符的防伪税控增值税专用发票	22	——	——	——
期初已认证相符但未申报抵扣	23			
本期认证相符且本期未申报抵扣	24			
期末已认证相符但未申报抵扣	25			
其中:按照税法规定不允许抵扣	26			
(二)非防伪税控增值税专用发票及其他扣税凭证	27			
其中:海关进口增值税专用缴款书	28			
农产品收购发票或者销售发票	29			
废旧物资发票	30			
运输费用结算单据	31			
6% 征收率	32	——	——	——
4% 征收率	33	——	——	——
	34			

四、其他				
项目	栏次	份数	金额	税额
本期认证相符的全部防伪税控增值税专用发票	35			
期初已征税款挂账额	36	——	——	
期初已征税款余额	37	——	——	
代扣代缴税额	38	——	——	

注: 第 1 栏 = 第 2 栏 + 第 3 栏 = 第 23 栏 + 第 35 栏 – 第 25 栏;第 2 栏 = 第 35 栏 – 第 24 栏;第 3 栏 = 第 23 栏 + 第 24 栏 – 第 25 栏;第 4 栏等于第 5 栏至第 10 栏之和;

第 12 栏 = 第 1 栏 + 第 4 栏 + 第 11 栏;第 13 栏等于第 14 栏至第 21 栏之和;第 27 栏等于第 28 栏至第 34 栏之和。

表 3-4 固定资产进项税额抵扣情况表

纳税人识别号： 纳税人名称（公章）：

填表日期： 年 月 日 金额单位：元（列至角分）

项 目	当期申报抵扣的固定资产进项税额	当期申报抵扣的固定资产进项税额累计
增值税专用发票		
海关进口增值税专用缴款书		
合 计		

注：本表一式两份，一份纳税人留存，一份主管税务机关留存

（二）小规模纳税人纳税申报

小规模纳税人应按主管税务机关核定的纳税期限，如实填写并及时报送“增值税纳税申报表”（见表 3-5）。

表 3-5 增值税纳税申报表（适用小规模纳税人）

纳税人识别号：□□□□□□□□□□□□□□□□□□□□

纳税人名称（公章）： 金额单位：元（列至角分）

税款所属期： 年 月 日至 年 月 日 填表日期： 年 月 日

	项 目	栏次	本期数	本年累计
一、计税依据	1. 应征增值税货物及劳务不含税销售额	1		
	其中：税务机关代开的增值税专用发票不含税销售额	2		
	税控器具开具的普通发票不含税销售额	3		
	2. 销售使用过的应税固定资产不含税销售额	4	——	——
	其中：税控器具开具的普通发票不含税销售额	5	——	——
	（三）免税货物及劳务销售额	6		
	其中：税控器具开具的普通发票销售额	7		
	（四）出口免税货物销售额	8		
	其中：税控器具开具的普通发票销售额	9		
二、税款计算	本期应纳税额	10		
	本期应纳税额减征额	11		
	应纳税额合计	12＝10–11		
	本期预缴税额	13		——
	本期应补（退）税额	14＝12–13		——

纳税人或代理人声明：此纳税申报表是根据国家税收法律的规定填报的，我确定它是真实的、可靠的、完整的。	如纳税人填报，由纳税人填写以下各栏： 办税人员（签章）： 财务负责人（签章）： 法定代表人（签章）： 联系电话： 如委托代理人填报，由代理人填写以下各栏： 代理人名称： 经办人（签章）： 联系电话： 代理人（公章）：

受理人： 受理日期： 年 月 日 受理税务机关（签章）：

注：本表一式三份，一份纳税人留存，一份主管税务机关留存，一份征收部门留存。

任务五 增值税出口退（免）税

【案例导入】

彩虹木材公司是一家自营出口的生产企业，为增值税一般纳税人，出口货物的增值税税率为17%，退税率为13%。2013年7月的有关业务如下：

（1）购进原材料一批，取得的增值税专用发票注明的价款为500万元；

（2）准予抵扣的进项税额为85万元（该增值税专用发票已经税务机关认证），货物已验收入库；

（3）出口货物销售取得销售额100万元；内销货物600件，开具普通发票，取得含税销售额140.4万元；将与内销货物相同的自产货物200件用于本企业基建工程，货物已移送。

（4）2013年6月留抵税额为5万元。

【任务要求】

计算该企业当期免抵退税额。

出口货物退（免）税是国际贸易中通常采用的并为世界各国普遍接受的，目的在于鼓励各国出口货物公平竞争的一种退还或者免征间接税的税收措施。我国自20世纪80年代起对出口货物实行了退（免）税政策，此后出口退（免）税政策适时而变，几经调整，形成了现行的出口退（免）税政策。我国《出口货物退（免）税管理办法》和《财政部国家税务总局关于出口货物劳务增值税和消费税政策的通知》（财税〔2012〕39号）对现行出口货物劳务增值税和消费税政策做了统一的梳理归类。

一、出口货物增值税退（免）税方式

适用增值税退（免）税政策的出口货物方式有两种：增值税免抵退税和免退税。

（1）免抵退税办法。生产企业出口自产货物和视同自产货物及对外提供加工、修理修配劳务以及列名生产企业出口非自产货物，免征增值税，相应的进项税额抵减应纳增值税额（不包括适用增值税即征即退、先征后退政策的应纳增值税额），未抵减完的部分予以退还。

（2）免退税办法。不具有生产能力的出口企业（称外贸企业）或其他单位出口货物劳务，免征增值税，相应的进项税额予以退还。

二、出口货物劳务增值税退税率

除财政部和国家税务总局根据国务院决定而明确的增值税出口退税率外，出口货物的退税率为其适用税率。现行的增值税货物出口退税率共有9档：3%（主要适用于小规模纳税人）、5%（主要适用于农业产品等）、6%（主要适用于简易办法征税、现代服务业对外研发、设计）、9%、11%（主要适用于国际运输）、13%、15%、16%、17%。

三、生产企业出口退税的操作

按照财政部、国家税务总局财税〔2002〕7号《关于进一步推进出口货物实行免抵退税办法的通知》规定：自2002年1月1日起，生产企业自营或委托外贸企业代理出口自产货物，除另有规定外，增值税一律实行免抵退税管理办法。其中免税是指对生产企业出口的自产货物免征本企业生产销售环节增值税；抵税是指生产企业出口自产货物所耗用的原材料、零部件、燃料、动力等所含应予退还的进项税额，抵顶内销货物的应纳税额；退税是指生产企业出口的自产货物在当月内应抵顶的进项税额大于应纳税额时，对未抵顶完的部分予以退税。

（一）免抵退税的计算方法

1. 当期应纳税额的计算

当期应纳税额 = 当期内销货物的销项税额 –（当期进项税额 – 当期免抵退税不得免征和抵扣税额）– 上期留抵税额

其中：

（1）免抵退税不得免征和抵扣税额 = 出口货物离岸价格 × 外汇人民币牌价 ×（出口货物征税率 – 出口货物退税率）– 免抵退税不得免征和抵扣税额抵减额

（2）免抵退税不得免征和抵扣税额抵减额 = 免税购进原材料价格 ×（出口货物征税率 – 出口货物退税率）

2. 免抵退税的计算

免抵退税额 = 出口货物离岸价 × 外汇人民币牌价 × 出口货物退税率免抵退税额抵减额

其中：

（1）出口货物离岸价以出口发票计算的离岸价为准；

（2）免抵退税额抵减额 = 免税购进原材料价格 × 出口货物退税率

免税购进原材料包括从国内购进免税原材料和进料加工免税进口料件。

3. 当期应退税额和免抵税额的计算

（1）如当期期末留抵税额≤当期免抵退税额，则：当期应退税额 = 当期期末留抵税额，当期免抵税额 = 当期免抵退税额 – 当期应退税额

（2）如当期期末留抵税额＞当期免抵退税额，则：当期应退税额 = 当期免抵退税额，当期免抵税额 = 0

【学中做 3-23】大成进出口有限公司是一家自营出口的生产企业，为增值税一般纳税人，出口货物的征税税率为17%，退税税率为13%。2013年4月的有关经营业务为：购进原材料一批，取得的增值税专用发票注明的价款200万元，外购货物准予抵扣的进项税额34万元通过认证。上月末留抵税款5万元，本月内销货物不含税销售额100万元，收款117万元存入银行，本月出口货物的销售额折合人民币200万元。计算该企业当期的免抵退税额。

（1）当期免抵退税不得免征和抵扣税额 = 200 ×（17%–13%）=8（万元）

（2）当期应纳税额 = 100 × 17%–（34–8）–3 = 17–26–5=–14（万元）

（3）出口货物免抵退税额 = 200 × 13% = 26（万元）

（4）按规定，如当期末留抵税额≤当期免抵退税额时：

当期应退税额 = 当期期末留抵税额

即该企业当期应退税额 = 14（万元）

（5）当期免抵税额 = 当期免抵退税额 − 当期应退税额

当期免抵税额 = 26−14 = 12（万元）

【学中做 3−24】某自营出口生产企业是增值税一般纳税人，出口货物的征税税率为17%，退税率为 15%。2012 年 8 月有关经营业务为：购原材料一批，取得的增值税专用发票注明的价款为 200 万元，外购货物准予抵扣进项税额为 34 万元，货已验收入库。当月进料加工免税进口料件的组成计税价格 100 万元。上期末留抵税款 6 万元。本月内销货物不含税销售额 100 万元，收款 117 万元存入银行，本月出口货物销售额折合人民币 200 万元。试计算该企业当期的免抵退税额。

（1）免抵退税不得免征和抵扣税额抵减额 = 免税购进原材料价格 ×（出口货物征税率 − 出口货物退税率）=100 ×（17% −15%）=2（万元）

（2）免抵退税不得免征和抵扣税额 = 出口货物离岸价格 × 外汇人民币牌价 ×（出口货物征税率 − 出口货物退税率）− 免抵退税不得免征和抵扣税额抵减额 = 200 ×（17% − 15%）−2 = 2（万元）

（3）当期应纳税额 = 100 × 17% −（34−2）−6=−21（万元）

（4）免抵退税额抵减额 = 免税购进原材料价格 × 出口货物退税率 = 100 × 15% =15（万元）

（5）出口货物免抵退税额 = 200 × 15% −15 = 15（万元）

（6）按规定，如当期期末留抵税额＞当期免抵退税额时：当期应退税额 = 当期免抵退税额，即该企业应退税额 = 15 万元。

（7）当期免抵税额 = 当期免抵退税额 − 当期应退税额 = 15−15 = 0（万元）

（8）8 月期末留抵结转下期继续抵扣税额为 21−15=6 万元。

【案例导入解析】

（1）当期免抵退税不得免征和抵扣税额 =100 ×（17% −13%）=4（万元）

（2）当期应纳税额 =[140.4/（1+17%）+140.4/（1+17%）/600 × 200] × 17%−（85−4）−5 = 27.2−81−5=−58.8（万元）

（3）出口货物免抵退税额 = 100 × 13% = 13（万元）

（4）按规定，如当期期末留抵税额（绝对值）大于当期免抵退税额时：

当期应退税额 = 当期免抵退税额

该企业当期应退税额 = 13（万元）

（5）当期免抵税额 = 当期免抵退税额 − 当期应退税额 = 13−13 = 0（万元）

（6）7 月期末留抵结转下期继续抵扣的税额 = 58.8−13 = 45.8（万元）

（二）免抵退税的会计处理

（1）企业按出口货物适用的征税率和退税率计算出口产品本期应分摊计入产品成本的进项税额，从本期应抵扣的进项税额中剔除，其会计处理为：

借：主营业务成本

　　贷：应交税费——应交增值税（进项转出）

（2）企业按规定的退税率计算出的出口货物的进项税额抵减内销产品的应纳税额时，其会计处理为：

借：应交税费——应交增值税（出口抵减内销产品应纳税额）

贷：应交税费——应交增值税（出口退税）

（3）企业在收到出口货物的退回的税款时，其会计处理为：

借：银行存款

贷：应交税费——应交增值税（出口退税）

（4）月份终了，企业将已交的待扣增值税自“应交税费——应交增值税”科目转入“未交增值税”明细科目，其会计处理为：

借：应交税费——未交增值税

贷：应交税费——应交增值税（转出多交增值税）

四、外贸企业出口退税的操作

（一）外贸企业“先征后退”的计算方法

（1）外贸企业以及实行外贸企业财务制度的工贸企业收购货物出口，其出口销售环节的增值税免征；其收购货物的成本部分，因外贸企业在支付收购货款的同时也支付了生产经营该类商品的企业已纳的增值税税款，因此，在货物出口后按收购成本与退税率计算退税退还给外贸企业，征、退税之差计入企业成本。

外贸企业出口货物增值税的计算应依据购进出口货物增值税专用发票上所注明的进项税额和退税率计算。其计算公式为：

应退税额＝外贸收购不含增值税购进金额×退税率

【学中做3-25】某进出口公司2014年3月出口美国布匹2000米，进货增值税专用发票列明单价30元/平方米，计税金额为60000元，退税率15%。

其应退税额：60000×15%=9000（元）

（2）外贸企业收购小规模纳税人出口货物增值税的退税规定如下。

①凡从小规模纳税人购进持普通发票特准退税的抽纱、工艺品等12类出口货物，同样实行销售出口货物的收入免税，并退还出口货物进项税额的办法。其计算公式为：

应退税额=[普通发票所列（含增值税）销售金额]/(1+征收率）×退税率

②凡从小规模纳税人购进税务机关代开的增值税专用发票的出口货物，按以下公式计算退税：

应退税额＝增值税专用发票注明的金额×退税率

【学中做3-26】某进出口公司2014年4月购进某小规模纳税人工艺品2000件全部出口，普通发票注明金额60000元；购进另一小规模纳税人西服500套全部出口，取得税务机关代开的增值税专用发票，发票注明金额50000元，退税率6%。

该企业的应退税额＝60000/（1+6%）×6%+50000×6%=6396.23（元）

（3）外贸企业委托生产企业加工出口货物的退税规定如下。

外贸企业委托生产企业加工收回后报关出口的货物，按购进国内原辅材料的增值税专用发票上注明的进项税额，依原辅材料的退税率计算原辅材料应退税额。支付的加工费，凭受托方开具货物的退税率，计算加工费的应退税额。

（二）外贸企业"先征后退"的会计处理

借：主营业务成本

贷：应交税费——应交增值税（进项转出）

【知识与技能训练】

一、单项选择

1. 按照现行规定，下列各项中必须被认定为小规模纳税人的是（　　）。

A. 年不含税销售额为70万元以下，会计核算制度健全的从事货物零售的纳税人

B. 年不含税销售额100万元以上的从事货物批发的纳税人

C. 年不含税销售额在60万元以上的从事货物生产的纳税人

D. 年不含税销售额为70万元以下，会计核算制度健全的从事货物生产的纳税人

2. 根据增值税法律制度的有关规定，下列各项中不缴纳增值税的是（　　）。

A. 邮局销售信封　B. 寄售业代委托人销售物品

C. 自来水公司销售自来水　D. 典当行销售死当物品

3. 下列各项视同销售中，应当征收增值税的是（　　）。

A. 某洗衣公司将外购洗衣粉用于员工集体消费

B. 某超市将外购部分饮料分发本公司员工

C. 某机器厂将外购配件用于本公司在建工程

D. 某服装商店为服装厂代销服装

4. 下列行为属于混合销售行为的是（　　）。

A. 某农村供销社销售税率为17%的家用电器，又销售税率为13%的化肥、农膜等

B. 某建筑装饰材料公司一方面批发零售货物，另一方面又对外承揽安装、装饰业务等

C. 某建筑公司为某单位盖楼房，双方议定由建筑公司包工包料，一并核算

D. 某农业机械厂既生产销售农机，又提供加工修理农机业务

5. 增值税一般纳税人兼营不同增值税税率的货物，未分别核算不同税率货物销售额的，确定其适用增值税税率的方法是（　　）。

A. 适用4%的征收率　B. 从低适用税率　C. 适用平均税率　D. 从高适用税率

6. 下列各项中，既是增值税法定税率又是增值税进项税额扣除率的是（　　）。

A. 7%　B. 10%　C. 13%　D. 17%

7. 某一般纳税人为生产酒类产品的企业，该企业销售葡萄酒收取的包装物押金增值税处理正确的是（　　）。

A. 逾期1年以上的并入销售额缴纳增值税　B. 该押金收入为不含税收入

C. 不缴纳增值税　D. 无论是否返还均并入销售额

8. 某工业企业2013年1月销售一批货物，价款为200万元，另外以折扣销售方式销售

货物 76 万元（已经扣除折扣额 4 万元，并单独开具红字专用发票反映），销售的货物均已发出。当月购进一批货物，取得增值税专用发票上注明价款为 200 万元，增值税进项税额为 34 万元，货款及税款已经支付，发票已通过认证，销货方保证货物在下月 10 日发出。则当月该企业应纳增值税额为（ ）。

A. 47.6 万元 B. 13.6 万元 C. 46.92 万元 D. 12.92 万元

9. 甲公司为增值税一般纳税人，于 2012 年 12 月 10 日收到乙公司委托代销的产品，2013 年元月 10 日出售受托代销产品成功，并于 2013 年 3 月 5 日收回货款，3 月 12 日甲公司将受托代销商品款支付给乙公司，则甲公司对该批货物的增值税纳税义务发生时间为（ ）。

A. 2012 年 12 月 10 日 B. 2013 年 3 月 12 日

C. 2013 年 3 月 5 日 D. 2013 年 1 月 10 日

10. 乙公司为增值税一般纳税人，对外销售货物，应开出增值税专用发票，采用预收货款结算方式，则增值税专用发票开出的时间为（ ）。

A. 收到货款的当天 B. 合同约定的收款日期当天

C. 货物发出的当天 D. 收到货物销售清单的当天

二、多项选择

1. 根据增值税法律制度的有关规定，增值税纳税人的下列行为中，应视同销售货物行为征收增值税的有（ ）。

A. 将购买的货物分配给股东 B. 将自产的货物用于非应税项目

C. 委托代销商品 D. 将购买的货物无偿赠送他人

2. 甲公司一车间生产的半产品本月用途广泛，下列用途中，应作为销售交纳增值税的有（ ）。

A. 二车间继续领用加工为产成品 B. 公司在建工程领用

C. 作为职工福利发放 D. 捐赠给老年福利院

3. 纳税人销售或进口下列货物，适用增值税税率 13% 的有（ ）。

A. 图书、报纸、杂志 B. 粮食、食用植物油

C. 建筑用的砂 D. 农机配件

4. A 公司外购一批货物 5000 元，取得增值税专用发票，委托 B 公司加工，支付加工费 1000 元，并取得 B 公司开具的增值税专用发票。货物加工好收回后，A 公司将这批货物直接对外销售，开出的增值税专用发票上注明的价款为 8000 元。根据以上所述，以下各种说法正确的有（ ）。

A. A 应当缴纳增值税 340 元 B. B 应该缴纳增值税 170 元

C. A 应当缴纳增值税 510 元 D. B 不须缴纳增值税

5. 法定的增值税扣税凭证为（ ）。

A. 从一般纳税人处取得的普通发票

B. 从海关取得的完税凭证

C. 一般纳税人取得由税务所为小规模纳税人代开的专用发票

D. 从销售方取得的增值税专用发票

6. 增值税一般纳税人发生的下列进项税额中，不得从销项税额中抵扣的有（　　）。

A. 用于建造房屋购入物资　B. 用于免税项目购进物资

C. 用于对外投资购进物资　D. 非正常损失的购进物资

7. 下列有关增值税的纳税义务发生时间的表述中，符合我国税法规定的有（　　）。

A. 采取直接收款方式销售货物，为收到销售额或取得索取销售额的凭据并将提货单交给买方的当天

B. 采取预收货款方式销售货物，为实际收到货款的当天

C. 采取分期付款方式销售货物，为合同约定的收款日期的当天

D. 委托其他纳税人代销货物，为收到代销单位销售货物代销清单的当天

8. 增值税一般纳税人在（　　）情况下不得开具增值税专用发票。

A. 向消费者销售产品　B. 向大型商场销售产品

C. 自产商品用于对外投资　D. 生产的产品直接报关出口

三、判断

1. 已抵扣进项税额的购进货物，如果作为集体福利发放给职工个人的，发放时应视同销售计算增值税的销项税额。（　　）

2. 甲未按规定向乙支付货款，乙企业按合同规定向甲收取违约金，由于违约金是在销售实现后收取的，故不应征增值税。（　　）

3. 丙公司自制的A产品完工，作为赠品送给客户，成本80万元，核定的成本利润率10%，消费税税率12%，适用17%的增值税税率，则该批A产品应交增值税14.96万元。（　　）

4. 工业企业（增值税一般纳税人）收购废旧物资且不能取得增值税专用发票的，根据主管税务机关批准使用的收购凭证上注明的收购金额，依10%计算进项税额，准予抵扣。（　　）

5. 根据现行增值税法律制度的有关规定，工业企业一般纳税人购进货物，取得防伪税控系统专用发票，应在货物已验收入库后申报抵扣进项税额。（　　）

6. 某汽车经销商经营汽车销售业务，同时附设了汽车修理修配门市部。按照我国有关增值税方面的法律规定，该经销商进行增值税纳税申报时，应将该门市部提供的修理修配劳务收入计入应税销售额。（　　）

7. 消费税与增值税的计税依据均为含消费税金但不含增值税金的销售额，因而两税的税额计算方法一致。（　　）

四、实训操作

（一）企业概况

企业名称：浙江衢州财茂百货公司

企业性质：股份制商业企业

注册资金：5000万元

企业法定代表：王辉

企业地址及电话：衢州市柯城区顺达路1号，0570-99666333

开户银行及账号：工商银行顺达分理处9010556

税务登记号：210100000000556

（二）业务

该公司执行新《企业会计准则》，会计核算健全，被主管税务机关认定为增值税一般纳税人，增值税税率为17%，主管税务机关核定的纳税期限为1个月。库存商品采用购进金额核算法。专用发票均已通过认证。

2013年10月份发生下列经济业务：

（1）10月2日，代销服装一批，从零售总额中按10%提取的代销手续费为36000元。（附件商品零售业普通发票的发票联略）

（2）10月3日，购入文具一批，货款已付，但尚未验收入库，取得的专用发票上注明价、税款分别为240000元、40800元。（附件增值税专用发票发票联和抵扣联代码3300071102、号码05411102转账支票略）

（3）10月3日，销售女装500套，不含税价每套400元，增值税税率为17%，按规定付款条件为"2/10，1/20，n/30"，3日后收到货款。（附件增值税专用发票记账联代码3300071103、号码05411103、委托收款收款通知联略）

（4）10月6日，购进副食品取得增值税专用发票，注明金额650000元、增值税额110500元；支付给甲运输单位的购货运输费用22500元，取得运输发票。（附件增值税专用发票发票联和抵扣联代码3300071104、号码05411104、运费发票号123451、转账支票略）至10月8日将已验收入库货物的80%零售，取得含税销售额819000元，20%用做本企业集体福利。（附件增值税专用发票记账联代码3300071105、号码05411105、转账支票、库存商品领用单等略）

（5）10月8日，购入化妆品一批，取得的专用发票上注明价、税款分别为100000元、17000元，已支付货款50%。（附件增值税专用发票发票联和抵扣联代码3300071106、号码05411106、转账支票略）

（6）10月9日，采取分期付款方式购入百货类商品一批，已取得专用发票，注明价税款分别为180000元、30600元，当月支付货款40%，余款再分2个月付清。（附件增值税专用发票发票联和抵扣联代码3300071107、号码05411107、转账支票略）

（7）10月14日，预缴本月增值税税款50000元。（附件增值税税款缴款书、转账支票略）

（8）10月20日，采取以旧换新方式销售电视135台，零售价2400元/台，对以旧换新者以每台2000元的价格出售，不再支付旧电视的收购款。（附件商品零售普通发票记账联、商品入库单略）

（9）10月25日，销售两台钢琴，零售价23400元/台，款项收到，存入银行。（附件商品零售普通发票记账联略）

(10)10月27日由于意外事故，损失床上用品20套，购入价为120元/套。根据审批意见，意外事故造成的损失转入营业外支出。(附件存货毁损报告表、存货毁损审批单略)

(11)10月29日零售各种服装，取得含税销售额380000元，同时将零售价为17800元的服装作为礼品赠送给了顾客。(附件商品零售普通发票记账联、库存商品领用单略)

(12)期初留抵进项税额50000元。

(三)实训要求

1. 根据以上业务编制会计分录并填制记账凭证；
2. 计算本月应纳增值税；
3. 登记“应交税费——应交增值税——进项税额”明细账、“应交税费——应交增值税——销项税额”明细账、“应交税费——应交增值税——进项税额转出”明细账及“应交税费——未交增值税”明细账；
4. 填制一般纳税人增值税纳税申报表和增值税纳税申报附列资料(表一、表二)；
5. 填写增值税缴款书缴纳税款。

(四)实训条件

1. 记账凭证(自备)；
2. “应交增值税”明细账页4张；
3. 一般纳税人增值税纳税申报表，增值税纳税申报附列资料(表一、表二)；
4. 增值税税款缴款书。

项目四 消费税会计实务

【知识目标】

了解消费税征税范围；

掌握消费税涉税业务账务处理；

掌握消费税纳税申报表的填报方法和要求。

【技能要求】

能够正确进行消费税涉税业务会计核算；

能够对消费税纳税申报表进行填报。

任务一 消费税基本要素认知

【案例导入】

张朋是一所高职学校即将毕业的学生，来到一家经营化妆品的公司实习，现在在税务会计岗位实习，到了月末，要进行纳税申报，他不知道该公司是否要进行消费税纳税申报。

【任务要求】

请你告诉张朋哪些商品应该征收消费税，该公司是否要交消费税。

一、消费税概述

消费税是对我国境内从事生产、委托加工和进口应税消费品的单位和个人，就其销售额或者销售数量，在特定环节征收的一种税（金银首饰改为零售环节）。

消费税具有以下特点：

（1）消费税征税项目具有选择性。消费税以税法规定的特定产品为征税对象。即国家可以根据宏观产业政策和消费政策的要求，有目的、有重点地选择一些消费品征收消费税，以适当地限制某些特殊消费品的消费需求，因此可以说消费税税收调节具有特殊性。

（2）不同的产品设计不同的税率，同一产品同等纳税。

（3）消费税是价内税，是价格的组成部分。

（4）消费税税收有负担转嫁性，最终都转嫁到消费者身上。

二、消费税纳税义务人与纳税环节

在我国境内生产、委托加工和进口应税消费品的单位和个人，以及国务院确定的销售《消费税暂行条例》规定的消费品的其他单位和个人，为消费税纳税义务人。

消费税的征收环节相对单一，为一次课征（卷烟除外），即单一环节纳税，也就是在某个环节征收后其他环节就不再征收了。我国现行消费税政策规定的纳税环节有：生产销售、委托加工、进口报关和零售环节，卷烟在批发环节再征收一次消费税。具体规定见表 4-1：

表 4-1 消费税纳税义务人与纳税环节

消费税的纳税义务人		纳税环节
自产应税消费品的单位和个人	自产销售	在生产销售环节纳税
	自产自用	1. 用于连续生产应税消费品的：不纳税
		2. 用于其他方面的在移送使用环节纳税
委托加工应税消费品的单位和个人		由受托方在委托方提货时代收代缴 （受托方为个体经营者除外）
进口应税消费品的单位和个人		进口报关单位或个人为纳税义务人
零售金银首饰、钻石及钻石饰品的单位和个人		零售环节征税，生产、进口和批发环节不征收
从事卷烟批发业务的单位和个人		自 2009 年 5 月 1 日起，在卷烟批发环节征一道从价税

三、消费税征税范围及税率

（一）征税范围

消费税是在对货物普遍征收增值税的基础上，选择少数消费品再征收的一个税种，主要是为了调节产品结构，引导消费方向，保证国家财政收入。现行消费税的征收范围主要包括：烟，酒及酒精，化妆品，高尔夫球及球具，贵重首饰及珠宝玉石，鞭炮、焰火，成品油，高档手表，木制一次性筷子，实木地板，汽车轮胎，摩托车，游艇，小汽车等十四大类税目，有的税目还进一步划分若干子目。

1. 烟

包括卷烟（出口卷烟、白包烟、手工卷烟和未经国务院批准纳入计划的企业及个人生产的卷烟）、雪茄烟和烟丝。卷烟以每标准箱（1 标准箱 = 250 条 = 50000 支）作为计税单位。

2. 酒及酒精

酒及酒精税目下设白酒、黄酒、啤酒、其他酒、酒精 5 个子目，料酒不属于本税目。对饮食业、商业、娱乐业举办的啤酒屋（啤酒坊）利用啤酒生产设备生产的啤酒，应当征收消费税。

3. 化妆品

本税目征收范围包括各类美容修饰类化妆品、高档护肤类化妆品和成套化妆品。

美容修饰类化妆品是指香水、香水精、香粉、口红、指甲油、胭脂、眉笔、唇笔、蓝眼油、眼睫毛以及成套化妆品。

舞台、戏剧、影视人员化妆用的上妆油、卸妆油、油彩、发胶和头发漂白剂等，不属于应征收消费税的化妆品。

4. 高尔夫球及球具

本税目征收范围包括高尔夫球、高尔夫球杆、高尔夫球包（袋）。高尔夫球杆的杆头、杆身和握把属于本税目的征收范围。

5. 贵重首饰及珠宝玉石

贵重首饰及珠宝玉石包括凡是以金、银、铂金、宝石、珍珠、钻石、翡翠、珊瑚、玛瑙等高贵稀有物质以及其他金属、人造宝石等制作的各种金银首饰及镶嵌首饰和经采掘、打磨、加工的各种珠宝玉石。金银首饰包括金、银、金基合金、银基合金以及金银镶嵌首饰，在零售环节征税；免税商店销售的金银首饰属于征收消费税的范围。

6. 鞭炮、焰火

这里所说的鞭炮、焰火包括各种鞭炮、焰火。体育用的发令纸、鞭炮药引线不属于征收消费税的鞭炮、焰火产品。

7. 成品油

本税目包括汽油、柴油、石脑油、溶剂油、航空煤油、润滑油、燃料油 7 个子目。

8. 高档手表

高档手表是指销售价格（不含增值税）每只在 10000 元（含）以上的各类手表。本税目征收范围包括符合以上标准的各类手表。

9. 木制一次性筷子

木制一次性筷子，又称卫生筷子，是指以木材为原料，经过锯段、浸泡、旋切、刨切、烘平、筛选、打磨、倒角、包装等环节加工而成的各类一次性使用的筷子。本税目征收范围包括各种规格的木制一次性筷子。未经打磨、倒角的木制一次性筷子属于本税目征税范围。

10. 实木地板

本税目征收范围包括各类规格的实木地板、实木指接地板、实木复合地板及用于装饰墙壁、天棚的侧端面为榫、槽的实木装饰板。未经涂饰的素板属于本税目征税范围。

11. 汽车轮胎

汽车轮胎是指用于各种汽车、挂车、专用车和其他机动车上的内、外轮胎。本税目征收范围包括：轻型乘用汽车轮胎；载重及公共汽车、无轨电车轮胎；矿山、建筑等车辆用轮胎；特种车辆用轮胎（指行驶于无路面或雪地、沙漠等高越野轮胎）；摩托车轮胎；各种挂车用轮胎；工程车轮胎；其他机动车轮胎。

12. 摩托车

这里所说的摩托车包括轻便摩托车和摩托车两种。对最大设计时速不超过 50 公里 / 小时，发动机气缸总容量不超过 50 毫升的三轮摩托车不征收消费税。

13. 游艇

本税目征收范围包括艇身长度大于 8 米（含）小于 90 米（含），内置发动机，可以在水上移动，一般为私人或团体购置，主要用于水上运动和休闲娱乐等非牟利活动的各类机动艇。

14. 小汽车

本税目征收范围包括含驾驶员座位在内最多不超过 9 个座位（含）的，在设计和技术特性上用于载运乘客和货物的各类乘用车和含驾驶员座位在内的座位数在 10 至 23 座（含 23 座）的在设计和技术特性上用于载运乘客和货物的各类中轻型商用客车。

用排气量小于 1.5 升（含）的乘用车底盘（车架）改装、改制的车辆属于乘用车征收范围。用排气量大于 1.5 升的乘用车底盘（车架）或用中轻型商用客车底盘（车架）改装、改制的车辆属于中轻型商用客车征收范围。

含驾驶员人数（额定载客）为区间值的（如 8~10 人，17~26 人）小汽车，按其区间值下限人数确定征收范围。

电动汽车不属于本税目征收范围。

（二）税率

消费税的税率有两种形式：一种是比例税率；另一种是定额税率，即单位税额。消费税税率形式的选择，主要根据课税对象情况来确定，对一些供求基本平衡，价格差异不大，计量单位规范的消费品，选择计税简单的定额税率，如黄酒、啤酒、成品油等；对一些供求矛盾突出、价格差异较大，计量单位不规范的消费品，选择税价联动的比例税率，如烟、白酒、化妆品、鞭炮、汽车轮胎、贵重首饰及珠宝玉石、摩托车、小汽车等。

一般情况下，对一种消费品只选择一种税率形式，但为了更好地保全消费税税基，对一些应税消费品如卷烟、白酒，则采用了定额税率和比例税率双重征收形式。（具体情况见表4–2）

表4–2 消费税税目、税率（税额）表

税　目	征收范围	计税单位	税率（税额）
一、烟			
1. 卷烟	（1）每标准条（200支）对外调拨价在70元以上（含）的	标准箱（5万支）	56%；150元
	（2）每标准条（200支）对外调拨价在70元以下的	标准箱（5万支）	36%；150元
2. 雪茄烟			36%
3. 烟丝			30%
4. 卷烟批发环节			5%
二、酒及酒精			
1. 白酒			
定额税率		每斤（500克）或500毫升	0.50元
比例税率			20%
2. 黄酒		吨	240元
3. 啤酒	（1）每吨出厂价（含包装物及包装物押金）在3000元（含3000元，不含增值税）以上的	吨	250元
	（2）每吨出厂价（含包装物及包装物押金）在3000元以下的	吨	220元
	（3）娱乐业和饮食业自制的	吨	250元
4. 其他酒			10%
5. 酒精			5%
三、化妆品	包括成套化妆品		30%
四、贵重首饰及珠宝玉石	1. 金银首饰（含金基、银基合金及镶嵌首饰）、铂金首饰、钻石及钻石饰品		5%
	2. 其他贵重首饰及珠宝玉石		10%
五、鞭炮、焰火			15%
六、成品油			
1. 汽油（无铅）		升	1.0元
汽油（含铅）		升	1.4元
2. 柴油		升	0.8元
3. 航空煤油		升	0.8元
4. 石脑油		升	1.0元
5. 溶剂油		升	1.0元
6. 润滑油		升	1.0元
7. 燃料油		升	0.8元
七、汽车轮胎			3%
八、摩托车			
	气缸容量在250毫升（含）以下的		3%
	气缸容量在250毫升以上的		10%
九、小汽车			

续 表

税目	征收范围	计税单位	税率(税额)
1. 乘用车	气缸容量(排气量,下同)在1.0升(含)以下的		1%
	气缸容量在1.0升以上至1.5升(含)的		3%
	气缸容量在1.5升以上至2.0升(含)的		5%
	气缸容量在2.0升以上至2.5升(含)的		9%
	气缸容量在2.5升以上至3.0升(含)的		12%
	气缸容量在3.0升以上至4.0升(含)的		25%
	气缸容量在4.0升以上的		40%
2. 中轻型商用客车			5%
十、高尔夫球及球具	包括高尔夫球、高尔夫球杆(包括杆头、杆身和握把)、高尔夫球包(袋)		10%
十一、高档手表	销售价格(不含增值税)每只在10000元(含)以上的各类手表		20%
十二、游艇	包括艇身长度大于8米(含)小于90米(含),内置发动机,可以在水上移动,一般为私人或团体购置,主要用于水上运动和休闲娱乐等非牟利活动的各类机动艇		10%
十三、木制一次性筷子	包括各种规格的木制一次性筷子。未经打磨、倒角的木制一次性筷子属于本税目征税范围		5%
十四、实木地板	包括各类规格的实木地板、实木指接地板、实木复合地板及用于装饰墙壁、天棚的侧端面为榫、槽的实木装饰板。未经涂饰的素板属于本税目征税范围		5%

如果纳税人兼营不同税率的应税消费品,应当分别核算其销售额或销售数量。未分别核算销售额和销售数量的,或者将不同税率的应税消费品组成成套消费品销售的,从高适用税率。

任务二 消费税应纳税额计算

【案例导入】

衢州美都化妆品公司于2013年8月将一批自产的化妆品用作职工福利。这批化妆品的成本为6 000元。化妆品成本利润率为5%,化妆品的消费税税率为30%。

【任务要求】

计算该公司应该缴纳的消费税。

一、消费税的计税依据

根据现行消费税税法的基本规定,消费税应纳税额的计算主要有从价定率、从量定额和从量从价复合计税3种计税依据。

(一)采用从价定率计税方法计税销售额的确定

采用从价定率办法计算消费税的应税消费品,其计税依据为应税消费品的销售额。

根据《消费税暂行条例》的规定,销售额为纳税人销售应税消费品向购买方收取的全部价款和价外费用。价外费用是指向购买方收取的各种性质的价外收费,包括集资费、补贴、基金、奖励费、违约金(包括延期付款的利息)、包装物租金、储备费、优质费、手续费、返还利润代收代垫款等等。但下列款项不属于价外费用:(1)向购买方收取的增值税税款。(2)同时符合承运者的运费发票开具给购买方、纳税人将该项发票转交给购买方两个条件的代垫运费。除此之外，其他价外费用，无论是否属于纳税人的收入，均应并入销售额计算纳税。即：

销售额 = 应税消费品销售额 + 价外费用

纳税人应税消费品的销售额中未扣除增值税税额或者因不得开具增值税专用发票而发生价款和增值税税额合并收取的，在计算消费税时，应当换算为不含增值税税额的销售额。

知识链接： 消费税计税依据的特殊规定

（1）包装物及押金的计税销售额。包装物连同应税消费品一起销售，应并入销售额计税；包装物不作价销售而是收取押金，则不并入销售额计税，但对逾期未收回的包装物不再退还的和已收取1年以上的押金，应并入销售额计税。酒类产品（黄酒、啤酒除外）销售收取的押金无论是否返还与会计上如何核算，均并入销售额。

（2）纳税人通过非独立核算门市部销售的资产应税消费品，应当按照门市部对外销售金额计税。

（3）纳税人用于换取生产资料、消费资料，投资入股和抵偿债务等方面的应税消费品，应当以纳税人同类应税消费品的最高销售价格作为计税依据。

纳税人应税消费品的计税价格明显偏低并无正当理由的，由主管税务机关核定其计税价格。

（二）采用从量定额计税方法计税销售数量的确定

采用从量定额方法计算消费税的消费品，其计税依据为应税消费品的销售数量。

应纳税额 = 销售数量 × 定额税率

知识链接： 销售数量

纳税人生产、委托加工和进口应税消费品的数量，具体为：

（1）销售应税消费品的，为应税消费品的销售数量。

（2）自产自用应税消费品的，为应税消费品的移送使用数量。

（3）委托加工应税消费品的，为纳税人收回的应税消费品的数量。

（4）进口应税消费品的，为海关核定的应税消费品进口征税数量。

（三）采用复合计税方法计税依据的确定

基本公式：应纳税额 = 销售额 × 比例税率 + 销售数量 × 定额税率

（1）直接对外销售应税消费品的，采用既从价又从量计征方法，计税依据为该应税消费品的销售额和销售数量。

（2）自产自用应税消费品的，其计税依据为含消费税的组成计税价格，即：

组成计税价格 =（成本 + 利润 + 自产自用数量 × 定额税率）/（1– 消费税比例税率）

（3）委托加工应税消费品的，从价计征消费税部分其计税依据为包括从量定额征收的消费税的组成计税价格，即：

组成计税价格 =（材料成本 + 加工费 + 委托加工数量 × 定额税率）/（1– 消费税比例税率）

（4）进口应税消费品的，从价计征消费税部分，其计税依据为包括从量定额征收的消费税的组成计税价格，计算公式如下：

组成计税价格 =（关税完税价格 + 关税 + 从量消费税税额）/（1– 消费税比例税率）

二、消费税应纳税额的计算

(一)生产销售环节应纳税额计算

1. 直接对外销售应税消费品的计算

(1)从价定率计算:对从价计征的应税消费品,其消费税和增值税计税依据是一样的,都为不含税的销售额。

应纳税额 = 应税消费品的销售额 × 比例税率

(2)从量定额计算:对从量计征的应税消费品,其消费税的计税依据和增值税计税依据是不一样的,消费税为应税消费品的销售数量,增值税为不含税的销售额。

应纳税额 = 应税消费品的销售数量 × 单位税率

(3)从价定率和从量定额复合计算。

应纳消费税额 = 应税销售数量 × 定额税率 + 应税销售额 × 比例税率

2. 自产自用应税消费品的计算

纳税人自产自用的应税消费品,用于连续生产应税消费品的,不纳税;用于其他方面的,于移送使用时纳税。

用于“连续生产应税消费品”,是指纳税人将自产自用的应税消费品作为直接材料生产最终应税消费品,自产自用应税消费品构成最终应税消费品的实体;用于“其他方面”,是指纳税人将自产自用应税消费品用于生产非应税消费品、在建工程、管理部门、非生产机构、提供劳务、馈赠、赞助、集资、广告、样品、职工福利、奖励等方面。

(1)从价计征的应税消费品:

消费税和增值税计税依据是一样的,在无同类应税消费品参考价格下都为组成计税价格,且成本利润率按消费法规定确定。

应纳消费税额 = 组成计税价格 × 比例税率

其中:组成计税价格 =(成本 + 利润)/(1- 比例税率)

【学中做 4-1】鸿运摩托车制造厂于本月销售摩托车 40 辆,汽缸容量为 250 毫升,每辆摩托车不含税售 1500 元,款项已到并存入银行。计算该企业应纳消费税税额。

企业应纳消费税税额 = 40×1500×3% =1800(元)

(2)从量计征的应税消费品:

消费税计税依据为销售或自用数量,而增值税计税依据为含消费税的组成计税价格。

应纳消费税额 = 自用数量 × 定额税率

应纳增值税 = 组成计税价格 × 增值税税率

其中:组成计税价格 = 成本 ×(1+ 成本利润率)+ 定额消费税

公式中的成本利润率按增值税法规定确定。

(3)复合计征的应税消费品:

从量计征消费税额 = 自用数量 × 定额税率

从价计征消费税额 = 组成计税价格 × 比例税率

其中:组成计税价格 =(成本 + 利润 + 自产自用数量 × 定额税率)/(1- 比例税率)

应纳消费税额 = 从量计征消费税额 + 从价计征消费税额

【学中做 4–2】某一白酒生产企业 2013 年 10 月份销售薯类白酒 100 吨，取得不含增值税的销售额 300 万元，已知白酒比例税率 20%，定额税率每 500 克 0.5 元。计算白酒企业 10 月份应缴纳的消费税税额。

应纳税额 = 100×2000×0.5+3000000×20% =700000（元）

（二）委托加工应税消费品应纳税额计算

受托方加工完毕向委托方交货时，由受托方代收代缴消费税。如果受托方是个体经营者或个人，委托方须在收回加工应税消费品后向所在地中国税务机关缴纳消费税。如果受托方没有代收代缴消费税的，委托方应补缴税款，补税的依据为：已经直接销售的，按销售额或销售数量计税；未销售或不能直接销售的，按组成计税价格计税。委托加工收回的应税消费品直接出售的，不再缴纳消费税。

委托加工应税消费品环节，除由受托方代收代缴消费税外，根据税法规定，应按加工费（含代垫的辅料成本）计算缴纳增值税。

1. 从价计征方法计算消费税

（1）委托加工的应税消费品，按受托方的同类消费品的销售价格计算纳税。

受托方代收代缴消费税额 = 同类消费品销售单价 × 委托加工数量 × 适用税率

（2）无同类消费品销售价格的，按照组成计税价格计算纳税。

受托方代收代缴的消费税 = 组成计税价格 × 消费税税率

其中：组成计税价格 =（材料成本 + 加工费）/（1– 消费税比例税率）

【学中做 4–3】某客运公司委托宇通汽车厂加工小客车 10 辆，该小客车气缸容量在 2000 毫升。宇通汽车厂没有同类产品的销售价格，小客车单位成本 80000 元，共支付加工费 100000 元，支付其他费用 50000 元。计算该批汽车应缴纳消费税。

组成计税价格 =（80000×10+100000+50000）/（1–5%）=1000000（元）

应纳税额 = 1000000×5% =50000（元）

2. 从量计征方法计算消费税

受托方代收代缴的消费税 = 委托加工应税消费品数量 × 定额税率

3. 复合计征的委托加工应税消费品

受托方代收代缴的消费税 = 从量消费税 + 从价消费税

从量消费税 = 委托加工应税消费品数量 × 单位税额

从价消费税 = 组成计税价格 × 消费税税率

其中：组成计税价格 =（材料成本 + 加工费 + 委托加工数量 × 定额税率）/（1– 消费税比例税率）

【学中做 4–4】甲酒厂 2013 年 10 月从农业生产者手中收购粮食，共计支付收购价款 60000 元。甲酒厂将收购的粮食从收购地直接运往异地的乙酒厂生产加工白酒。白酒加工完毕，甲酒厂收回白酒 8 吨，取得乙酒厂开具防伪税控系统的增值税专用发票，注明加工费 25000 元，代垫辅料价值 15000 元。加工的白酒当地无同类产品市场价格。

乙酒厂应代收代缴的消费税 = 8 × 2 000 × 0.5+[60 000 ×（1−13%）+25 000+15 000+8 000]/（1−20%）× 20% = 33 050（元）

（三）进口应税消费品应纳税额计算

1. 从价定率计算

应纳消费税税额 = 组成计税价格 × 消费税税率

其中：组成计税价格 =（关税完税价格 + 关税）/（1– 消费税比例税率）

2. 从量定额计算

应纳消费税额 = 进口应税消费品数量 × 单位税额

3. 从价定率和从量定额复合计算

消费税额 = 组成计税价格 × 比例税率 + 进口应税消费品数量 × 单位税额

其中：组成计税价格 =（关税完税价格 + 关税 + 从量消费税税额）/（1– 消费税比例税率）

（四）零售环节应纳税额计算

1. 零售环节征收消费税的应税消费品

改为零售环节征收消费税的金银首饰范围仅限于：金、银和金基、银基合金首饰，以及金、银和金基、银基合金的镶嵌首饰。不属于上述范围的应征消费税的首饰仍在销售环节征收消费税。

2. 计税办法

对既销售金银首饰又销售非金银首饰的生产经营单位应分别核算销售额。凡划分不清或不能分别核算的在生产环节销售的一律从高适用税率征收消费税；在零售环节销售的，一律按金银首饰征收消费税。金银首饰与其他产品组成成套消费品销售的，应按销售额全额征收消费税。

经营单位兼营生产、加工、批发、零售业务的，应分别核算销售额；未分别核算销售额或者划分不清的，一律视同零售征收消费税。

三、已纳消费税扣除的计算

（一）外购应税消费品已纳消费税的扣除

税法规定，对外购已税消费品连续生产应税消费品销售时，可按当期生产领用数量计算准予扣除外购应税消费品已纳的消费税税款。

1. 扣税范围

在消费税 14 个税目中，除酒及酒精、小汽车、高档手表、游艇 4 个税目外，其余税目有扣税规定：

（1）用外购已税烟丝生产的卷烟。

（2）用外购已税珠宝玉石生产的贵重首饰及珠宝玉石。

（3）用外购已税化妆品生产的化妆品。

（4）用外购已税鞭炮、焰火生产的鞭炮、焰火。

（5）用外购已税汽车轮胎（内胎和外胎）生产的汽车轮胎。

（6）用外购已税摩托车生产的摩托车。

(7)以外购已税杆头、杆身和握把为原料生产的高尔夫球杆。

(8)以外购已税木制一次性筷子为原料生产的木制一次性筷子。

(9)以外购已税实木地板为原料生产的实木地板。

(10)以外购已税石脑油为原料生产的应税消费品。

(11)以外购已税润滑油为原料生产的润滑油。

2. 扣税计算

按当期生产领用数量扣除其已纳消费税。

当期准予扣除的外购应税消费品已纳税款＝当期准予扣除的外购应税消费品买价 × 外购应税消费品适用税率

其中：当期准予扣除的外购应税消费品买价＝期初库存的外购应税消费品买价＋当期购进的外购应税消费品买价－期末库存的外购应税消费品买价。

3. 扣税环节

对于在零售环节缴纳消费税的金银首饰(含镶嵌首饰)、钻石及钻石饰品已纳消费税不得扣除。

允许扣除已纳税款的应税消费品只限于从工业企业购进的应税消费品和进口环节已缴纳消费税的应税消费品，对从境内商业企业购进应税消费品的已纳税款一律不得扣除。

【学中做 4-5】采卷烟厂 3 月外购烟丝，取得增值税专用发票上注明税款为 8.5 万元，本月生产领用 80%，期初尚有库存的外购烟丝 2 万元，期末库存烟丝 12 万元。计算该企业本月应纳消费税中可扣除的消费税。

本月外购烟丝的买价＝8.5/17%＝50（万元）

生产领用部分的买价＝50×80%＝40（万元）

准予扣除的消费税＝40×30%＝12（万元）

(二)用委托加工收回的应税消费品连续生产应税消费品的税款抵扣

税法规定，对委托加工收回消费品已纳的消费税，可按当期生产领用数量从当期应纳消费税税额中扣除，其扣税规定与外购已税消费品连续生产应税消费品的扣税范围、扣税方法、扣税环节相同。

四、消费税税额减征

为保护生态环境，促进替代污染排放汽车的生产和消费，推进汽车工业技术进步，对生产销售达到低污染排放值的小轿车、越野车和小客车减征 30% 的消费税。

减征税额＝按法定税率计算的消费税额 ×30%

应征税额＝按法定税率计算的消费税额－减征税额

【学中做 4-6】某小轿车生产企业为增值税一般纳税人，6 月生产并销售小轿车 300 辆，每辆含税销售价格 17.55 万元，适用消费税税率 9%，经审查，该企业生产的小轿车已达到减征消费税的国家标准。计算该企业 6 月份应缴纳消费税额。

应缴纳消费税额＝300×17.55/（1+17%）×9% ×（1−30%）=283.5（万元）

五、出口应税消费品退(免)税

(一)出口退税率的规定

消费税的退税率,就是该应税消费品消费税的退税(额)。企业出口不同税率的应税消费品,须分别核算、申报,按各自适用税率计算退税额,否则只能从低适用税率退税。

(二)出口应税消费品退(免)税政策

(1)出口免税并退税:有出口经营权的外贸企业。

(2)出口免税但不退税:有出口经营权的生产企业自营出口或委托外贸企业代理出口。

(3)出口不免税也不退税:除生产企业、外贸企业外的其他企业。

(三)出口应税消费品退税额的计算

外贸企业从生产企业购进应税消费品直接出口或受其他外贸企业委托代理出口应税消费品,其应退消费税税额的计算,分以下两种情况处理:

1. 属于从价定率计征消费税的应税消费品

应退消费税税款 = 出口货物的工厂销售额 × 税率

2. 属于从量定额计征消费税的应税消费品

应退消费税税款 = 出口数量 × 单位税额

【学中做 4-7】某外贸公司 2013 年 10 月从生产企业购入化妆品一批,取得增值税专用发票注明价款 25 万元、增值税 4.25 万元,支付购买化妆品的运输费用 3 万元,当月将该批化妆品全部出口取得销售收入 35 万元。计算该外贸公司出口化妆品应退的消费税税额。

外贸企业从生产企业购进从价定率计征消费税的消费品直接出口,应该依照外贸企业从工厂购进货物时不含增值税的价格计算应退的消费税税款。

应退消费税税额 = 25 × 30% = 7.5(万元)

(四)出口应税消费品办理退(免)税后的管理

出口的应税消费品办理退税后,发生退关或者国外退货,进口时予以免税的,报关出口者必须及时向其所在地主管税务机关申报补缴已退的消费税税款。纳税人直接出口的应税消费品办理免税后发生退关或国外退货,进口时已予以免税的,经所在地主管税务机关批准,可暂不办理补税,待其转为国内销售时,再向其主管税务机关申报补缴消费税。

任务三 消费税会计核算

【案例导入】

天鸿摩托车制造厂于本月销售摩托车 40 辆,汽缸容量为 250 毫升,每辆摩托车不含税售价 1 500 元,款项已到并存入银行;以摩托车 10 辆抵偿钢材厂欠款 10 万元。

【任务要求】

请完成涉税业务的会计处理。

一、消费税会计处理科目设置

为了准确反映企业消费税应缴、已缴、欠缴、计提等情况，需要缴纳消费税的企业针对消费税核算常用的会计科目有“应交税费——应交消费税”、“营业税金及附加”等。

1.“应交税费——应交消费税”

在“应交税费”科目下设置“应交消费税”明细账户进行会计核算。该明细科目的借方发生额反映企业实际缴纳的消费税和待扣的消费税；贷方发生额反映按规定应缴纳的消费税；期末贷方余额，反映尚未缴纳的消费税；期末借方余额，反映多缴或待扣的消费税。

2.“营业税金及附加”

企业生产的需要缴纳的消费品，在销售后计算应交税款时，借记“营业税金及附加”科目，贷记“应交税费——应交消费税”科目；实际缴纳消费税时，借记“营业税金及附加”，贷记“银行存款”科目。发生销货退回或退税时作相反的会计分录。

二、消费税的会计核算

（一）生产销售应税消费品的账务处理

企业在销售实现时，按产品全部价款借记“应收账款”、“银行存款”等科目，贷记“主营业务收入”、“应交税费——应交增值税（销项税额）”等科目；在销售时，应当按照应缴消费税额，借记“营业税金及附加”科目，贷记“应交税费——应交消费税”科目。

【学中做 4-8】某化妆品厂 2013 年 10 月份销售化妆品 3000 套，不含增值税销售价格 120 元／套，实际成本 70 元／套，款项尚未收到。

会计处理：

1. 计算应缴纳的消费税额

应纳税额 = 120 × 3000 × 30% = 108000 元

借：营业税金及附加　　108000

　贷：应交税费——应交消费税　　108000

2. 实际上交税金时

借：应交税费——应交消费税　　108000

　贷：银行存款　　108000

（二）自产自用应税消费品的账务处理

纳税人自产自用的应税消费品，用于连续生产应税消费品的，不纳消费税；用于其他方面的，应于移送使用时纳税。计算纳税时，按同类消费品的销售价格计算；没有同类消费品销售价格的，按组成计税价格计算。

1. 用于连续生产应税消费品的会计处理

纳税人自产自用的应税消费品用于连续生产应税消费品的，不纳消费税，只进行实际成本核算。

【学中做 4-9】康饮酿酒有限公司领用库存自产酒精 10 吨，用于连续生产白酒，酒精的实际总成本为 100000 元。则领用时如何进行核算？

连续生产应税消费品的，不纳消费税。

借：生产成本　　100000

　贷：自制半成品　　100000

2. 用于连续生产非应税消费品的会计处理

纳税人自产自用的应税消费品用于连续生产非应税消费品的，由于最终产品不属于应税消费品，应在移送使用环节纳税。如糖酒厂领用自产酒连续生产酒心糖、汽车制造厂领用自产汽车轮胎连续生产卡车等。在领用时借记“生产成本”科目，贷记“自制半成品”、“应交税费——应交消费税”等科目。

【学中做 4-10】顺达汽车制造厂领用库存自产汽车轮胎若干只，用于连续生产卡车 100 辆。汽车轮胎的实际成本为 800000 元，无同类应税消费品的销售价格。则在领用时相关核算如何处理？

应纳消费税 = 800000 ×（1+5%）/（1−10%）× 10% = 93333.33（元）

借：生产成本　　893333.33

　贷：自制半成品　　800000

　　应交税费——应交消费税　　93333.33

3. 用于其他方面的会计处理

纳税人用于其他方面的，是指纳税人用于在建工程、管理部门、非生产机构、提供劳务以及用于馈赠、赞助、集资、广告、样品、集体福利、奖励等方面的应税消费品。用于其他方面的应税消费品应视同销售，在按成本转账的同时按同类消费品的销售价格或组成计税价格和适用税率（增值税税率和消费税税率）计算增值税销项税额和消费税，借记“在建工程”、“销售费用”、“应付职工薪酬”、“营业外支出”、“固定资产”等科目，贷记“库存商品”、“应交税费——应交增值税（销项税额）”、“应交税费——应交消费税”等科目。

【学中做 4-11】美都化妆品有限公司为了开拓市场，将一批化妆品用于免费试用。该化妆品无同类产品销售价格，已知该批化妆品的实际成本为 5000 元。赠送时如何进行相关核算?

组成计税价格 = 5000 ×（1+5%）/（1−30%）=7500（元）

应纳增值税 = 7500 × 17% = 1275（元）

应纳消费税 = 7500 × 30% = 2250（元）

借：营业外支出　　8525

　贷：库存商品　　5000

　　应交税费——应交增值税（销项税额）　　1275

　　应交税费——应交消费税　　2250

（三）委托加工应税消费品缴纳消费税的账务处理

委托加工应税消费品是指企业提供主要原材料或者半成品，通过支付加工费，由受托方按照合同要求加工企业所需的产品。委托方应按实际耗用的原材料和半成品、加工费、运输费等费用以及按税法规定应计入成本的税金作为成本。其在会计处理上主要包括发出委托加工物资、支付加工费和税金、收回加工物资和剩余物资等几个环节。

委托方在委托加工应税消费品时应设置“委托加工物资”账户，借方登记发出加工物资的成本、支付的加工费、应负担的税金等，贷方登记加工收回物资和退回剩余物资的成本。委托加工应税消费品应纳的消费税应区分不同情况计入上述账户。

1. 委托加工应税消费品收回后直接用于销售

按照税法规定，委托加工的应税消费品，受托方在交货时已代收代缴消费税，委托方收回后直接销售的，不再征收消费税。因此，委托方应将受托方代收代缴的消费税和支付的加工费一并计入委托加工应税消费品的成本，借记“委托加工物资”、“自制半成品——委托外部加工自制半成品”、“生产成本委托加工产品”等科目，贷记“应付账款”、“银行存款”等科目。

【学中做 4-12】A 公司委托 B 公司加工汽车轮胎一批，双方均为一般纳税人，A 公司提供主要材料，发出材料成本 124 000 元，支付加工费 21 500 元，该批轮胎收回后直接用于销售。

（1）发出材料时：

借：委托加工物资　　124 000

　贷：原材料　　124 000

（2）支付加工费、消费税、增值税时：

组成计税价格 =（124 000+21 500）/（1−3%）=150 000（元）

应交消费税 = 150 000 × 3% = 4 500（元）

应交增值税 = 21 500 × 17% = 3 655（元）

借：委托加工物资　　26 000

　　应交税费——应交增值税（进项税额）　　3 655

　贷：银行存款　　29 655

（3）收回加工物资时：

借：库存商品　　150 000

　贷：委托加工物资　　150 000

2. 委托方收回后用于连续生产应税消费品的会计处理

如果委托方将委托加工的应税消费品收回后用于连续生产应税消费品，则应将受托方代收代缴的消费税计入“应交税费——应交消费税”科目的借方，在最终应税消费品计算缴纳消费税时予以抵扣，而不是计入委托加工应税消费品的成本中。委托方在提货时，按应支付的加工费等借记“委托加工物资”等科目，接受托方代收代缴的消费税，借记“应交税费——应交消费税”科目，按支付加工费应负担的增值税税额借记“应交税费——应交增值税（进项税额）”科目，按加工费与增值税、消费税之和贷记“银行存款”等科目。待加工成最终应税消费品销售时，按最终应税消费品应缴纳的消费税，借记“营业税金及附加”科目，贷记“应交税费——应交消费税”科目。“应交税费——应交消费税”科目中这两笔借贷方发生额的差额为实际应缴的消费税，缴纳时，借记“应交税费——应交消费税”科目，贷记“银行存款”科目。

【学中做 4-13】假设上例中该批轮胎收回后用于连续生产小汽车，并全部对外销售，取得不含税销售额 1800000 元，税率为 25%，其他条件不变。

(1)发出材料时：

借：委托加工物资　　124000

　贷：原材料　　124000

(2)支付加工费、消费税、增值税时：

借：委托加工物资　　21500

　　应交税费——应交增值税（进项税额）　　3655

　　　　　　——应交消费税　　4500

　贷：银行存款　　29655

(3)收回加工物资时：

借：库存商品　　145500

　贷：委托加工物资　　145500

(4)对外销售时：

应纳消费税 = 1800000 × 25% = 450000（元）

借：营业税金及附加　　450000

　贷：应交税费——应交消费税　　450000

(5)实际缴纳消费税时：

应纳消费税 = 450000−4500 = 445500（元）

借：应交税费——应交消费税　　445500

　贷：银行存款　　445500

3. 受托方会计处理

受托方可按本企业同类消费品的销售价格计算代扣代缴消费税税款，若没有同类消费品销售价格的，按照组成计税价格计算。

【学中做 4-14】接前例，B 公司作为受托方为 A 公司加工一批轮胎，没有同类消费品销售价格，税率为 3%，其他条件不变。

组成计税价格 =（124000+21500）/（1−3%）=150000（元）

应纳消费税税额 = 150000 × 3% = 4500（元）

收取代扣税金时：

借：银行存款　　4500

　贷：应交税费——应交消费税　　4500

（四）包装物缴纳消费税的账务处理

实行从价定率办法计算应纳税额的应税消费品连同包装物销售的，无论包装物是否单独计价，均应并入应税消费品的销售额中缴纳消费税。对于出租出借包装物收取的押金和包装物既作价随同应税消费品销售，又另外收取的押金，因逾期未收回而没收的部分，也应并入应税消费品的销售额中缴纳消费税。此外，自 1995 年 6 月 1 日起，对酒类产品生产企业销售除啤酒、黄酒以外的其他酒类产品而收取的包装物押金，无论押金是否返还以及会计上如何核算，均应并入酒类产品销售额中，依酒类产品的适用税率征收消费税。根据以上规定，现行会计制度对包装物的有关会计处理方法作了如下规定。

1. 随同产品销售且不单独计价的包装物

随同产品销售且不单独计价的包装物，其收入随同所销售的产品一起计入产品销售收入。因此，因包装物销售应交的消费税应一同计入“营业税金及附加”科目或其他有关税金科目。

2. 随同产品销售但单独计价的包装物

随同产品销售但单独计价的包装物，其收入计入“其他业务收入”科目。因此，应缴纳的消费税应计入“营业税金及附加”科目。

3. 出租、出借的包装物

出租、出借的包装物收取的押金，借记“银行存款”科目，贷记“其他应付款”科目。待包装物按期返还而退回包装物押金时，作相反的会计处理。包装物逾期收不回来而将押金没收时，借记“其他应付款”科目，贷记“其他业务收入”、“应交税费——应交增值税（销项税额）”科目，这部分押金收入应缴纳的消费税应相应计入“营业税金及附加”科目。

【学中做 4-15】康宁烟草有限公司 2013 年 8 月销售雪茄烟一批，取得销售收入 400 000 元（不含税），另收取包装物押金 52 650 元，包装物的回收期限为 1 个月。则该烟草公司应如何进行会计处理？假设到了 2013 年 10 月份包装物未收回，又如何处理？

（1）销售雪茄烟应纳的增值税和消费税：

增值税销项税额 = 400 000 × 17% = 68 000（元）

应纳消费税额 = 400 000 × 36% = 144 000（元）

销售雪茄烟而收取的包装物押金不征税。

借：银行存款	520 650	
贷：主营业务收入		400 000
其他应付款		52 650
应交税费——应交增值税（销项税额）		68 000
借：营业税金及附加	144 000	
贷：应交税费——应交消费税		144 000

（2）逾期未收回包装物而没收押金时：

增值税销项税额 = 52 650/（1+17%）× 17% = 7 650（元）

应纳消费税额 = 52 650/（1+17%）× 36% = 16 200（元）

借：其他应付款	52 650	
贷：其他业务收入		45 000
应交税费——应交增值税（销项税额）		7 650
借：营业税金及附加	16 200	
贷：应交税费——应交消费税		16 200

4. 随同产品销售但另收取押金的包装物

包装物已作价随同产品销售，但为促使购货人将包装物退回而另外收取的押金，借记

“银行存款”科目，贷记“其他应付款”科目；包装物逾期未收回而没收押金，则没收的押金应缴纳的消费税，首先自“其他应付款”科目中冲抵，即借记“其他应付款”科目，贷记“应交税费——应交消费税”科目，冲抵后“其他应付款”科目的余额转入“营业外收入”科目。

【学中做4-16】某公司2013年10月销售轮胎，不含税销售价格为300000元，随同产品销售并单独计价的包装物200个，不含税单价300元/个，为促使包装物能收回，另外每个包装物收取押金23.4元，上述款项均以银行存款收讫。该公司会计处理如下。

（1）销售应税消费品及包装物，确认收入时：

借：银行存款　　425880

贷：主营业务收入　　300000

其他业务收入　　60000

应交税费——应交增值税（销项税额）　　61200

其他应付款　　4680

（2）计算该消费品应纳的消费税（消费税税率为10%）时：

应纳消费税额＝（300000+60000）×10%＝36000（元）

借：营业税金及附加　　30000

其他业务成本支出　　6000

贷：应交税费——应交消费税　　36000

（3）假定包装物的回收期限为3个月，2014年1月未收回包装物而没收押金时：

该押金应纳的增值税销项税额＝4680/（1+17%）×17%＝680（元）

该押金应纳的消费税额＝4680/（1+17%）×10%＝400（元）

借：其他应付款　　4680

贷：应交税费——应交增值税（销项税额）　　680

应交税费——应交消费税　　400

营业外收入　　3600

5. 生产企业酒类产品的包装物

对酒类产品生产企业销售除啤酒、黄酒以外的其他酒类产品而收取的包装物押金，无论押金是否返还以及会计上如何核算，均应并入酒类产品的销售额中，依酒类产品适用税率征收消费税。收取的押金计入“其他应付款”科目，包装物所缴纳的增值税和消费税则应计入“其他业务成本”或“销售费用”科目，即借记“其他业务成本”或“销售费用”科目，贷记“应交税费——应交消费税”、“应交税费——应交增值税”科目。

【学中做4-17】红星酒业有限公司2013年9月销售粮食白酒9吨，同时收取包装物押金5100元。试对收取包装物的押金进行相应会计处理。

（1）收取押金时：

借：银行存款　　5100

贷：其他应付款　　5100

（2）计算提取增值税和消费税时：

应纳增值税＝5100/(1+17%)×17%＝741.03（元）

应纳消费税＝5 100/（1+17%）× 25%＝1 089.74（元）

借：其他业务成本　　1 830.77

　贷：应交税费——应交增值税（销项税额）　　741.03

　　　应交税费——应交消费税　　1 089.74

（五）进口应税消费品缴纳消费税的账务处理

（1）进口应税消费品，由进口者缴纳消费税，缴纳的消费税计入进口应税消费品的成本。

（2）根据有关规定，企业进口应税消费品，应当自海关填发税款缴款书的次日起 15 日内缴纳，企业不交税不得提货。缴纳消费税与进口货物入账基本上没有时间差，为简化核算手续，进口应税消费品缴纳的消费税一般不通过“应交税费 —— 应交消费税”账户核算，而是将消费税计入进口应税消费品成本时，直接贷记“银行存款”科目。

（3）在特殊情况下，如出现先提货、后缴纳消费税的，或者用于连续生产其他应税消费品按规定允许扣税的，也可以通过“应交税费 —— 应交消费税”账户核算应缴消费税额。

【学中做 4–18】A 公司从美国进口一批汽车轮胎，到岸价格 400 000 元，关税税率为 40%，消费税税率为 3%，货款已支付。

组成计税价格＝（400 000+400 000 × 40%）/（1−20%）=700 000（元）

应纳消费税税额＝700 000 × 3%＝21 000（元）

应纳增值税税额＝700 000 × 17%＝119 000（元）

借：库存商品　　721 000

　　应交税费——应交增值税（进项税额）　　119 000

　贷：银行存款　　840 000

任务四 消费税纳税申报

【案例导入】

永盛酒厂是国有企业（增值税一般纳税人），主要外购粮食为原料，生产 38° 和 52° 两种白酒，企业 2013 年 10 月发生如下经济业务：

（1）本月销售给某烟酒批发公司瓶装白酒 500 箱（10 瓶 / 箱，1 斤 / 瓶，下同），每箱不含税批发价 120 元，开出了增值税专用发票，货款已收到。

（2）销售给某商场瓶装白酒 200 箱，每箱不含税售价 120 元，开具增值税专用发票 1 张，货已发，款已收回送存银行。

（3）本月将上年 10 月份收取的包装物押金 1 340 元予以没收。经核实，收取押金时已按税法规定进行了相关账务处理。

（4）本月将自产瓶装白酒 800 瓶，每瓶不含税售价 25 元，成本价为 8 元，分给职工，未开具任何发票。

【任务要求】

填制消费税纳税申报表。

一、消费税的纳税环节

消费税实行单一环节一次征收，除金银首饰、铂金首饰、钻石及钻石饰品在零售环节征税外，其他消费品（不含卷烟）只在生产、委托加工或进口环节征税，在以后的其他流通环节不再征收消费税。其纳税环节主要有以下几个方面：

（1）纳税人生产的应税消费品，由生产者于销售时纳税。

（2）纳税人自产应税消费品，用于其他方面销售的，于移送使用时纳税。

（3）委托加工的应税消费品，由受托方于委托方提货时代收代缴税款。

（4）进口的应税消费品，于报关进口时纳税。

（5）金银首饰、钻石及钻石饰品在零售环节纳税。

注意：批发卷烟的单位和个人在批发环节按照实际收取的不含增值税的全部价款的5%缴纳消费税。

二、纳税义务发生时间

（1）纳税人销售应税消费品的，按不同的销售结算方式分别为：

①采取赊销和分期收款结算方式的，为书面合同约定的收款日期的当天，书面合同没有约定收款日期或者无书面合同的，为发出应税消费品的当天；

②采取预收货款结算方式的，为发出应税消费品的当天；

③采取托收承付和委托银行收款方式的，为发出应税消费品并办妥托收手续的当天；

④采取其他结算方式的，为收到销售款或者取得索取销售款凭据的当天。

（2）纳税人自产自用应税消费品的，为移送使用的当天。

（3）纳税人委托加工应税消费品的，为纳税人提货的当天。

（4）纳税人进口应税消费品的，为报关进口的当天。

三、消费税的纳税地点

（1）纳税人销售的应税消费品，以及自产自用的应税消费品，除国家另有规定的外，应当向纳税人核算地主管税务机关申报纳税。

（2）委托个人加工的应税消费品，由委托方向其机构所在地或者居住地主管税务机关申报纳税。除此之外，由受托方向所在地主管税务机关代收代缴消费税税款。

（3）进口的应税消费品，由进口人或者其代理人向报关地海关申报纳税。

（4）纳税人到外县（市）销售或者委托外县（市）代销自产应税消费品的，于应税消费品销售后，向机构所在地或者居住地主管税务机关申报纳税。

纳税人的总机构与分支机构不在同一县（市）的，应当分别向各自机构所在地的主管税务机关申报纳税；经财政部、国家税务总局或者其授权的财政、税务机关批准，可以由总机构汇总向总机构所在地的主管税务机关申报纳税。

（5）纳税人销售的应税消费品，如因质量等原因由购买者退回时，经所在地主管税务机关审核批准后，可退还已征收的消费税税款。但不能直接抵减应纳税款。

四、消费税的纳税期限

按照《消费税暂行条例》规定，消费税的纳税期限分别为1日、3日、5日、10日、15日、1个月或者1个季度：纳税人的具体纳税期限，由主管税务机关根据纳税人应纳税额的大小分别核定；不能按照固定期限纳税的，可以按次纳税。

纳税人以1个月或1个季度为一期纳税的，自期满之日起15日内申报纳税：以1日、3日、5日、10日或者15日为一期纳税的，自期满之日起5日内预缴税款，于次月1日起至15日内申报纳税并结清上月应纳税款。

纳税人进口应税消费品，应当自海关填发海关进口消费税专用缴款书之日起15日内缴纳税款。

表4-5　酒及酒精消费税纳税申报表

税款所属期：　　年　月　日至　　　年　月　日

纳税人名称（公章）：　　　　纳税人识别号：□□□□□□□□□□□□□□□□□□□□

填表日期：　　年　月　日　　　　金额单位：元（列至角分）

项目 应税消费品名称	适用税率		销售数量	销售额	应纳税额
	定额税率	比例税率			
粮食白酒	0.5元/斤	20%			
薯类白酒	0.5元/斤	20%			
啤酒	250元/吨	——			
啤酒	220元/吨	——			
黄酒	240元/吨	——			
其他酒	——	10%			
酒精	——	5%			
合计	——	——	——	——	

	声　明
本期准予抵减税额：	此纳税申报表是根据国家税收法律的规定填报的，我确定它是真实的、可靠的、完整的。
本期减（免）税额：	经办人（签章）：
期初未缴税额：	财务负责人（签章）： 联系电话：
本期缴纳前期应纳税额：	（如果你已委托代理人申报，请填写）
本期预缴税额：	授权声明
本期应补（退）税额：	为代理一切税务事宜，现授权＿＿＿＿（地址）＿＿＿＿为本纳税人的代理申报人，任何与本申报表有关的往来文件，都可寄予此人。
期末未缴税额：	授权人签章：

以下由税务机关填写

受理人（签章）：　　　受理日期：　　年　月　日　　　受理税务机关（章）：

表 4-6 其他应税消费品消费税纳税申报表

税款所属期： 年 月 日至 年 月 日

纳税人名称（公章）： 纳税人识别号：□□□□□□□□□□□□□□□□□□□□

填表日期： 年 月 日 金额单位：元（列至角分）

<table>
<tr><td>项目
应税
消费品名称</td><td>适用税率</td><td>销售数量</td><td>销售额</td><td>应纳税额</td></tr>
<tr><td></td><td></td><td></td><td></td><td></td></tr>
<tr><td></td><td></td><td></td><td></td><td></td></tr>
<tr><td></td><td></td><td></td><td></td><td></td></tr>
<tr><td></td><td></td><td></td><td></td><td></td></tr>
<tr><td>合计</td><td>——</td><td>——</td><td>——</td><td></td></tr>
<tr><td colspan="3">本期准予抵减税额：</td><td colspan="2" rowspan="4">声 明
此纳税申报表是根据国家税收法律的规定填报的，我确定它是真实的、可靠的、完整的。

经办人（签章）：
财务负责人（签章）：
联系电话：</td></tr>
<tr><td colspan="3">本期减（免）税额：</td></tr>
<tr><td colspan="3">期初未缴税额：</td></tr>
<tr><td colspan="3">本期缴纳前期应纳税额：</td></tr>
<tr><td colspan="3">本期预缴税额：</td><td colspan="2" rowspan="4">（如果你已委托代理人申报，请填写）
授权声明
为代理一切税务事宜，现授权 ______（地址）______ 为本纳税人的代理申报人，任何与本申报表有关的往来文件，都可寄予此人。

授权人签章：</td></tr>
<tr><td colspan="3">本期应补（退）税额：</td></tr>
<tr><td colspan="3"></td></tr>
<tr><td colspan="3">期末未缴税额：</td></tr>
</table>

以下由税务机关填写

受理人（签章）： 受理日期： 年 月 日 受理税务机关（章）：

【知识与技能训练】

一、单项选择

1. 从概念上看，我国的消费税属于（ ）。

A. 一般消费税 B. 特别消费税 C. 总量消费税 D. 收入消费税

2. 下列项目中，应征消费税的是（ ）。

A. 啤酒屋销售的自制啤酒 B. 土杂商店出售的烟火、鞭炮

C. 黄河牌卡车 D. 销售使用过的小轿车

3. 以下不属于应收消费税的项目是（　　）。

A. 高尔夫球　B. 高尔夫球袋　C. 高尔夫球杆、握把　D 高尔夫车

4. 以下应税消费品中，适用单一定额税率的有（　　）。

A. 粮食白酒　B. 酒精　C. 黄酒　D. 啤酒

5. 某非标准包装卷烟每包 25 支，每条 12 包，不含增值税调拨价每条 70 元，则该卷烟每标准箱消费税额为（　　）。

A. 3500 元　B. 3650 元　C. 4350 元　D. 5250 元

6. 下列可按生产领用量抵扣委托加工收回已纳消费税的有（　　）。

A. 首饰厂将委托加工收回的已税玉珠抛光打孔串成玉珠项链

B. 化妆品厂将委托加工收回的已税酒精作为生产护肤品的材料之一

C. 首饰厂将委托加工收回的已税戒面制成 22K 黄金镶嵌项坠

D. 汽车制造厂将委托加工收回的小轿车改装成工程抢修车

7. 纳税人进口应税消费品，应于（　　）缴纳税款。

A. 海关填发税款缴纳书次日起 15 日内　B. 海关填发税款缴纳书之日起 15 日内

C. 次月起 7 日内　D. 次月起 10 日内

8. 带料加工、翻新改制的金银首饰，其消费税纳税义务发生时间为（　　）。

A. 委托方交款的当天　B. 委托方交货的当天

C. 委托方材料入库的当天　D. 受托方交货的当天

9. 消费税纳税人采取赊销和分期收款结算方式的，其纳税义务的发生时间为（　　）。

A. 发出货物的当天　B. 收到货款的当天

C. 合同规定的收款日期当天　D. 双方约定的任一时间

10. 进口的应税消费品，由进口人或其他代理人向（　　）海关申报纳税。

A. 企业所在地　B. 企业核算地　C. 货物入境地　D. 报关地

二、多项选择

1. 下列环节既征消费税又征增值税的有（　　）。

A. 卷烟的批发环节　B. 白酒的批发环节

C. 金银首饰的零售环节　D. 化妆品的进口环节

2. 采用定额税率从量定额征收消费税的项目有（　　）。

A. 黄酒　B. 葡萄酒　C. 柴油　D. 烟丝

3. 下列不同用途的应税消费品应纳消费税的有（　　）。

A. 用自产应税消费品用于投资的

B. 用自产应税消费品用于集体福利的

C. 用委托加工收回的应税消费品（受托方已代收代缴消费税）连续生产应税消费品后销售的

D. 用委托加工收回的应税消费品（受托方已代收代缴消费税）直接销售的

4. 下列属于应征消费税的项目有（　　）。

A. 12000 元一只的手表 B. 帆艇 C. 胭脂 D. 戏剧舞台化妆油彩

5. 消费税实行出口免税并退税政策的企业包括（ ）。

A. 外贸企业收购应税消费品直接出口

B. 外贸企业受其他贸易公司委托出口应税消费品

C. 外贸企业受生产企业委托出口应税消费品

D. 外贸企业受其他外贸公司委托出口应税消费品

6. 对于委托加工应税消费品，受托方没有按规定代收代缴税款的，下列说法错误的是（ ）。

A. 受托方代委托方补缴税款 B. 委托方补缴税款

C. 按受托方同类消费品价格补缴税款 D. 一律按组成计税价格补缴税款

7. 以下符合消费税纳税义务发生时间规定的有（ ）。

A. 纳税人采取赊销和分期收款结算方式的，其纳税义务的发生时间为收款日期的当天

B. 纳税人自产自用的应税消费品，其纳税义务的发生时间为移送使用的当天

C. 纳税人委托加工的应税消费品，其纳税义务的发生时间为委托方支付加工费的当天

D. 纳税人采取其他结算方式的，其纳税义务的发生时间为收讫销售款或者取得索取销售款凭据的当天

8. 关于消费税的说法，正确的是（ ）。

A. 某酒厂生产白酒和药酒并将两类酒包装在一起按礼品套酒销售，尽管该厂对一并销售的两类酒分别核算了销售额，但对于这种礼品套酒仍应就其全部销售额按白酒的适用税率计征消费税

B. 零售环节征收消费税的金银首饰不能扣除外购、委托加工收回的珠宝玉石已纳的消费税税款

C. 对销售果酒收取的押金，不论到期与否，均应并入销售额计征消费税

D. 烹调料酒属于黄酒，应按照黄酒的单位税额计算缴纳消费税

9. 以下不符合消费税规定的是（ ）。

A. 进口应税消费税，由进口人或代理人向机构所在地海关申报纳税

B. 生产自产消费品出口的企业，增值税和消费税都享受免税并退税的政策

C. 委托加工应税消费品的组价公式中，加工费应包括加工费和辅料费等向委托方收取的全部费用，但不含增值税税金

D. 委托加工的应税消费品，受托方交货时已代收代缴消费税，委托方收回后直接出售的，应征收消费税同时抵扣已被代收代缴的消费税

三、实训操作

豪饮酒厂可以生产粮食、薯类酒精为原料的白酒，同时也生产啤酒。2013 年 2 月，该厂的生产销售情况如下：

（1）外购薯类酒精 10 吨，增值税专用发票上注明的单价为每吨 1 500 元；外购粮食酒精 20 吨，增值税专用发票上注明的单价为每吨 2 100 元；

（2）外购生产白酒的各种辅料，增值税专用发票上注明的价款共计 12 000 元；

（3）外购生产啤酒的各种原料，增值税专用发票上注明的价款共计 250 000 元；

（4）当月用 8 吨薯类酒精及辅料生产薯类白酒 22 吨，销售了 20 吨，每吨不含增值税 12 000 元；用 15 吨粮食酒精及辅料生产粮食白酒 32 吨，销售了 30 吨，每吨不含增值税 18 000 元；

（5）当月用剩余的酒精和辅料生产白酒 10 吨，每吨的实际生产成本为 8 500 元，这部分白酒用于抵偿债务，已知该白酒的每吨销售价格分别为（不含增值税）9 000 元、10 000 元、11 000 元；

（6）当月销售生啤酒 100 吨，增值税专用发票上注明的出厂单价每吨为 2 800 元，另按照惯例开具收据收取每吨 200 元的包装物押金，限期 3 个月；

（7）当月销售果啤 140 吨，增值税专用发票上注明的出厂单价每吨为 2 900 元，另按照惯例开具收据收取每吨 200 元的包装物押金，限期 3 个月：

（8）当月有以往发出到期包装物押金 5 000 元（生啤）和 3 000 元（果啤）到期未退。

根据以上资料，完成以下任务：

1. 计算用于抵偿债务的白酒应纳的消费税；
2. 计算用于抵偿债务的白酒的增值税销项税额；
3. 分析当月涉税业务会计处理；
4. 计算当月应纳的增值税与消费税；
5. 填制消费税纳税申报表。

项目五 营业税会计实务

【知识目标】

掌握营业税基本要素的法律规定；

掌握营业税计税依据的确定及应纳税额的计算方法；

掌握营业税会计核算；

熟悉营业税的纳税申报规定。

【技能要求】

能区分营业税、增值税的征税范围；

会计算不同行业的营业税应纳税额；

能对不同行业营业税涉税业务进行会计核算；

会填制营业税纳税申报表并进行纳税申报。

任务一 营业税基本要素认知

【案例导入】

广厦建筑公司2013年1月承包B单位的一项建筑工程，6月份工程完工并检验合格，广厦建筑公司取得工程价款1 500万元。

【任务要求】

分析广厦建筑公司营业税的基本要素。

一、营业税的概念

营业税是对在我国境内提供应税劳务、转让无形资产或销售不动产所取得的营业额为课税对象而征收的一种商品劳务税，是国家制定的用以调整营业税征收与缴纳之间权利及义务关系的法律规范。

现行我国营业税法的基本规范，是2008年11月5日国务院第34次常务会议修订通过的《中华人民共和国营业税暂行条例》和2008年12月15日财政部、国家税务总局第52号令发布的《中华人民共和国营业税暂行条例实施细则》。

二、营业税的征税范围

营业税的征税范围包括在我国境内提供应税劳务、转让无形资产或销售不动产3种经营行为。

(一)提供应税劳务

(1)建筑业。是指建筑安装工程作业。征税范围包括建筑、安装、修缮、装饰和其他工程作业。

(2)金融保险业。指经营金融、保险的业务。征收范围包括金融、保险。

(3)通信业。指专门办理信息传递的业务活动。征税范围是电信。

(4)文化体育业。指经营文化、体育活动的业务。征收范围包括文化业、体育业。

(5)娱乐业。指为娱乐活动提供场所和服务的业务。征收范围包括经营歌厅、舞厅、卡拉 OK 歌舞厅、音乐茶座、台球、高尔夫球场、游艺场等娱乐场所,以及在娱乐场所为顾客进行娱乐活动提供服务的业务。

(6)服务业。指利用设备、工具、场所、信息或技能为社会提供服务的业务。征收范围包括代理业、旅店业、饮食业、旅游业、仓储业、租赁业、其他服务业。但研发和技术服务、信息技术服务、文化创意服务、物流辅助服务、广告业、有形动产租赁服务、鉴证咨询服务、广播影视服务等现代服务业属于增值税纳税范围。

知识链接: "营业税改征增值税"改革进展

2011 年 11 月 16 日,财政部和国家税务总局联合印发了《营业税改征增值税试点方案》,并于 2012 年 1 月 1 日起在上海交通运输业和部分现代服务业开展"营改增"试点,拉开了货物劳务税收的改革序幕。2013 年 12 月 12 日,财政部和国家税务总局联合发布了《关于将铁路运输和邮政业纳入营业税改征增值税试点的通知》,至此,交通运输业全部纳入"营改增"范围。

(二)转让无形资产

转让无形资产,是指转让无形资产的所有权或使用权的行为。征税范围包括转让土地使用权、转让商标权、转让专利权、转让非专利技术、转让著作权、转让商誉。

从 2003 年 1 月 1 日起,以不动产投资入股,参与接受投资方的利润分配、共同承担投资风险的行为,不征收营业税。在投资后转让其股权的也不征收营业税。

(三)销售不动产

销售不动产,是指有偿转让不动产所有权的行为。不动产,是指不能移动,移动后会引起性质、形状改变的财产。征税范围包括销售建筑物或构筑物、销售其他土地附着物。在销售不动产连同不动产所占土地的使用权一并转让的行为,比照销售不动产征税。

从 2003 年 1 月 1 日起,以不动产投资入股,参与接受投资方的利润分配、共同承担投资风险的行为,不征收营业税。在投资后转让其股权的也不征收营业税。

单位或者个人将不动产或者土地使用权无偿赠送给其他单位或者个人,视同发生应税行为,按规定征收营业税;单位或者个人自己新建(以下简称自建)建筑物后销售,其所发生的自建行为,视同发生应税行为,按规定征收营业税。

三、营业税的纳税人

在我国境内提供应税劳务、转让无形资产或者销售不动产的单位和个人为营业税的纳税义务人。单位是指企业、行政单位、事业单位、军事单位、社会团体及其他单位;个人是指个体工商户以及其他有经营行为的个人。

在现实生活中，有些具体情况难以确定纳税人，因此税法规定了扣缴义务人。营业税的扣缴义务人主要有以下几种：

（1）委托金融机构发放贷款的，以受托发放贷款的金融机构为扣缴义务人。

（2）建筑业务工程实行总承包、分包方式的，以总承包人为扣缴义务人。

（3）境外单位或者个人在境内发生应税行为而在境内未设有机构的，其应纳税款以代理人为扣缴义务人；没有代理人的，以受让者或者购买者为扣缴义务人。

（4）单位或者个人进行演出，由他人售票的，其应纳税款以售票者为扣缴义务人。

（5）分保险业务，其应纳税款以初保人为扣缴义务人。

（6）个人转让除土地使用权以外的其他无形资产，其应纳税款以受让者为扣缴义务人。

四、营业税税目税率

营业税的税目按照行业、类别的不同分别设置，现行营业税共设置了 8 个税目，税率也实行行业比例税率，基本税率为 3% 和 5%，还有一个 5% ~ 20% 的幅度比例税率。营业税的税目以及税率见表 5-1。

表 5-1 营业税税目、税率

税目	税率	注意问题
建筑业	3%	包括建筑、安装、修缮、装饰、其他工程作业；注意营业税修缮（不动产、构筑物）与增值税修理的划分；报装环节一次收取的管道煤气集资费按此税目缴纳营业税。
通信业	3%	注意电信业务中电信物品销售与增值税征税范围的划分。
文化体育业	3%	文化业包括表演、播映、经营游览场所（动植物园）、展览、培训、文学艺术科技讲座、图书资料借阅等业务；以租赁方式为文化活动、体育比赛提供场所不属于此税目，应按“服务业 —— 租赁”征税。
金融保险业	5%	金融包括贷款、融资租赁、金融商品转让、金融经济业和其他金融业务；境内外资金金融机构从事的离岸银行业务，应在我国缴纳营业税。
娱乐业	5% ~ 20%	包括夜总会、歌厅、舞厅、射击、狩猎、跑马、游戏、高尔夫、保龄球、台球、网吧、游艺、电子游戏厅等，娱乐业税率由省级人民政府在 5% ~ 20% 的幅度内确定。
服务业	5%	包括代理业、旅店业、饮食业、旅游业、仓储业、租赁业、广告业、其他服务业，不包括研发和技术服务、信息技术服务、文化创意服务、物流辅助服务、有形动产租赁服务、鉴证咨询服务、广播影视服务。旅游景点经营索道取得的收入按照“服务业 —— 旅游业”项目征收营业税；对港口设施经营人收取的港口设施保安费，应按照“服务业”税目全额征收营业税；单位和个人受托种植植物、饲养动物的行为，应按照“服务业”税目征税。
转让无形资产	5%	包括转让土地使用权、转让商标权、转让专利权、转让非专利技术、出租电影拷贝、转让著作权、转让商誉。以无形资产投资入股，参与接受投资方的利润分配、共同承担投资风险的行为，不征收营业税；投资后转让该项股权，也不征收营业税。
销售不动产	5%	包括有偿转让建筑物或构筑物、销售其他土地附着物。以不动产投资入股，参与接受投资方的利润分配、共同承担投资风险的行为，不征收营业税；投资后转让该项股权，也不征收营业税。

五、营业税的减免

（一）起征点

对于经营营业税应税项目的个人，营业税规定了起征点。营业额达到或超过起征点即全额计算纳税，营业额低于起征点则免于征收营业税。税法规定的起征点如下：

（1）按期纳税的起征点为月营业额 5000 ~ 20000 元；

（2）按次纳税的起征点为每次（日）营业额 300 ~ 500 元。

各省（市、自治区）人民政府所属地方税务机关可以在规定额幅度内根据当地实际情况确定本地区适用的起征点并报国家税务总局备案。

（二）免税项目

根据《营业税暂行条例》的规定，下列项目免征营业税：

（1）托儿所、幼儿园、养老院、残疾人福利机构的育养服务、婚姻介绍、殡葬服务。

（2）残疾人员个人为社会提供的劳务。

（3）医院、诊所和其他医疗机构提供的医疗服务。

（4）学校和其他教育机构提供的教育劳务，学生勤工俭学的劳务。

（5）农业机耕、排灌、病虫害防治、植保、农牧保险以及相关技术培训业务，家禽、牲畜、水生动物的配种和疾病防治。

（6）纪念馆、博物馆、文化馆、美术馆、展览馆、书画院、图书馆、文物保护单位举办文化活动的门票收入，宗教场所举办的文化、宗教活动的门票收入。

（三）其他减免税项目（部分）

（1）保险公司开展的 1 年期以上返还人身保险业务的保费收入免征营业额。返还人身保险业务是指保期 1 年以上（包括 1 年期），到期返还本利的普通人寿保险、养老金保险、健康保险。

（2）对单位和个人（包括外商投资企业、外商投资设立的研究开发中心、外国企业和外籍个人）从事技术转让、技术开发业务和与之相关的技术咨询、技术服务业务取得的收入，免征营业税。

（3）工会疗养院（所）可视为"其他医疗机构"，免征营业税。

（4）个人转让著作权，免征营业税。

（5）将土地使用权转让给农业生产者用于农业生产，免征营业税。

（6）对按政府规定出租的共有住房和廉租住房暂免征收营业税；对个人按市场价格出租的居民住房，暂按 3% 的税率征收营业税。

（7）金融机构往来业务暂不征收营业税。

（8）对金融机构的出纳长款收入，不征收营业税。

（9）个人将购买超过 5 年（含 5 年）的普通住房对外销售，免征营业税；个人将购买超过 5 年（含 5 年）的非普通住房对外销售的，按其销售收入减去购买房屋的价款后的余额征收营业税。

（10）对国家邮政局及其所属邮政单位提供优质普遍服务和特殊服务业务（具体为函件、包裹、汇票、机要通信、党报党刊发行）取得的收入免征营业税。享受免税的党报党刊发行收入按邮政企业报刊发行收入的 70% 计算。

（11）保险企业取得的追偿款不征收营业税。所称追偿款，是指发生保险事故后，保险公司按照保险合同的约定向被保险人支付赔款，并从被保险人处取得对保险标的价款进行追偿的权利而追回的价款。

(12)对非营利性医疗机构按照国家规定的价格取得的医疗服务收入,免征营业税。

(13)对纳入全国试点范围的非营利性中小企业信用担保、再担保机构,可由地方政府确定,对其从事担保业务的收入,3 年内免征营业税。

任务二 营业税应纳税额计算

【案例导入】

零点歌舞厅 2013 年 1 月取得门票收入 60 万元,相关的烟酒和饮料费收入 30 万元,适用的税率为 20%。

【任务要求】

请计算零点歌舞厅营业税应纳税额。

一、营业税计税依据

营业税计税依据又称营业税计税营业额。营业税的计算是根据纳税人提供应税劳务。转让无形资产或者销售不动产,按照营业额和规定的适用税率计算应纳税额。

营业额一般为收入金额,含全部价款和价外费用;特殊情况下为收入差额,允许减除特定项目金额;纳税人提供应税劳务、转让无形资产或者销售不动产的价格明显偏低并无正当理由的,由主管税务机关核定其营业额。

知识链接: 营业税应税营业额的核定

纳税人提供应税劳务对价格明显偏低的营业额,主管税务机关有权按下列顺序核定其营业额:

(1)按纳税人当月提供的同类应税劳务或销售的同类不动产的平均价格核定;

(2)按纳税人最近时期提供的同类应税劳务或销售的同类不动产的平均价格核定;

(3)按下列公式核定计税价格:

计税价格 = 营业成本或工程成本 × (1+ 成本利润率)/ (1− 营业税税率)

营业税的计算公式:应纳税额 = 营业额 × 适用税率

二、营业税应纳税额计算

(一)建筑业应纳税额计算

(1)总承包人将工程分包给他人的,以全部承包额减除付给分包人的价款后的余额乘以 3% 为应纳税额。

(2)纳税人提供建筑业劳务(不含装饰劳务)的,在计算应纳税额时其营业额应当包括工程所用原材料、设备及其他物资和动力价款在内,但不包括建设方提供的设备的价款。

(3)安装工程作业,凡所安装的设备的价值作为安装工程产值的,在计算应纳税额时其营业额应包括设备的价款。

（4）自建行为应纳税额根据同类工程的价格确定，无同类工程价格的，按下列公式确定：

应纳税额 = 工程成本 ×（1+ 成本利润率）/（1– 营业税税率）× 3%

【学中做 6–1】A 建筑公司 2013 年 1 月承包 B 单位的一项建筑工程，合同规定采用包工不包料的方式进行工程价款结算。6 月份工程完工并检验合格，A 建筑公司取得工程价款 1 500 万元，该工程耗费 B 单位提供的建筑材料 1 000 万元。计算该工程营业税应纳税额。

营业税应纳税额 =（1 500+1 000）× 3% = 2 500 × 3% = 75（万元）

【学中做 6–2】A 建筑公司 2013 年 2 月发生如下业务：自建楼房一栋，建筑安装总成本 200 万元，成本利润率 20%，计算当月营业税应纳税额。

营业税应纳税额 = 200 ×（1+20%）/（1−3%）× 3% = 7.42（万元）

（二）金融保险业应纳税额计算

（1）贷款业务指金融机构将资金贷与他人使用的行为。这种业务一律以利息收入全额为营业额乘以 5% 计算应纳税额。

（2）纳税人经营融资租赁业务，以其向承租人收取的全部价款和价外费用（包括残值）减去出租方法承担的出租货物的实际成本的月余额，以直线法折算出本期的营业额乘以 5% 计算应纳税额。其计算公式为：

本期应纳税额 =（应收的全部价款和价外费用 – 实际成本）×（本期天数 / 总天数）× 5%

实际成本 = 货物购入原价 + 关税 + 增值税 + 消费税 + 运杂费 + 安装费 + 保险费 + 支付境外的外汇借款利息支出和人民币借款利息

（3）金融商品转让业务，按股票、债券、外汇、其他金融商品来划分。其计算公式为：

应纳税额 =（卖出价 – 买入价）× 5%

（4）金融经纪业务和其他金融业务（中间业务）。应纳税额为手续费（佣金）类全部收入，包括代收代垫款项，乘以 5% 计算应纳税额。

金融企业从事受托收款业务，如代收电话费、水电煤气费、信息费、学杂费、寻呼费、社保统筹费、交通违章罚款、税款等，以全部收入减去支付给委托方价款后的余额乘以 5% 计算应纳税额。

（5）保险业。初保业务以全部保费收入乘以 5% 计算应纳税额。

保险公司办理储金业务的营业额，以纳税人在纳税期内的储金平均余额乘以中国人民银行公布的一年期存款利率折算的月利率计算。

金融保险业以外汇为营业额的，应折算成人民币后计算营业额。汇率使用上，金融企业采用收入当天或当季末央行基准汇价折合；保险企业采用收入当天或当月末央行基准汇价折合。

【学中做 6–3】A 银行 2013 年第三季度向企业发放贷款取得利息收入 200 万元，逾期贷款罚息收入 2 万元；将第一季度购进的有价证券转让，卖出价 960 万元，该证券买入价 600 万元；代收电话费 100 万元，取得代收手续费等收入 10 万元。计算 2013 年第三季度该银行应纳营业税额。

应纳营业税额 =[200+2+（960−600）+10] × 5% = 28.6（万元）

（三）通信业应纳税额计算

通信业一般以收入余额乘以 3% 计算应纳税额。多方合作共同提供服务的，以收入总额减去付给合作方价款后的余额乘以 3% 计算应纳税额。

（四）文化体育业应纳税额计算

文化体育业的应纳税额是以纳税人经营文化业、体育业取得的全部收入，包括演出收入、播映收入（不含广告播映）、其他文化收入、经营游览场所收入和体育收入，乘以 3% 计算应纳税额。

（五）娱乐业应纳税额计算

娱乐业以全部全额（包括门票收费、台位费、点歌费、烟酒、饮料、茶水、鲜花、小吃等收费及经营娱乐业的其他各项收费）乘以 5% ~ 20% 计算应纳税额。

（六）服务业应纳税额计算

服务业一般以收入全额乘以 5% 计算应纳税额，特殊规定如下：

（1）代理业的营业额为向委托方实际收到的报酬。

（2）纳税人从事旅游业务的，以其取得的全部价款和价外费用扣除替旅游者支付给其他单位或者个人的住宿费、餐费、交通费、旅游景点门票和支付给其他接团旅游企业的旅游费后的余额为营业额。

（3）从事物业管理的单位，以与物业管理有关的全部收入减去代业主支付的水、电、燃气以及代承租者支付的水、电、燃气，房屋租金的价款后的余额为营业额。

【学中做 6-4】A 宾馆 2013 年 6 月取得下列收入：住宿、餐饮营业收入 30 万元，卡拉 OK 厅营业收入 25 万元，台球室营业收入 6 万元。计算该宾馆当月营业税应纳税额。（假定当地台球娱乐业税率为 5%，其他娱乐业采用 20% 的税率。）

该宾馆当月营业额计税应纳税额如下：

税率为 5% 的应纳税额 =（30+6）× 5% = 1.8（万元）

税率为 20% 的应纳税额 = 25 × 20% = 5（万元）

总应纳税额 =1.8+5=6.8（万元）

（七）销售不动产应纳税额的计算

单位和个人销售或转让其购置的不动产，以全部收入减去不动产的购置或受让原价后的余额乘以 5% 计算应纳税额。

单位和个人销售或转让抵债所得的不动产，以全部收入减去抵债时该项不动产作价后的余额乘以 5% 计算应纳税额。

2010 年 1 月 1 日起，普通标准住宅在 5 年以内转让的，按照销售收入减去购买房屋价款后的余额征收营业税，非普通住宅 5 年内转让的，全额征收营业额。

【学中做 6-5】A 公司 2011 年购买一座建筑物，原价 200 万元，2014 年 1 月将其售出，全部收入 250 万元，该不动产已提折旧 20 万元，计算该单位营业税计税应纳税额。

营业税应纳税额 =（250−200）× 5% = 2.5（万元）

三、几种经营行为营业税税额的计算

(一)兼营不同税目的应税行为

应当分别核算不同税目的营业额、转让额和销售额,然后按各自的适用税率计算应纳税额;未分别核算的,将从高适用税率计算应纳税额。

【学中做6-6】A公园本月取得营业收入30000元,其中门票收入20000元,附设卡拉OK舞厅收入10000元(当地娱乐业营业税税率为20%)。计算该公园本月应纳营业税额。

门票收入营业税额 = 20000×3% = 600(元)

歌舞厅收入营业税额 = 10000×20% = 2000(元)

本月合计应纳营业税额 = 600+2000 = 2600(元)

若该公园本月经营收入30000元,未分别核算营业额,则按高税率20%纳税。

该公园应纳营业税额 = 30000×20% = 6000(元)

(二)混合销售行为

从事货物生产、批发或零售的企业、企业性单位及个体经营者的混合销售行为,视为销售货物,不征收营业额;其他单位或个人的混合销售行为,视为提供应税劳务,征收营业税。

【学中做6-7】A酒店2014年1月承办筵席收入100000元,销售烟、酒、饮料收入20000元,此属于混合销售行为。该酒店以应税劳务为主,故各项收入应合计一起。

应纳营业税额 =(100000+20000)×5% = 6000(元)

(三)兼营应税劳务与货物或非应税劳务行为

纳税人兼营应税劳务和货物或非应税劳务的,应分别核算,其应税劳务的营业额缴纳营业税,货物或非应税劳务销售额不缴纳营业税;未分别核算的,由主管税务机关核定其应税行为营业额。

纳税人兼营免税、减税项目的,应单独核算免税、减税项目的营业额;未分别核算的,不得免税、减税。

【学中做6-8】A宾馆附设餐饮部和商品部,本月主营业务收入400000元,餐饮部收入200000元,零售商品收入(含税)50000元,该宾馆分别核算,分别申报纳税,应纳营业税额和增值税额如下:

应纳营业税额 =(400000+200000)×5% = 30000(元)

应纳增值税额 = 50000/(1+3%)×3% = 1456.31(元)

本月合计应纳税额 = 30000+1456.31 = 31456.31(元)

任务三 营业税会计核算

【案例导入】

2013年1月,广厦建筑公司自行开发建筑的写字楼竣工,建筑成本共计900万元,本月售出30%,取得收入400万元。由于该公司不动产属自建出售,因此应按建筑业和销售不动产两个税目计算缴纳营业税。(当地税务机关规定的建筑业成本利润率为8%)

【任务要求】

请办税员核算当期营业税。

一、账户设置

由于营业税涉及行业和业务类型较多,作为价内税的营业税的会计账户设置,应根据不同情况设置和使用。核算应缴纳的营业税,应在“应交税费”总账账户下设“应交营业税”明细账,该账户核算各类企业应缴纳的营业税。同时,营业税纳税义务的产生意味着企业当期的一项支出,所以,还应设置“营业税金及附加”、“其他业务成本”、“固定资产清理”等账户。

二、营业税的账务处理

(一)基本核算

1. 应交营业税的会计核算

(1)由企业主营业务收入负担的营业税:

借:营业税金及附加

　贷:应交税费——应交营业税

(2)由其他业务收入负担的营业税:

借:其他业务成本

　贷:应交税费——应交营业税

(3)销售不动产(不含房地产开发企业经营房地产)应交营业税:

借:固定资产清理

　贷:应交税费——应交营业税

(4)企业按规定代扣的营业税:

借:应付账款

　贷:应交税费——应交营业税

2. 营业税缴纳的会计核算

借:应交税费——应交营业税

　贷:银行存款

3. 营业税年终清算的会计核算

年终,企业按规定与税务部门清算,属于多缴和享受减免税优惠的营业税,由税务部门退回;属于少缴的,由企业补缴。

(1)退回多计的营业税:

借:应交税费——应交营业税

　贷:营业税金及附加

也可用红字作相反方向的会计分录。

(2)退回多缴或减免的营业税:

借:银行存款

贷：营业税金及附加

（3）补交少计的营业税：

借：营业税金及附加

贷：应交税费 —— 应交营业税

（4）补交营业税：

借：应交税费 —— 应交营业税

贷：银行存款

（二）建筑业应缴营业税的会计核算

由建筑业的总承包人将工程分包给或转包给他人的，以工程的全部承包额减去付给分包人或转包人的价款后的余额为营业额，同时，总承包人在支付分包或转包款项时，应代扣代缴分包人或转包人的营业税税款。所以，总承包人收到承包款项或应确认收入时，借记"银行存款"、"应收账款"等科目，扣除应付给分包人或转包人的部分，贷记"主营业务收入"科目，应付给分包人或转包人的部分，贷记"应付账款 —— 应付分包款项"科目。根据扣除后的工程结算收入计算的应缴税金，以及应付给分包人或转包人的部分计算的代扣营业税金，分别借记"营业税金及附加"和"应付账款 —— 应付分包款项"科目，贷记"应交税费 —— 应交营业税"科目。

【学中做 6-9】承【学中做 6-1】，A 建筑公司该项工程营业税应纳税额 75 万元，进行会计核算如下。

（1）计算本期应缴营业税：

借：营业税金及附加　　750 000

　贷：应交税费——应交营业税　　750 000

（2）缴纳本期营业税：

借：应交税费——应交营业税　　750 000

　贷：银行存款　　750 000

（三）房地产开发企业应交营业税的会计核算

房地产开发企业以开发销售商品房及其他土地附着物等不动产为主营业务，其销售不动产取得的收入以及预售不动产取得的收入均应计算缴纳营业税。房地产开发企业自建自售时，其自建行为按建筑业 3% 的税率计算营业税，出售房地产按 5% 的税率（"销售不动产"税目）计算营业税。计算营业税时，借记"营业税金及附加"科目，贷记"应交税费 —— 应交营业税"科目。房地产开发企业以经营房地产为其主营业务，税款缴纳办法可以采用按上月实缴额预缴，下月初结清上月税款的办法。

（四）金融企业应交营业税的会计核算

金融企业的贷款利息收入和借款利息支出是分别核算的，即按应税应收利息的全额计税。由于税法对逾期贷款应收未收利息的规定与会计制度不同，企业既要按会计制度规定正确记录，又要按税法规定正确计税。因此，企业应设置"应收利息"备查簿，详细记录各项贷款应收利息的发生时间、金额、收到时间及金额等。无论是贷款业务还是转贷业务，计算应纳营业税时，借记"营业税金及附加"科目，贷记"应交税费 —— 应交营业税"科目。金融企业接受其他企业委托发放贷款，应代扣代缴营业税，收到委托贷款利息时，借记“应付账款——应付委托贷款利息”科目，并根据收到的贷款利息减去委托贷款的手续费，计算代扣营业税时，借记“应付账款——应付委托贷款利息”科目，贷记“应交税费——应交营业税”科目；金融企业上缴应纳或应代收代缴营业税时，借记“应交税费——应交营业税”科目，贷记“银行存款”科目。

【学中做6-10】承【学中做6-3】，A银行2013年第三季度应纳营业税额28.6万元，进行会计核算如下。

（1）计算本期应缴营业税：

借：营业税金及附加	286 000	
贷：应交税费——应交营业税		286 000

（2）缴纳本期营业税：

借：应交税费——应交营业税	286 000	
贷：银行存款		286 000

（五）服务业应交营业税的会计核算

服务业的营业税以营业额为计税依据，但对某些特殊业务以实际取得的营业额为计税依据。纳税人按规定计算营业税时，借记“营业税金及附加”科目，贷记“应交税费——应交营业税”科目；上缴营业税时，借记“应交税费——应交营业税”科目，贷记“银行存款”科目。

【学中做6-11】承【学中做6-4】，A宾馆2013年6月营业税应纳税额为6.8万元，进行会计核算如下。

（1）计算本期应缴营业税：

借：营业税金及附加	68 000	
贷：应交税费——应交营业税		68 000

（2）缴纳本期营业税：

借：应交税费——应交营业税	68 000	
贷：银行存款		68 000

（六）转让无形资产应缴营业税的会计核算

无形资产转让分为现金转让和非现金转让（非货币性资产交换），均应按其转让收入计算缴纳营业税。企业会计准则规定，无形资产转让净收入属于企业利得，应按转让价格减去转让无形资产应缴营业税、城市维护建设税、教育费附加和账面价值后的差额确认。

【学中做6-12】甲公司5月份将其拥有的某项专利转让，取得转让收入8万元。该专利权的账面余额为5万元，已计提减值准备5 000元。（不考虑城市维护建设税和教育费附加）

转让无形资产应纳税额 = 8 × 5% = 0.4（万元）

（1）计算本期应缴营业税：

借：银行存款	80 000	
无形资产减值准备	5 000	
贷：无形资产		50 000

应交税费——应交营业税　　4 000

营业外收入　　31 000

(2)缴纳本期营业税:

借:应交税费——应交营业税　　4 000

贷:银行存款　　4 000

任务四 营业税纳税申报

【案例导入】

广厦建筑公司2013年1月的营业税涉税业务的日常核算工作已经结束,办税员应开始办理营业税纳税申报业务。

【任务要求】

完成广厦建筑公司2013年1月纳税申报工作。

一、营业税的纳税期限

营业税的纳税义务发生时间为纳税人收讫营业收入款项或者取得索取营业收入款项凭据的当天。取得索取营业收入款项凭据的当天为书面合同确定的付款日期的当天;未签订书面合同或者书面合同未确定付款日期的,为应税行为完成的当天。收讫营业收入款项,是指纳税人应税行为发生过程中或者完成后收取的款项,营业税扣缴义务发生时间为纳税人营业税纳税义务发生的当天。

营业税的纳税期限,分别为5日、10日、15日、1个月或者一个季度。纳税人的具体纳税期限,由主管税务机关根据纳税人应纳税额的大小分别核定;不能按照固定期限纳税的,可以按次纳税。

纳税人以1个月或1个季度为一期纳税的,自期满之日起15日内申报纳税;以5日、10日或者15日为一期纳税的,自期满之日起5日内预缴税款,于次月1日起15日内申报纳税并结清上月应纳税款。扣缴义务人的解缴税款期限比照上述规定执行。

银行、财务公司、信托投资公司、信用社、外国企业常驻代表机构的纳税期限为1个季度。自纳税期满之日起15日内申报纳税;保险业的纳税期限为1个月。

二、纳税地点

营业税的纳税地点原则上采取属地征收的方法,就是纳税人在经营行为发生地缴纳应纳税款。具体规定如下:

(1)纳税人提供应税劳务,应当向应税劳务发生地的主管税务机关申报纳税。纳税人从事运输业务的,应当向其机构所在地主管税务机关申报纳税。

(2)纳税人转让土地使用权,应当向土地所在地主管税务机关申报纳税。纳税人转让其他无形资产,应当向其机构所在地的主管税务机关申报纳税。

（3）单位和个人出租土地使用权、不动产的营业税纳税地点为土地、不动产所在地；单位和个人出租物品、设备等动产的营业税纳税地点为出租单位机构所在地或个人居住地。

（4）纳税人销售不动产，应当向不动产所在地主管税务机关申报纳税。

（5）纳税人提供的应税劳务发生在外县（市），应向应税劳务发生地的主管税务机关申报纳税；如未向应税劳务发生地申报纳税的，由其机构所在地或者居住地主管税务机关补征税款。

（6）纳税人承包工程跨省、自治区、直辖市的，向其机构所在地主管税务机关申报纳税。

（7）各航空公司所属分公司，无论是否单独计算盈亏，均应作为纳税人向分公司所在地主管税务机关缴纳营业税。

（8）纳税人在本省、自治区、直辖市范围内发生应税行为，其纳税地点需要调整的，由省、自治区、直辖市人民政府所属税务机关确定。

（9）建筑业纳税人及扣缴义务人应按照下列规定确定建筑业营业税的纳税地点：

纳税人提供建筑业应税劳务，其营业税纳税地点为建筑业应税劳务的发生地点。

纳税人从事跨省工程的，应向其机构所在地主管地方税务机关申报纳税。

纳税人在本省、自治区、直辖市和计划单列市范围内提供建筑业应税业务的，其营业税纳税地点需要调整的，由省、自治区、直辖市和计划单列市税务机关确定。

扣缴义务人代扣代缴的建筑业营业税税款解缴地点为该工程建筑业应税劳务发生地。

扣缴义务人代扣代缴跨省工程的，建筑业营业税税款的解缴地点为被扣缴纳税人的机构所在地。

（10）在我国境内的电信单位提供电信业务的营业税纳税地点为电信单位机构所在地。

（11）在我国境内的单位提供设计（包括在开展设计时进行的勘探、测量等业务，下同）、工程监理、调试和咨询等应税劳务的，其营业税纳税地点为单位机构所在地。

（12）在我国境内的单位通过网络为其他单位和个人提供培训、信息和远程调试、检测等服务的，其营业税纳税地点为单位机构所在地。

三、营业税的纳税申报

纳税人应按《营业税暂行条例》有关规定及时办理纳税申报，并如实填写营业税纳税申报表（见表5-1）。

表 5-1 营业税纳税申报表

（适用于查账征收的营业税纳税人）

纳税人识别号：　　　　　　　　　纳税人名称（公章）：

税款所属时间：自　　年　月　日至　　年　月　日　填报日期：　　年　月　日　　　　　金额单位：元（列至角分）

税目	营业额				税率（%）	本期税款计算			税款缴纳								
											本期已缴税额				本期应缴税额计算		
	应税收入	应税减除项目金额	应税营业额	免税收入		小计	本期应纳税款	免（减）税款	期初欠缴税额	前期多缴税额	小计	已缴本期应纳税额	本期已被扣缴税额	本期已缴欠缴税额	小计	本期期末应缴税额	本期期末应缴欠缴税额
1	2	3	4=2−3	5	6	7=8+9	8=（4−5）×6	9=5×6	10	11	12=13+14+15	13	14	15	16=17+18	17=8−13−14	18=10−11−15
建筑业																	
交通运输业																	
邮电通讯业																	
服务业																	
娱乐业																	
金融保险业																	
文化体育业																	
销售不动产																	
转让无形资产																	
合计																	
代扣缴项目																	
总计																	

纳税人或代理人声明：此纳税申报表是根据国家税收法律的规定填报的，我确定它是真实的、可靠的、完整的。	如纳税人填报，由纳税人填写以下各栏：							
	办税人员（签章）		财务负责人（签章）		法定代表人（签章）		联系电话	
	如委托代理人填报，由代理人填写以下各栏：							
	代理人名称		经办人（签章）		联系电话		代理人（公章）	

以下由税务机关填写：

受理人：　　　　　　　　受理日期：　　年　月　日　　　　　　受理税务机关（签章）：

说明：本表一式三份，一份纳税人留存，一份主管税务机关留存，一份征收部门留存。

（注：2014 年 1 月 1 日起交通运输业、邮政业、现代服务业已改征增值税。）

【知识与技能训练】

一、单项选择

1. 下列各项中,不征收营业税的有( )。

A. 房地产公司销售写字楼 B. 商业企业销售家电,负责安装调试

C. 融资租赁公司出租设备 D. 运输公司提供运输劳务

2. 下列各项中,应当缴纳营业税的是( )。

A. 某网络公司买卖股票取得收入 B. 某旅行社从事旅游业务取得收入

C. 某修理厂从事汽车修理取得收入 D. 某商场批发和零售商品取得收入

3. 纳税人销售不动产,申报缴纳营业税的主管税务机关应是在( )。

A. 不动产所在地 B. 纳税人机构所在地 C. 价款结算地 D. 纳税人居住地

4. 企业转让不动产计征的营业税应计入的账户是( )。

A. 其他业务支出 B. 营业税金及附加 C. 固定资产清理 D. 管理费用

5. 建筑企业分包工程的纳税人是( )。

A. 总承包人 B. 分包人 C. 建设单位 D. 监理公司

6. A 明星演出由剧院售票,其应纳营业税的扣缴业务人是( )。

A. 该明星本人 B. 该明星经纪人 C. 该剧院 D. 明星所在单位

7. 金融业的营业税税率是( )。

A. 3% B. 5% C. 8% D. 20%

8. 营业税按期纳税的起征点为( )元。

A. 0 ~ 1000 B. 1000 ~ 5000 C. 500 ~ 1000 D. 5000 ~ 20000

二、多项选择

1. 下列各项中,应计入营业额计征营业税的有( )。

A. 某公司销售大宗家用商品送货上门

B. 歌舞厅取得的门票收入、销售饮料收入

C. 装修公司装修工程使用的材料

D. 金融机构当期实际收到的罚息、加息收入

2. 营业税的纳税期限是( )。

A. 5 天 B. 10 天 C. 15 天 D. 1 个月

3. 以下适用营业税税率是 5% 的是( )。

A. 金融业 B. 旅游业 C. 销售不动产 D. 建筑业

4. 营业税的纳税地点是( )。

A. 纳税人销售不动产,应向不动产所在地主管税务机关申报纳税

B. 纳税人销售不动产,应向纳税人核算所在地主管税务机关申报纳税

C. 纳税人从事应税劳务,应向应税劳务发生地主管税务机关申报纳税

D. 纳税人从事运输业的,应向其机构所在地主管税务机关申报纳税

E. 纳税人转让土地使用权,应向土地所在地主管税务机关申报纳税

5. 营业税的征税范围是在我国境内(　　)。

A. 转让无形资产　B. 销售不动产

C. 销售动产　D. 提供包括加工、修理修配劳务在内的应税劳务

6. 应按“销售不动产”税目征收营业税的是(　　)。

A. 转让不动产所有权　B. 转让不动产使用权

C. 单位将不动产无偿赠与他人　D. 将不动产出租给他人使用

7. 以下按规定免交营业税的是(　　)。

A. 幼儿园教育服务　B. 残疾人为社会提供服务

C. 医院的医疗服务　D. 学校的教育劳务

8. 下列属于营业税纳税人的是(　　)。

A. 转让著作权的个人　B. 销售集邮商品的个人

C. 从事货物保管业务的单位　D. 从事修理修配业务的个体工商户

三、计算分析

1. A建筑公司3月发生以下业务:自建同一规格和标准的楼房两栋,建筑安装总成本4000万元,成本利润率20%。公司将其中一栋自用,另一栋对外销售,取得销售收入3200万元。请计算该公司当月应纳营业税额。

2. B市商业银行2013年1月份发生以下有关业务:(1)向企业贷款取得利息收入800万元,逾期贷款的罚息收入9万元;(2)为电信部门代收电话费取得手续费收入12万元;(3)1月23日购进有价证券600万元,2月21日以860万元的价格卖出。请计算该银行当月应纳营业税额。

3. C旅行社2013年5月份组团旅游,共收取旅游费用80万元,支付旅客食宿费19万元,支付给外地旅行社接团费12万元,支付旅客交通费用4万元,景点门票费用3万元。请计算该旅行社当月应纳营业税额,并做会计核算。

4. D宾馆2013年3月份取得下以下收入:客房收入60万元、商务中心收入4万元、所属餐厅收入50万元、所属夜总会收入70万元。夜总会收入税率为20%。以上收入款项均存入银行。请计算该宾馆当月应纳营业税额,并做会计核算。

项目六 关税会计实务

【知识目标】

熟悉关税的基本要素规定;

掌握关税应纳税额的计算;

掌握关税业务的会计核算;

掌握关税的纳税申报规定。

【技能要求】

会准确计算关税的应纳税额;

能熟练进行关税业务的会计核算。

任务一 关税基本要素认知

【案例导入】

随着当今网络购物的热潮,“海外代购”这个名词也被人津津乐道。最早的代购人群为海外留学生,他们有一定的购买能力,对时尚也有了解,因此成为帮亲朋好友在国外采购奢侈品的最佳买手,而跑腿的次数一多,委托人自然要给些“小费”感谢。久而久之,以收取商品价格 10% 的代购费,成了不少代购的共识。随着海外代购受到国人热捧,除了职业代购人外,经常因公出差的人、境外导游和空姐成了“私人代购”行业中的主力军。为了“避税”,不少海外代购卖家都是通过私人包裹邮寄代购品而不走正常货运渠道报关缴税。

【任务要求】

分析“海外代购”物品需要缴纳关税吗?现行政策是如何规定的。

一、关税的征税对象

关税的征税对象是进出我国关境的货物和物品。货物是指贸易性商品;物品包括入境旅客随身携带的行李和物品、个人邮递物品、各种运输工具上的服务人员携带进口的自用物品、馈赠物品,以及其他方式进入我国国境的个人物品。

二、纳税人

进口货物的收货人、出口货物的发货人、进境物品的所有人,是关税的纳税义务人。

外贸企业逐步实行进出口代理制以后,凡由外贸企业代理进出口业务的,都由办理进出口业务的外贸企业代纳税;不通过外贸企业而自行经营进出口业务的,由收发货人自行申报纳税。

非贸易性物品的纳税人是物品持有人、所有人或收件人。

知识链接：关境与国境

关境：各国政府海关管辖内的并要执行海关各项法令和规章的区域，也称为关税领域，简言之，关境就是一个国家的海关法所适用的范围。

国境：是指一个国家行使主权的领土范围，包括领土、领海、领空。

关境和国境都是一个立体的概念。

关境与国境有着密切的关系：

(1)在一般情况下，关境的范围等于国境。

(2)关境可能大于国境。如关税同盟的成员国之间货物进出国境不征收关税，只对来自和运往非同盟国的货物在进出共同关境时征收关税，因而对于每个成员国来说，其关境大于国境，如欧盟。

(3)关境可能小于国境。若在国内设立自由港、自由贸易区等特定区域，因进出这些特定区域的货物都是免税的，因而该国的关境小于国境。

(4)我国的关境范围是除享有单独关境地位的地区以外的中华人民共和国的全部领域，包括领土、领海和领空。目前我国的单独关境有香港、澳门和台、澎、金、马单独关税区。在单独关境内，各自实行单独的海关制度。因此，我国关境小于国境。

三、关税税则、税目和税率

1. 关税的税则和税目

关税税则是一国政府对进出口商品计征关税的规章和对进出口的应税与免税商品加以系统分类的关税税率表。海关凭其征收关税，是关税政策的具体体现。

税率表作为税则主体，包括税则商品分类目录和税率栏两大部分。2002年1月1日起实施的《中华人民共和国海关进出口税则》包括正文和附录两大部分。正文包括海关进口税则和出口税则；附录是进口商品税目税率表、进口商品关税配额税目税率表、进口商品税则暂定税率表、出口商品税则暂定税率表、入境旅客行李物品和个人邮递物品税目税率表、非全税目信息技术产品税率表等附表。

2. 关税税率

关税税率有差别比率税率、定额税率和滑准税率等形式，分为进口关税税率、出口关税税率和特别关税税率。

(1)进口关税税率：为了履行我国在加入WTO关税减让谈判中承诺的有关义务，享有WTO成员应有的权利，自2002年1月1日起，我国进口税则设有最惠国税率、协定税率、特惠税率、普通税率和关税配额税率等税率，对进口货物在一定期限内可以实行暂定汇率。

(2)出口关税税率：我国只对少数资源性产品、易于削价竞销以及需要规范出口秩序的半制成品征收出口税。目前征收出口关税的商品只是20种，税率也比较低，实行从价税率。

(3)特别关税税率：特别关税包括报复性关税、反倾销税与反补贴税、保障性关税。它是国家用于宏观调控的一种手段，对贸易国采取不正当方式进行竞争或者对中国进行倾销的一种抑制措施。征收特别关税的货物、适用国别、税率、期限和征收办法由国务院关税税则委员会决定，海关总署负责实施。

知识链接：我国关税的税率水平

我国自2002年起逐年调低进口关税，关税总水平由15.3%调整至目前的9.8%，农产品平均税率由18.8%调整至目前的15.2%，工业品平均税率由14.7%调整至目前的8.9%。其中，2002年大幅调低了5 300多种商品的进口关税，关税总水平由2001年的15.3%降低至12%，是加入WTO后降税涉及商品最多、降税幅度最大的一年。2005年降税涉及900多种商品，关税总水平由2004年的10.4%降低至9.9%，是我国履行义务的最后一次大范围降税。此后的几次降税涉及商品范围有限，对关税总水平的影响均不大。2006年7月1日，我国降低了小轿车等42个汽车及其零部件的进口关税税率，最终完成了汽车及其零部件的降税义务，我国汽车整车及其零部件税率分别由加入WTO前的70%–80%和18%–65%降至25%和10%。2010年降低鲜草莓等6个税目商品进口关税，调整后，我国关税总水平为9.8%。其中农产品平均税率为15.2%，工业品平均税率为8.9%。至此，我国加入WTO承诺的关税减让义务全部履行完毕。

四、关税的优惠政策

1. 法定减免税

法定减免税是指我国《海关法》、《进出口关税条例》明确规定的减免税。法定减免税货物进出口时，纳税人无须提出申请，海关可按规定直接予以减免。海关对法定减免货物一般不进行后续管理。享受法定减免税待遇的货物主要有：

（1）关税税额在人民币50元以下的一票货物。

（2）无商业价值的广告品和货样。

（3）外国政府、国际组织无偿赠送的物资。

（4）进出境运输工具装载的途中必需的燃料、物料和饮食用品。

（5）在海关放行前损失的货物。

知识链接：“海外代购”成本上升

自2010年9月1日起，我国调整进出境个人邮递物品管理政策，不再区分“寄自港澳地区”和“寄自港澳以外地区”，只要物品的进口税额超过50元，海关将予以征税。而此前，寄自港澳、海外地区（不含港澳）的物品征税税额起点分别为400元和500元。另外，邮寄的物品还将限值。这意味着，以后海外代购的成本将大幅增加。

2. 特定减免税

特定减免税也称政策性减免税，它是在法定减免税之外，国家按照国际通行规则和我国的实际情况制定发布的有关进出口货物减免关税的政策。特定减免税货物一般有地区、企业和用途的限制，海关需要进行后续管理，也需要进行减免税统计。

特定减免税的主要范围包括科教用品、残疾人用品、边境贸易进口物资、保税区进出口货物、出口加工已进口货物、进口设备、慈善性捐赠物资、外国驻华使领馆和有关国家机构及其人员所需物品等。

3. 临时减免税

临时减免税是由国务院根据我国《海关法》对某个单位、某类商品、某个项目或某批进出口货物的特殊情况，给予特别照顾，一案一批、专文下达的减免税，一般有单位、品种、期限、金额或数量等限制。自我国加入WTO后，为了遵循统一、规范、公平、公开的原则，有利于统一税法、公平税负、平等竞争，国家严格控制减免税，一般不办理个案临时减免税，对特定减免税也在逐步规范和清理，对不符合国际惯例的税收优惠政策将予以废止。

任务二 关税应纳税计算

【案例导入】

浙江兴业商贸有限公司属增值税一般纳税人，拥有进出口经营权，2013年7月13日报关进口货物一批，CIF价(到岸价)50万美元，当日美元对人民币汇率为6.135，进口关税税率10%，适用增值税税率17%。

【任务要求】

计算该批货物报关进口应纳关税与增值税。

一、关税完税价格的确认

关税完税价格指海关凭以从价计征关税所依据的价格，是海关以进出口货物的实际成交价格为基础审定的价格。实际成交价格是一般贸易项下进口或出口货物的买方为购买该项货物向卖方实际支付或应当支付的价格。成交价格不能确定时，完税价格由海关依法估定。

（一）进口货物完税价格的确认

1. 完税价格与成交价格

进口货物的完税价格由海关以符合条件的成交价格以及该货物运抵我国境内输入地点起卸前的运输及其相关费用、保险费为基础审查确定。

进口货物的成交价格，是指卖方向我国境内销售该货物时买方为进口该货物向卖方实付、应付的，并且按照《中华人民共和国海关审定进出口货物完税价格办法》的相关规定调整后的价款总额，包括直接支付的价款和间接支付的价款。

进口货物的成交价格应当符合下列条件：

(1)对买方处置或者使用该货物不予限制，但法律、行政法规规定实施的限制、对货物转售地域的限制和对货物价格无实质性影响的限制除外；

(2)该货物的成交价格没有因搭售或者其他因素的影响而无法确定；

(3)卖方不得从买方直接或者间接获得因该货物进口后转售、处置或者使用而产生的任何收益，或者虽有收益但能够按照《中华人民共和国海关审定进出口货物完税价格办法》的相关规定进行调整；

(4)买卖双方没有特殊关系，或者虽有特殊关系但未对成交价格产生影响。

2. 计入完税价格的费用

进口货物成交价格中未包含下列费用的,应一并计入完税价格:

(1)由买方负担的购货佣金以外的佣金和经纪费;

(2)由买方负担的在审查确定完税价格时与该货物视为一体的容器的费用;

(3)由买方负担的包装材料费用和包装劳务费用;

(4)与该货物的生产和向我国境内销售有关的,由买方以免费或者以低于成本的方式提供并可以按适当比例分摊的料件、工具、模具、消耗材料及类似货物的价款,以及在境外开发、设计等相关服务的费用;

(5)作为该货物向我国境内销售的条件,买方必须支付的、与该货物有关的特许权使用费;

(6)卖方直接或者间接从买方获得的该货物进口后转售、处置或者使用的收益。

3. 不能计入完税价格的费用

进口时在货物的价款中列明的下列税收、费用,不计入该货物的完税价格:

(1)厂房、机械、设备等货物进口后进行建设、安装、装配、维修和技术服务的费用;

(2)进口货物运抵境内输入地点起卸后的运输及其相关费用、保险费;

(3)进口关税及国内税收。

4. 进口货物完税价格的估定

进口货物的成交价格如果不符合上面所述条件或者是不能确定的,经海关依次以下列价格估定该货物的完税价格:

(1)与该货物同时或者大约同时向我国境内销售的相同货物的成交价格。

(2)与该货物同时或者大约同时向我国境内销售的类似货物的成交价格。

(3)与该货物进口的同时或者大约同时,将该进口货物、相同或者类似进口货物在第一级销售环节销售给无特殊关系买方最大销售总量的单位价格,但应该扣除以下项目:同等级或者同种类货物在我国境内第一级销售环节销售时通常的利润和一般费用以及通常支付的佣金;进口货物运抵境内输入地点起卸后的运输及其相关费用、保险费;进口关税及国内税收。

(4)按照下列各项总和计算的价格:生产该货物所使用的料件成本和加工费用,向我国境内销售同等级或者同种类货物通常的利润和一般费用,该货物运抵境内输入地点起卸前的运输及其相关费用、保险费。

(5)以合理方法估定的价格。按照前四项的规定,仍不能确定货物的成交价格时,进口货物的完税价格,由海关根据条例规定的原则,以客观量化的数据资料为基础审查确定进口货物完税价格的估价方法。

纳税义务人向海关提供有关资料后,可以提出申请,颠倒前款第(3)项和第(4)项的适用次序。

5. 进口货物完税价格中运输费、保险费及相关费用的计算

(1)以一般陆运、海运和空运方式进口货物,计算至该货物运抵境内的第一口岸。如果运输及其相关费用、保险费支付至目的地口岸或第一口岸外的其他口岸,则计算至目的地口

岸。以陆运、空运和海运方式进口货物的运费,应当按照实际支付费用计算。如果进口货物的运费无法确定或未实际发生,海关应当按照该货物进口同期运输行业公布的运输率(额)计算。以陆运、海运和空运方式进口货物的保险费应当按照实际支付的费用计算。如果进口货物的保险费无法确定或未实际发生,海关应当按照“货价加运费”两者总额的3‰计算保险费。

(2)其他方式进口的货物:邮运的进口货物,应当以邮费作为运输及其相关费用、保险费;以境外边境口岸价格条件成交的铁路或公路运输进口货物,海关应当按照货价的1%计算运输及其相关费用、保险费;作为进口货物的自驾进口的运输工具,海关在审定完税价格时,可以不另行计入运费。

(二)出口货物完税价格的确认

1. 以成交价格为基础的完税价格

出口货物的完税价格由海关以该货物的成交价格以及该货物运至我国境内输出地点装载前的运输及其相关费用、保险费为基础审查确定。出口货物的成交价格,是指该货物出口时卖方为出口该货物应当向买方直接收取和间接收取的价款总额。出口关税不计入完税价格,出口货物的销售价格如果包括离境口岸至境外口岸之间的运费、保险费,该运费保险费应当扣除。

2. 出口货物完税价格海关估定方法

出口货物的成交价格不能确定的,海关经了解有关情况并与纳税义务人进行价格磋商后,依次以下列价格估定该货物的完税价格。

(1)与该货物同时或者大约同时向同一国家或者地区出口的相同货物的成交价格;

(2)与该货物同时或者大约同时向同一国家或者地区出口的类似货物的成交价格;

(3)按照下列各项总和计算的价格:境内生产相同或者类似货物的料件成本、加工费用,通常的利润和一般费用,境内发生的运输及其相关费用、保险费;

(4)以合理方法估定的价格。

二、关税应纳税额的计算方法

关税分为从价、从量、复合和滑准四种计税方法,其计算方法分别如下:

(一)从价税计算方法

从价税是以进出口货物的价格作为计税标准计缴的关税,我国大多数进口商品采用从价税,出口关税都是采用的从价计征方法。货物的价格是指由海关所确定的货物的完税价格。其计算公式为:

关税税额 = 应税进(出)口应税货物数量 × 单位完税价格 × 适用税率

(二)从量税计算方法

从量计税方法是以货物的某种计量单位(数量、重量、面积、容量、长度等)作为计税标准,以每一计量单位应纳的关税金额作为税率来计缴的关税。我国目前仅对啤酒、胶卷等少数商品计征从量关税。其计算公式为:

关税税额 = 应税进(出)口应税货物数量 × 单位货物税额

(三)复合税计算方法

复合税是对进口商品既征从量税又征从价税的一种方法。一般以从量税为主，加征从价税。实务中，货物的从量税额与从价税额难以同时确定，且手续复杂，难以普遍采用。我国目前仅对录像机、放像机、摄像机和摄录一体机实行复合计税。其计算公式为：

关税税额 = 应税进(出)口应税货物数量 × 单位货物税额 + 应税进(出)口应税货物数量 × 单位完税价格 × 适用税率

(四)滑准税计算方法

滑准税是对进口税则中的同一种商品按其市场价格标准分别制定不同价格档次的税率的方法。即税率随着进口商品价格的变动而反方向变动，价格越高，税率越低，税率为比例税率。其计算方法与从价税的计算方法相同，计算公式如下：

关税税额 = 应税进(出)口应税货物数量 × 单位完税价格 × 滑准税税率

三、进出口货物关税的计算

由于从价税使用较普遍，且完税价格确定的情况较复杂，所以下面仅介绍从价计征关税的计算。

(一)进口货物关税的计算

(1)CIF 价格(成本、保险费加运费)。以我国口岸 CIF 价格成交或者与我国毗邻的国家以两国共同边境地点交货价格成交的，就分别以该价格作为完税价格。其计算公式如下：

完税价格 =CIF 价格

进口关税 = 完税价格 × 进口关税税率

【做中学 6-1】某进出口公司从国外进口甲产品一批，海关审定的到岸价格为 500 000 美元，美元与人民币的比价为 1 : 6.48，进口关税税率为 10%，试计算该公司应纳关税税额。

关税完税价格 = 500 000 × 6.48 = 3 240 000(元)

应纳进口关税 = 3 240 000 × 10% = 324 000(元)

(2)FOB 价格(装运港船上交货价格)。以国外口岸 FOB 价格或者从输出国购买以国外口岸 CIF 价格成交的，必须分别在上述价格基础上加从发货口岸或者国外交货口岸运到我国口岸以前的运杂费和保险费作为完税价格。

完税价格 = 国外口岸成交价格(FOB) + 运费及相关费用 + 保险费

完税价格内应当另加的运费、保险费和其他杂费，原则上应按实际支付的金额计算。若无法得到实际支付金额时，也可以外资系统海运进口运费率或按协商规定的固定运杂费率计算运杂费，保险费则按中国人民保险公司的保险费率计算。其计算公式如下：

完税价格 = (FOB+ 运杂费) / (1- 保险费率)

进口关税 = 完税价格 × 进口关税税率

【做中学 6-2】某进出口公司进口乙商品一批，以境外口岸离岸价格(FOB 价格)成交，货价折合人民币 1 000 万元，实际支付运费 40 万元，保险费率 5‰。该商品的关税税率 20%。计算该公司应纳进口关税税额。

完税价格 = (1 000+40)/(1−5‰) =1 045.23(万元)

应纳进口关税 = 1 045.23 × 20% = 209.05（万元）

（3）CFR 价格（成本加运费价格，或称含运费价格）。以成本加运费价格成交的，应当另加保险费作为完税价格。其计算公式如下：

完税价格 =CFR/（1- 保险费率）

【做中学 6-3】某企业从德国进口设备 1 台，以运抵宁波港的货价加运费价格成交折合为人民币为 2 000 000 元，保险费率 5‰。该设备由宁波运至该企业，国内运费 5 000 元（其中运费发票金额 3 000 元），该企业发生设备安装调试费 4 000 元（由该企业内部安装）。该设备的关税税率为 10%。计算该设备的进口关税税额。

完税价格 = 2 000 000/（1-5‰）=2 010 050.25（元）

应纳进口关税税额 = 2 010 050.25 × 10% = 201 005.03（元）

（二）出口货物关税的计算

（1）FOB 价格。以我国口岸离岸价格（FOB）成交。

完税价格 =FOB/（1+ 出口关税税率）

出口关税税额 = 完税价格 × 出口关税税率

（2）CIF 价格。以国外口岸到岸价格（CIF）成交。

完税价格 =（CIF- 保险费 - 运费）/（1+ 出口关税税率）

（3）DCFR 价格。以国外口岸价格加运费价格（CFR）成交。

完税价格 =（CFR- 运费）/（1+ 出口关税税率）

【做中学 6-4】某进出口公司出口商品一批，离岸价格为 100 万美元，出口关税税率 8%，当日外汇牌价 1∶6.42。计算应纳出口关税税额。

完税价格 = 100 × 6.42/（1+8%）=594.45（万元）

应纳出口关税税额 = 594.45 × 8% = 47.56（万元）

任务三 关税会计核算

【案例导入】

同本项目任务二【案例导入】。

【任务要求】

请完成该项业务的会计处理。

一、进口业务关税的会计核算

（一）自营进口业务

企业自营进口业务所计缴的关税，在会计核算上是通过设置“应交税费 —— 应交进口关税”科目和“材料采购”科目加以反映的。应缴纳的进口关税，借记“材料采购”科目，贷记“应交税费 —— 应交进口关税”科目；实际缴纳时，借记“应交税费 —— 应交进口关税”科目，贷记“银行存款”科目。也可不通过“应交税费 —— 进口关税”科目，而直接借记“材料采购”科目，贷记“银行存款”、“应付账款”等科目。

【做中学6-5】根据【做中学6-1】资料。

关税完税价格 = 500 000 × 6.48 = 3 240 000（元）

应纳进口关税 = 3 240 000 × 10% = 324 000（元）

应纳进口环节增值税 =（3 240 000+324 000）× 17% = 605 880（元）

购进并计算应纳关税时：

借：材料采购　　3 564 000

　贷：银行存款　　3 240 000

　　　应交税费——应交进口关税　　324 000

报关并支付关税与增值税时：

借：应交税费——应交进口关税　　324 000

　　　　——应交增值税（进项税额）　　605 880

　贷：银行存款　　929 880

验收入库时：

借：库存商品　　3 564 000

　贷：材料采购　　3 564 000

（二）代理进口业务

代理进口业务一般由外贸企业代理委托单位承办。外贸企业对其代理的进口业务并不负担盈亏，只是收取一定的手续费，因此代理进口业务发生的进口关税，先由外贸企业代缴，然后向委托单位收取。外贸企业在代理进口业务中计算出应缴纳的进口关税时，借记“应收账款 —— ×× 单位”科目，贷记“应交税费 —— 应交进口关税”科目；实际缴纳时，借记“应交税费 —— 应交进口关税”科目，贷记“银行存款”科目；委托单位实际向外贸企业支付进口关税时，借记“材料采购”、“商品采购”、“固定资产”等科目，贷记“应付账款”等科目。

【做中学6-6】某单位委托某进出口公司代理进口A商品一批，进口货款1 700 000元已汇入进出口公司存款户。该进口商品CIF价格为USD180 000，进口关税税率为20%，当日的外汇牌价为USD 1=RMB 6.46，代理手续费按货价3%收取，现该批商品已运达，向委托单位办理结算。会计处理如下：

完税价格：180 000 × 6.46 = 1 162 800（元）

应交进口关税：1 162 800 × 20% =232 560（元）

应交进口环节增值税：（1 162 800+232 560）× 17% =237 211.2（元）

应支付手续费：1 162 800 × 3% =34 884（元）

（1）收到委托单位划来进口货款时：

借：银行存款　　1 700 000

　贷：应付账款——××单位　　1 700 000

（2）对外付汇进口商品时：

借：应收账款——××外商　　1 162 800

　贷：银行存款　　1 162 800

(3)支付进口关税、增值税时：

借：应付账款——××单位　469 771.2

　贷：应交税费——进口关税　232 560

　　　　　　——应交增值税　237 211.2

借：应交税费——进口关税　232 560

　　　　　　——应交增值税　237 211.2

　贷：银行存款　469 771.2

(4)将进口商品交付委托单位并收取手续费时：

借：应付账款——××单位　1 197 684

　贷：其他业务收入——手续费　34 884

　　　应收账款——××外商　1 162 800

(5)将委托单位剩余的进口货款退回时：

借：应付账款——××单位　32 544.8

　贷：银行存款　32 544.8

二、出口业务关税的会计核算

(一)自营出口业务

企业自营出口业务，按规定计算出应交纳的关税，借记“营业税金及附加”科目，贷记“应交税费 —— 应交出口关税”科目。实际交纳时，借记“应交税费 —— 应交出口关税”科目，贷记“银行存款”科目。

【做中学 6-7】某进出口公司自营出口商品一批，我国口岸 FOB 价折合人民币为 550 000 元，出口关税税率为 10%。该公司根据海关开具的税款缴纳凭证，以银行转账支票支付税款。会计处理如下：

关税完税价格 = 550 000/(1+10%)=500 000（元）

应交出口关税 = 500 000 × 10% = 50 000（元）

(1)确认销售收入时：

借：应收账款　550 000

　贷：主营业务收入　550 000

(2)计算应交关税时：

借：营业税金及附加　50 000

　贷：应交税费——应交出口关税　50 000

(3)实际缴纳税款时：

借：应交税费——应交出口关税　50 000

　贷：银行存款　50 000

(二)代理出口业务

商品流通企业代理出口业务，因出口而交纳的关税仍由委托方负担。商品流通企业按规定计算出代交的关税时，借记“应收账款”科目，贷记“应交税费 —— 应交出口关税”科目。

实际交纳时,借记"应交税费——应交出口关税"科目,贷记"银行存款"科目。

【做中学 6-8】某进出口公司代理某企业出口一批商品。我国口岸 FOB 折价合人民币为 720000 元,出口关税税率为 20%,手续费 36000 元。该进出口公司会计处理如下:

完税价格 = 720000/(1+20%)=600000(元)

应交出口关税 = 600000×20% = 120000(元)

(1)计算应缴出口关税时:

借:应收账款　　120000

　贷:应交税费——应交出口关税　　120000

(2)缴纳出口关税时:

借:应交税费——应交出口关税　　120000

　贷:银行存款　　120000

(3)应收手续费时:

借:应收账款　　36000

　贷:主营业务收入　　36000

(4)收到委托单位划来税款及手续费时:

借:银行存款　　156000

　贷:应收账款　　156000

任务四 关税纳税申报

【案例导入】

浙江兴业商贸有限公司属增值税一般纳税人,拥有进出口经营权,2013 年 7 月的一批关税涉税业务的日常核算工作已经完成,办税员办理关税纳税申报工作。

【任务要求】

在规定期限内完成兴业商贸公司的关税纳税申报工作。

一、关税纳税申报时间与地点

进口货物自运输工具申报进境之日起 14 日内,出口货物在货物运抵海关监管区后装货的 24 小时之前,应由进出口货物的纳税义务人向货物进(出)境地海关申报。关税的纳税地点可以在关境地,也可以在主管地。

二、关税纳税申报资料

进出口货物应当提交以下有关资料:

(1)进出口货物报关单。

(2)货物发票。

(3)陆运单、空运单和海运进口的提货单及海运出口的装货单。

（4）货物装箱单。其份数同发票。

（5）出口收汇核销单。

（6）海关认为必要时，还应交验贸易合同、货物产地证书等。

（7）进出口许可证件。

（8）其他有关单证。

三、关税税款缴纳

纳税人申报纳税后海关要履行查验程序，查验是指海关在接受报关单位的申报并以已经审核的申报单位为依据，通过对进出口货物进行实际的核查，以确定其报关单证申报的内容是否与实际进出口的货物相符的一种监管方式。海关查验货物后，均要填写验货记录。

查验合格后，海关根据税则归类和完税价格，计算其应缴纳的关税和进口环节代征税，并填发税款缴款书（见表 6–1）。纳税义务人应当自海关填发税款缴款书之日起 15 日内，向指定银行缴纳税款。如缴纳期限的最后一日是周末或法定节假日，则关税缴纳期限顺延至周末或法定节假日过后的第一个工作日。

关税纳税义务人因特殊情况不能按期缴纳税款的，经海关批准，可对纳税义务人的全部或部分应纳税款的纳税期限予以延长。

纳税人在纳税期间内没有应纳税款的，也应当按照规定办理纳税申报。纳税人享受减税、免税待遇的，在减税、免税期间应当按照规定办理纳税申报。

表 6–1 海关进口关税专用缴款书

浙江　海关　进口关税　专用缴款书

收入系统：海关系统　　填发日期　2013 年 7 月 23 日　　号码：269874123

<table>
<tr><td rowspan="3">收款单位</td><td>收入机关</td><td colspan="3">中央金库</td><td rowspan="3">缴款单位（人）</td><td>名称</td><td colspan="2">浙江兴业商贸有限公司</td></tr>
<tr><td>科目</td><td>进口关税</td><td>预算级次</td><td>中央</td><td>账号</td><td colspan="2">SZR80066686</td></tr>
<tr><td>收款国库</td><td colspan="3">中国银行杭州分行</td><td>开户银行</td><td colspan="2">中国银行杭州分行</td></tr>
<tr><td colspan="2">税号</td><td colspan="2">货物名称</td><td>数量</td><td>单位</td><td>完税价格（￥）</td><td>税率（%）</td><td>税款金额（￥）</td></tr>
<tr><td colspan="2">16258698</td><td colspan="2">WRENCH</td><td>60</td><td>箱</td><td></td><td></td><td></td></tr>
<tr><td colspan="7">金额人民币（大写）柒佰陆拾柒万陆仟圆整</td><td></td><td></td></tr>
<tr><td colspan="2">申请单位编号</td><td>0387124666</td><td>报关单编号</td><td colspan="2">32444117252</td><td rowspan="4">填制单位

制单人：350
复核人：</td><td colspan="2" rowspan="4">收款国库（银行）
中国银行杭州分行
收款专用章</td></tr>
<tr><td colspan="2">合同（批件）号</td><td>TX200523</td><td>运输工具（号）</td><td colspan="2">COSCOV.861</td></tr>
<tr><td colspan="2">缴款期限</td><td>2013.08.08</td><td>提／装货单号</td><td colspan="2">XY05111</td></tr>
<tr><td colspan="6">备注　一般征税　照章征税　20130808 进
USD95 000.00
成交：FOB</td></tr>
</table>

从填发缴款书次日起，限十五日内（星期日和法定假日除外）缴纳，逾期按日征收税款总额千分之一的滞纳金。

四、关税的补征和追征

根据我国《海关法》，当海关发现少征或漏征时，应当自缴纳税款或者货物、物品放行之日起 1 年内，向纳税义务人补征；如纳税义务人因违反规定而造成的少征或漏征，海关在 3 年之内可以追征。

【知识与技能训练】

一、单项选择

1. 进出口关税的计税依据为（　　）。

A. 到岸价　B. 离岸价　C. 关税完税价格　D. 离岸价——出口关税

2. 下列不属于关税按征税对象不同划分的是（　　）。

A. 进口关税　B. 出口关税　C. 过境关税　D. 附加关税

3. 按中国海关现行规定，进出口货物完税后，如发现少征或者漏征税款时，海关应当自缴纳税款或者货物、物品放行之日起（　　）内，向纳税义务人补征。

A. 半年　B. 1 年　C. 2 年　D. 3 年

4. 目前我国关税法的依据是 2000 年 7 月修正颁布的《中华人民共和国海关法》和国务院（　　）发布的《中华人民共和国进出口关税条例》。

A. 2000 年　B. 2001 年　C. 2003 年　D. 2005 年

5. 下列各项中，符合关税法定免税规定的是（　　）。

A. 保税区进出口的基建物资和生产用车辆

B. 特定边境贸易进出口的基建物资和生产用车辆

C. 关税税款在人民币 100 元以下的一票货物

D. 经海关核准进口的无商业价值的广告品和货样

6. 某企业进口一批生产用原材料，其交纳的关税应（　　）。

A. 计入进口货物的成本

B. 计入"营业务税金及附加"科目的借方

C. 计入"管理费用"科目的借方

D. 计入"应交税费"科目的借方，待加工完成后再进行抵扣

7. 自营出口关税核算中，企业自营出口应缴纳的关税，应在（　　）科目下进行核算。

A. 营业税金及附加　B. 材料采购　C. 主营业务成本　D. 其他业务成本

8. 进口货物自运输工具申报进境之日起（　　）内，应由纳税义务人向货物进境地海关申报纳税。

A. 7 日　B. 14 日　C. 15 日　D. 30 日

9. 纳税义务人应当自海关填发税款缴款书之日起（　　）内，向指定银行缴纳税款。

A. 7 日　B. 10 日　C. 15 日　D. 30 日

10. 下列有关纳税申报的表述中，正确的是（　　）。

A. 企业取得应税收入时应立即申报纳税

B. 享受免税的企业不必申报纳税

C. 享受减税的企业应按时纳税申报

D. 扣缴义务人无须进行纳税申报

二、多项选择

1. 进口货物的关税税率形式有(　　)。

A. 最惠国税率　B. 协定税率　C. 特惠税率　D. 普通税率

2. 我国关税计征办法包括(　　)。

A. 从价关税　B. 从量关税　C. 复合关税　D. 滑准关税

3. 下列各项中,属于关税法定纳税义务人的有(　　)。

A. 进口货物的收货人　B. 进口货物的代理人

C. 出口货物的发货人　D. 出口货物的代理人

4. 以下属于关税的减免项目的有(　　)。

A. 关税税额在人民币500元以下的一票货物　B. 无商业价值的广告品和货样

C. 外国政府、国际组织无偿赠送的物资　D. 在海关放行前损失的货物

5. 根据海关法规定,(　　)如未包括在进口货物实付或应付价格中,应计入完税价格。

A. 由买方负担的购货佣金以外的佣金和经纪费

B. 由买方负担的在审查确定完税价格时与该货物视为一体的容器的费用

C. 由买方负担的包装材料费用和包装劳务费用

D. 卖方直接或者间接从买方获得的该货物进口后转售、处置或者使用的收益

6. 进口货物的完税价格由海关以该货物的成交价格以及该货物运抵我国境内输入地点起卸前的(　　)等费用为基础审查确定。

A. 包装　B. 其他劳务　C. 保险　D. 运输

7. 进口货物海关估价方法有(　　)。

A. 相同或类似货物成交价格方法　B. 倒扣价格方法

C. 计算价格方法　D. 其他合理方法

8. 出口货物的完税价格,主要包括(　　)。

A. 货物运至我国境内输出地点装卸前的运费

B. 货物运至我国境内输出地点装卸后运往国外地点的运费

C. 货物运至我国境内输出地点装卸前的相关费用保险费

D. 出口关税

9. 下列货物、物品进境时属于关税纳税对象的是(　　)。

A. 个人邮递物品　B. 馈赠物品　C. 贸易性商品　D. 海员自用物品

10. 计算进口货物应缴纳的关税,可能借记的账户有(　　)。

A. 固定资产　B. 材料采购　C. 营业务税金及附加　D. 应交税费

三、计算

1. A进出口公司从国外进口一批化工原料共500吨,货物以境外口岸离岸价格成交,单价折合人民币20000元(不包括另向卖方支付的佣金每吨1000元人民币),已知该货物运抵中国关境内输入地起卸前的包装、运输、保险和其他劳务费用为每吨2000元人民币,关

税税率为 10%,计算该批化工原料的关税。

2. 甲公司进口一台机器设备,成交价格为 404 万元人民币,运费和保险费共为 1.5 万元,成交价格中包含有甲公司向境外采购代理人支付的购货佣金 4 万元,进口关税税率为 15%,求甲公司应纳进口关税。

3. B 企业进口小汽车 10 辆,10 辆进口车的关税完税价格为 100 万元,计算该批车进口时应缴纳的关税、增值税、消费税。(关税税率为 100%,消费税税率为 5%)

4. 乙公司进口 2 台刻录机,单价 2000 美元,美元与人民币的比价为 1∶7.6,从量税为每台 1500 元人民币,从价税为 3%,计算应纳进口关税。

5. 某企业出口产品一批,按离岸价格成交,离岸价格共计人民币 220 万元,该产品出口关税税率为 10%,计算该企业应缴纳的出口关税。

四、业务分析

某进出口公司为增值税一般纳税人,地处市区,3 月份进口应税消费品一批,以离岸价格成交,成交价折合人民币 2810 万元(其中包括货物进口后的技术服务费用 50 万元)。另外支付该货物运抵我国关境内输入地起卸前的运费 20 万元、保险费 10 万元、包装材料费用 10 万元,委托境内某运输企业将进口货物运抵本单位发生运费 10 万元,分别取得海关开具的完税凭证和运输单位开具的货票。入库后本月将进口应税消费品全部销售,取得不含税销售额 7000 万元。(关税税率为 50%,增值税税率为 17%,消费税税率为 10%)

要求:

1. 计算该公司在进口环节及内销环节应纳的各项税额。

2. 做出相关会计处理。

项目七 企业所得税会计实务

【知识目标】

了解企业所得税的相关基础知识；

掌握企业所得税应纳税额的确定；

掌握企业所得税的会计处理；

掌握进行企业所得税纳税申报的方法。

【技能要求】

能准确计算企业所得税应纳税额；

能运用资产负债表债务法准确核算企业所得税；

会办理企业所得税预缴与年终汇算清缴业务。

任务一 企业所得税基本要素认知

【案例导入】

某韩国企业(实际管理机构不在中国境内)在中国境内设立分支机构,2013 年该机构在中国境内取得咨询收入 500 万元,在中国境内培训技术人员,取得韩方支付的培训收入 200 万元,在香港取得与该分支机构无实际联系的所得 80 万元。

【任务要求】

判断该企业纳税人身份并确认其应税收入额。

一、企业所得税的纳税人

企业所得税的纳税人为在我国境内，企业和其他取得收入的组织(以下统称企业)，但是个人独资企业和合伙企业不征收企业所得税，而征收个人所得税。企业所得税纳税人分为居民企业和非居民企业,这是确定纳税人是否负有全面纳税义务的基础。

(一)居民企业

居民企业，是指依法在中国境内成立，或者依照外国(地区)法律成立但实际管理机构在中国境内的企业。

知识链接： 实际管理机构

实际管理机构,是指对企业的生产经营、人员、账务、财产等实施实质性全面管理和控制的机构。

中国境内是指中国大陆地区，目前还不包括香港、澳门和台湾地区。例如，在我国注册成立的沃尔玛(中国)公司、通用汽车(中国)公司就是我国的居民企业;在英国、百慕大群岛等国家和地区注册的公司,但实际管理机构在我国境内,也是我国的居民企业。上述企业应就其来源于我国境内外的所得缴纳企业所得税。

(二)非居民企业

非居民企业,是指依照外国(地区)法律成立且实际管理机构不在中国境内,但在中国境内设立机构、场所的,或者在中国境内未设立机构、场所,但有来源于中国境内所得的企业。例如,在我国设立代表处及其他分支机构等的外国企业。

二、企业所得税的征税对象

企业所得税的征税对象是指企业的生产经营所得和其他所得。

居民企业的征税对象:就其来源于我国境内、境外的全部所得纳税。

非居民企业的征税对象:就其来源于我国境内的所得纳税。

非居民企业在中国境内设立机构、场所的,应当就其所设机构、场所取得的来源于中国境内的所得,以及发生在中国境外但与其所设机构、场所有实际联系的所得,缴纳企业所得税,非居民企业在中国境内未设立机构、场所的,或者虽设立机构、场所但取得的所得与其所设机构、场所没有实际联系的,应当就其来源于中国境内的所得缴纳企业所得税。

所得来源的确定:

(1)销售货物所得,按照交易活动发生地确定。

(2)提供劳务所得,按照劳务发生地确定。

(3)转让财产所得。①不动产转让所得按照不动产所在地确定。②动产转让所得按照转让动产的企业或者机构、场所所在地确定。③权益性投资资产转让所得按照被投资企业所在地确定。

(4)股息、红利等权益性投资所得,按照分配所得的企业所在地确定。

(5)利息所得、租金所得、特许权使用费所得,按照负担、支付所得的企业或者机构、场所所在地确定,或者按照负担、支付所得的个人的住所地确定。

(6)其他所得,由国务院财政、税务主管部门确定。

三、企业所得税的税率

1. 基本税率

居民企业以及在中国境内设立机构、场所且取得的所得与其所设机构、场所有实际联系的非居民企业,应当就其来源于中国境内、境外的所得缴纳企业所得税,适用税率为25%。

2. 优惠税率

(1)20%的优惠税率:符合条件的小型微利企业,减按20%的税率征收企业所得税。

(2)15%的优惠税率:国家需要重点扶持的高新技术企业,减按15%的税率征收企业所得税。

(3)10%的优惠税率:在中国境内未设立机构、场所的,或者虽设立机构、场所但取得的与其所设机构、场所没有实际联系的,应当就其来源于中国境内的所得,减按10%的税率征收企业所得税。中国居民企业向境外H股非居民企业股东派发2008年及以后年度股息时，统一按10%的税率代扣代缴企业所得税。合格境外机构投资者(简称QFII)取得来源于中国境内的股息、红利和利息收入，应当按照企业所得税法规定缴纳10%的企业所得税。

任务二 企业所得税应纳税额计算

【案例导入】

浙江衢州腾飞汽车配件有限公司为居民企业，适用所得税税率25%，2013年经营业务：

(1)取得营业收入5 000万元。

(2)营业成本2 000万元。

(3)发生销售费用1 000万元(其中广告费800万元)，管理费用600万元(其中业务招待费50万元)，财务费用100万元。

(4)营业税金及附加120万元。

(5)营业外收入70万元，营业外支出40万元(其中通过公益性社会团体向灾区捐款25万元，支付税收滞纳金6万元)。

(6)计入成本、费用中的实发工资总额200万元，职工工会经费4万元，支出职工福利费和职工教育经费40万元。

【任务要求】

计算该企业2013年实际应缴纳的企业所得税。

一、应纳税所得额的确定

企业所得税的计税依据是企业的应纳税所得额，是指纳税人每一纳税年度的收入总额减去准予扣除项目金额后的余额。其计算方法有两种：

1. 直接法

应纳税所得额＝收入总额－不征税收入－免税收入－各项扣除－以前年度亏损

2. 间接法

应纳税所得额＝会计利润总额＋纳税调整增加额－纳税调整减少额

纳税人在计算应纳税所得额时，按照税法规定计算出的应纳税所得额与企业依据财务会计制度计算的会计所得额(会计利润)往往不一致，应当依照国家税收法规的规定计算缴纳所得税。

(一)收入总额

企业所得税采用的是收入总额的概念，包括企业取得的各种来源的各种货币形式和非货币形式的收入。企业取得非货币形式的收入，应当按照公允价值确定收入的金额。

1. 收入总额的具体内容

(1)销售货物收入：指企业销售商品、产品、原材料、包装物、低值易耗品以及其他存货取得的收入。

（2）提供劳务收入：指企业从事建筑安装、修理修配、交通运输、仓储租赁、金融保险、邮电通信、咨询经纪、文化体育、科学研究、技术服务、教育培训、餐饮住宿、中介代理、卫生保健、社区服务、旅游、娱乐、加工以及其他劳务服务活动取得的收入。

（3）转让财产收入：指企业转让固定资产、生物资产、无形资产、股权、债权等财产取得的收入。

（4）股息、红利等权益性投资收益：指企业因权益性投资从被投资方取得的收入，包括股息、红利、联营分利等。

（5）利息收入：指企业将资金提供给他人使用但不构成权益性投资，或者因他人占用本企业资金取得的收入，包括存款利息、贷款利息、债券利息、欠款利息等收入。

（6）租金收入：指企业提供固定资产、包装物或者其他有形资产的使用权取得的收入。

（7）特许权使用费收入：指企业提供专利权、非专利技术、商标权、著作权以及其他特许权的使用权取得的收入。

（8）接受捐赠收入：指企业接受的来自其他企业、组织或者个人无偿给予的货币性资产、非货币性资产。

（9）其他收入：指企业取得的除上述收入以外的其他收入，包括资产溢余收入、逾期未退包装物押金收入、确实无法偿付的应付款项、已作坏账损失处理后又收回的应收款项、债务重组收入、补贴收入、违约金收入、汇兑收益等。

2. 收入的确认

企业所得税法规定，应纳税所得额的计算，以权责发生制为原则。权责发生制原则是会计核算和企业所得税应纳税所得额计算都应遵循的原则，但是由于税收与会计的目的不同，所以企业所得税法和实施条例在坚持以权责发生制作为计算应纳税所得额的基本原则的前提下，对一些收入的确认作出特殊的规定。

（1）股息、红利等权益性投资收益：除国务院财政、税务主管部门另有规定外按照被投资方作出利润分配决定的日期确认收入的实现。

（2）利息收入：按照合同约定的债务人应付利息的日期确认收入的实现。收入的金额按照合同约定的利率计算的金额确认。

（3）租金收入：按照合同约定的承租人应付租金的日期确认收入的实现。收入的金额按照合同约定的金额确认。

（4）特许权使用费收入：按照合同约定的特许权使用人应付特许权使用费的日期确认收入的实现。收入的金额按照合同约定的金额确认。

（5）接受捐赠收入：按照实际收到捐赠资产的日期确认收入的实现。收入的金额，如果是现金形式的捐赠，按照实际收到的金额确认；如果收到的是非货币捐赠，则按照非货币资产的公允价值确认。

（6）以分期收款方式销售货物的：按照合同约定的收款日期确认收入的实现。收入的金额按照合同约定的金额确认。

（7）企业受托加工制造大型机械设备、船舶、飞机，以及从事建筑、安装、装配工程业务或者提供其他劳务等，持续时间超过12个月的：按照纳税年度内完工进度或者完成的工作量确认收入的实现。

(8)采取产品分成方式取得收入的：按照企业分得产品的日期确认收入的实现，其收入额按照产品的公允价值确定。

(9)视同销售：企业发生非货币性资产交换，以及将货物、财产、劳务用于捐赠、偿债、赞助、集资、广告、样品、职工福利或者利润分配等用途的，应当视同销售货物、转让财产或者提供劳务，但国务院财政、税务主管部门另有规定的除外。

(二)不征税收入

税法中规定的“不征税收入”概念，从企业所得税原理上讲应永久不列为征税范围的收入范畴。主要包括三部分：财政拨款；依法收取并纳入财政管理的行政事业性收费、政府性基金；国务院规定的其他不征税收入。

(三)免税收入

免税收入是指属于企业的应税所得但按照税法规定免予征收企业所得税的收入。主要包括四部分：国债利息收入；符合条件的居民企业之间的股息、红利等权益性投资收益；在中国境内设立机构、场所的非居民企业从居民企业取得与该机构、场所有实际联系的股息、红利等权益性投资收益；符合条件的非营利组织的收入。

知识链接： 非营利组织

符合条件的非营利组织，是指同时符合下列条件的组织：

(1)依法履行非营利组织登记手续；

(2)从事公益性或者非营利性活动；

(3)取得的收入除用于与该组织有关的、合理的支出外，全部用于登记核定或者章程规定的公益性或者非营利性事业；

(4)财产及其孳生息不用于分配；

(5)按照登记核定或者章程规定，该组织注销后的剩余财产用于公益性或者非营利性目的，或者由登记管理机关转赠给与该组织性质、宗旨相同的组织，并向社会公告；

(6)投入人对投入该组织的财产不保留或者享有任何财产权利；

(7)工作人员工资福利开支控制在规定的比例内，不变相分配该组织的财产；

(8)国务院财政、税务主管部门规定的其他条件。

(四)税前准予扣除项目

企业实际发生的与取得收入有关的、合理的支出，包括成本、费用、税金、损失和其他支出，准予在计算应纳税所得额时扣除。

1. 基本范围

(1)成本：指企业在生产经营活动中发生的销售成本、销货成本、业务支出以及其他耗费。税收上准予扣除的成本，是指纳税申报期间已经申报确认的销售商品(包括产品、材料、下脚料、废料和废旧物资等)、提供劳务、转让处置固定资产和无形资产的成本。对没有销售出去的商品，按照配比原则，其成本不得在税前扣除。

(2)费用：指企业在生产经营活动中发生的销售费用、管理费用和财务费用，已经计入成本的有关费用除外。

（3）税金：指企业发生的除企业所得税和允许抵扣的增值税以外的各项税金及其附加。包括消费税、营业税、资源税、城市维护建设税、教育费附加等。

知识链接：

企业缴纳的房产税、车船使用税、耕地占用税、车辆购置税、印花税等，已经计入管理费用扣除的，不再作为销售税金扣除。企业缴纳的增值税属价外税，也不在扣除之列。

（4）损失：指企业在生产经营活动中发生的固定资产和存货盘亏、毁损、报废净损失，转让财产损失，呆账损失，坏账损失，自然灾害等不可抗力因素造成的损失以及其他损失。

（5）其他支出：指除成本、费用、税金、损失外，企业在生产经营活动中发生的与生产经营活动有关的、合理的支出。

2. 具体税前扣除项目的税收规定

（1）工资薪金支出。

工资薪金支出是指企业每一纳税年度支付给在本企业任职或者受雇的员工的所有现金形式或者非现金形式的劳动报酬，包括基本工资、奖金、津贴、补贴、年终加薪、加班工资，以及与员工任职或者受雇有关的其他支出。企业所得税法和实施条例规定，企业发生的合理的工资薪金支出，准予税前扣除。

知识链接：何谓“合理的工资薪金”？

“合理工资薪金”，是指企业按照股东大会、董事会、薪酬委员会或相关管理机构制订的工资薪金制度规定实际发放给员工的工资薪金。

【学中做 7-1】某商贸企业 2013 年度在成本费用中计提工资 400 万元，实际发放工资薪金 380 万元，计算工资应调整的纳税所得额。

实发工资 380 万元，可以扣除，计入成本费用的是 400 万元，应调增纳税所得额 20 万元。

（2）社会保险支出和住房公积金。

企业依照国务院有关主管部门或者省级人民政府规定的范围和标准为职工缴纳的基本养老保险费、基本医疗保险费、失业保险费、工伤保险费、生育保险费等基本社会保险费和住房公积金，准予扣除。

企业为投资者或者职工支付的补充养老保险费、补充医疗保险费，在国务院财政、税务主管部门规定的范围和标准内，准予扣除。

企业按照有关规定为特殊工种职工支付的人身安全保险费，允许在税前扣除。除财政、税务主管部门另有规定外，企业为职工向商业保险公司投保的各种支出，均属于应由职工个人负担的费用，按照相关性原则，不允许在税前扣除。

（3）借款费用和利息支出。

企业在生产经营活动中发生的合理的不需要资本化的借款费用，准予扣除。企业为购置、建造固定资产、无形资产和经过 12 个月以上的建造才能达到预定可销售状态的存货发生借款的，在有关资产购置、建造期间发生的合理的借款费用，应当作为资本性支出计入有关资产的成本，并依照实施条例的规定扣除。

非金融企业向金融企业借款的利息支出、金融企业各项存款利息支出和同业拆借利息支出、企业经批准发行债券的利息支出，准予扣除。

非金融企业向非金融企业借款的利息支出，不超过按照金融企业同期同类贷款利率计算的数额的部分，准予扣除。

【学中做 7-2】某居民企业 2 月 1 日向银行借款 50 万元用于生产经营，借期半年，银行贷款年利率 6%，支付利息 1.5 万元；3 月 1 日向非金融机构借款 60 万元用于生产经营，借期 8 个月，支付利息 4 万元。计算准予扣除的利息支出。

分析：向非金融机构借款利息支出，应按不高于同期同类银行贷款利率计算数额以内的部分准予在税前扣除，准予扣除的利息 = 60×6% ×8/12 = 2.4（万元）。

准予扣除的利息支出 = 1.5+2.4 = 3.9（万元）

（4）汇兑损失。

由于汇率波动，企业在货币交易中，以及纳税年度终了时将人民币以外的货币性资产、负债按照期末即期人民币汇率中间价折算为人民币时产生的汇兑损失，除已经计入有关资产成本以及与向所有者进行利润分配相关的部分外，准予扣除。

（5）职工福利费、工会经费和职工教育经费。

企业发生的职工福利费支出，不超过工资薪金总额 14% 的部分，准予扣除。企业拨缴的工会经费，不超过工资薪金总额 2% 的部分，准予扣除。除国务院财政、税务主管部门另有规定外，企业发生的职工教育经费支出，不超过工资薪金总额 2.5% 的部分，准予扣除；超过部分，准予在以后纳税年度结转扣除。

【学中做 7-3】某居民企业，2013 年实际发生的工资支出 2 300 万元，并按工资薪金总额的 2% 提取工会经费（实际拨缴 40 万元）、2.5% 提取职工教育经费（实际发生 50 万元），职工福利费按实际发生的 348 万元计入成本费用。则：

工会经费扣除限额：2 300 × 2% = 46（万元），实际拨缴 40 万元，而计提了 46 万元，所以调增应纳税所得额 6 万元；

职工教育经费扣除限额：2 300 × 2.5% = 57.5（万元），实际发生 50 万元，而计提了 57.5 万元，所以调增应纳税所得额 7.5 万元；

职工福利费扣除限额：2 300 × 14% = 322（万元），实际发生 348 万元，所以调增应纳税所得额 26 万元；

三项费用共调增应纳税所得额：6+7.5+26 = 39.5（万元）。

（6）业务招待费。

企业发生的与生产经营活动有关的业务招待费支出，按照发生额的 60% 扣除，但最高不得超过当年销售（营业）收入的 5‰。超过部分不得向以后年度结转扣除。

【学中做 7-4】某企业 2013 年度营业收入 1 000 万元，发生业务招待费 50 万元，计算当年允许扣除的业务招待费数额：

计算实际发生额的 60%：50 × 60% = 30（万元）

计算当年销售收入 5‰的数额：1 000 × 5‰ =5（万元）

计算当年需纳税调增的数额：30−5=25（万元）

即企业发生的30万元业务招待费中，有25万元不得在税前扣除，需作纳税调整。

（7）广告费和业务宣传费支出。

企业发生的符合条件的广告费和业务宣传费支出，除国务院财政、税务主管部门另有规定外，不超过当年销售（营业）收入15%的部分，准予扣除；超过部分，准予在以后纳税年度结转扣除。由于行业特点，有些行业需要支出的广告费和业务宣传费比例较大，为了保证企业合理的经营需要，根据企业所得税法和实施条例授权财政部、税务总局根据不同行业企业实际情况，作出了特殊规定。

【学中做7-5】某家电生产企业（一般纳税人）2013年度营业收入8066万元，全年发生广告费750万元，业务宣传费90万元。计算广告宣传费的纳税调整数。

广告宣传费税前扣除限额 = 8066 × 15% = 1209.9（万元），不需调整。

（8）专项资金。

有些企业在生产经营过程中对环境及生态破坏很大，如矿产资源开采企业、核电站等，这些企业要负有环境保护、生态恢复的责任，因此，企业所得税法和实施条例规定，企业依照法律、行政法规有关规定提取的用于环境保护、生态恢复等方面的专项资金，准予税前扣除。但提取的资金必须专款专用，改变用途的，不得在税前扣除。

（9）保险费。

企业参加财产保险，按照规定缴纳的保险费，准予扣除。企业参加的财产保险，是以企业财产及其有关利益为保险标的，又可具体分为财产损失保险、责任保险、信用保险等。

（10）租赁费。

租赁是指企业通过向资产所有者支付一定的费用，从而获得某项资产使用权的行为。租赁分为经营性租赁和融资租赁。

以经营性租赁方式租入固定资产发生的租赁费支出，按照租赁期限均匀扣除；以融资租赁方式租入固定资产发生的租赁费支出，按照规定构成融资租入固定资产价值的部分应当提取折旧费用，分期扣除。

（11）劳动保护支出。

企业发生的合理的劳动保护支出，准予扣除。

知识链接： 劳动保护支出

劳动保护支出需要满足以下条件：

（1）必须是确因工作需要，如果企业所发生的所谓的支出，并非出于工作的需要，那么其支出就不得予以扣除；

（2）为其雇员配备或提供，而不是给其他与其没有任何劳动关系的人配备或提供；

（3）限于工作服、手套、安全保护用品、防暑降温品等，如高温冶炼企业职工、道路施工企业的防暑降温品，采煤工人的手套、头盔等用品。

（12）非居民企业总机构管理费。

非居民企业在中国境内设立机构、场所，其境外总机构负有对机构、场所的管理责任，其发生的与中国境内机构、场所生产经营有关的合理分摊的费用，允许在税前扣除。

（13）公益性捐赠。

企业发生的公益性捐赠支出，不超过年度利润总额12%的部分，准予扣除。其中年度利润总额，是指企业依照国家统一会计制度的规定计算的年度会计利润。

知识链接：税法规定的“公益性捐赠”

(1)必须是用于《中华人民共和国公益事业捐赠法》规定的公益事业的支出，具体是指：救助灾害、救济贫困、扶助残疾人等困难的社会群体和个人的活动；教育、科学、文化、卫生、体育事业；环境保护、社会公共设施建设；促进社会发展和进步的其他社会公共和福利事业。

(2)必须通过县级以上人民政府或公益性社会团体进行捐赠。

【学中做7-6】某企业2013年向某灾区捐赠100万元，该企业2013年度会计利润800万元，计算允许扣除的公益性捐赠额如下：

该企业允许税前扣除的公益性捐赠金额为：800×12%=96(万元)

企业实际捐赠100万元，其中高于允许税前扣除的公益性捐赠金额的4万元不得税前扣除，须作纳税调增，并入应纳税所得额征收企业所得税。

(五)不得扣除的项目

在计算应纳税所得额时，下列支出不得扣除：

(1)向投资者支付的股息、红利等权益性投资收益款项。

(2)企业所得税税款。

(3)税收滞纳金。

(4)罚金、罚款和被没收财物的损失。

(5)公益性捐赠支出以外的捐赠支出。

(6)赞助支出。赞助支出是指企业发生的与生产经营活动无关的各种非广告性质支出。

(7)未经核定的准备金支出。未经核定的准备金支出是指不符合国务院财政、税务主管部门规定的各项资产减值准备、风险准备等准备金支出。

(8)与取得收入无关的其他支出。

(六)亏损弥补

税法中的亏损和财务会计中的亏损含义不同。财务会计上的亏损是指当年总收益小于当年总支出。企业所得税法所称亏损，是指企业根据企业所得税法和本条例的规定将每一纳税年度的收入总额减除不征税收入、免税收入和各项扣除以后小于零的数额。

企业某一纳税年度发生的亏损可以用下一年度的所得弥补，下一年度的所得不足以弥补的，可以结转到以后年度，用以后年度的所得弥补，但结转年限最长不得超过5年。亏损弥补应注意的问题如下：

(1)亏损弥补期应连续计算，不得间断，而不论弥补亏损的5年中是否盈利或亏损。

(2)连续发生亏损，其亏损弥补期应按每个年度分别计算，按“先亏先补、顺序弥补”的原则弥补，不能将每个亏损年度的亏损弥补期相加。

(3)联营企业生产经营取得的所得，一律先就地缴纳所得税，然后再进行分配。联营企业的亏损，由联营企业就地按规定进行弥补。

(4)投资方如果发生亏损(税务机关核实)，则从联营企业分回的税后利润换算为税前利润后,可以先用于弥补亏损,弥补亏损后仍有余额的,再按规定计算补缴企业所得税。

(5)企业在汇总计算缴纳企业所得税时,其境外营业机构的亏损不得抵减境内营业机构的盈利。

【学中做7-7】某生产企业2001年至2008年的应纳税所得额如下。(单位:万元)

年度	2001	2002	2003	2004	2005	2006	2007	2008
应纳税所得额	-20	-10	5	8	-5	15	5	10

计算该生产企业2008年度应缴纳的企业所得税(所得税率25%)。

(1)2001年亏损20万元,可用2002-2006年的利润弥补。

(2)2002年亏损10万元,可用2003-2007年的利润弥补。

(3)2003年盈利5万元,用于弥补2001年亏损,不需缴纳所得税,企业尚有2001年发生的15万元亏损未弥补。

(4)2004年盈利8万元,用于弥补2001年亏损,不需缴纳所得税,企业尚有2001年发生的7万元亏损未弥补。

(5)2005年亏损5万元,可用2006-2010年的利润弥补。

(6)2006年盈利15万元,用于弥补2001年亏损7万元,弥补2002年亏损8万元,不需缴纳所得税,企业尚有2002年发生的2万元亏损未弥补。

(7)2007年盈利5万元,用于弥补2002年亏损2万元,弥补2005年亏损3万元,不需缴纳所得税,企业尚有2005年发生的2万元亏损未弥补。

(8)2008年盈利10万元,用于弥补2005年亏损2万元,2008年应纳企业所得税额=(10-2)×25%=2(万元)

二、企业所得税的税收优惠政策

税收优惠是政府调控经济的重要手段之一,适当的优惠政策有利于实现国家的社会经济目标,为此,企业所得税优惠政策为以产业优惠为主、区域优惠为辅的格局。

(一)免征与减征优惠

1. 从事农、林、牧、渔业项目的所得

2. 从事国家重点扶持的公共基础设施项目投资经营的所得

企业从事国家重点扶持的公共基础设施项目的投资经营的所得,自项目取得第一笔生产经营收入所属纳税年度起,第一年至第三年免征企业所得税,第四年至第六年减半征收企业所得税。

企业承包经营、承包建设和内部自建自用本条规定的项目,不得享受本条规定的企业所得税优惠。

3. 从事符合条件的环境保护、节能节水项目的所得

环境保护、节能节水项目的所得,自项目取得第一笔生产经营收入所属纳税年度起,第一年至第三年免征企业所得税,第四年至第六年减半征收企业所得税。

4. 符合条件的技术转让所得

企业所得税法所称符合条件的技术转让所得免征、减征企业所得税,是指一个纳税年度

内,居民企业转让技术所有权所得不超过500万元的部分,免征企业所得税;超过500万元的部分,减半征收企业所得税。

5. 符合条件的非居民企业取得的应纳税所得

在中国境内未设立机构、场所的,或者虽设立机构、场所但取得的与其所设机构、场所没有实际联系的,应当就其来源于中国境内的所得,减按10%的税率征收企业所得税。

下列所得可以免征企业所得税:外国政府向中国政府提供贷款取得的利息所得;国际金融组织向中国政府和居民企业提供优惠贷款取得的利息所得;经国务院批准的其他所得。

(二)小型微利企业优惠

小型微利企业减按20%的所得税税率征收企业所得税。小型微利企业的条件如下:

(1)工业企业,年度应纳税所得额不超过30万元,从业人数不超过100人,资产总额不超过3000万元。

(2)其他企业,年度应纳税所得额不超过30万元,从业人数不超过80人,资产总额不超过1000万元。

(三)高新技术企业优惠

国家需要重点扶持的高新技术企业减按15%的所得税税率征收企业所得税。国家需要重点扶持的高新技术企业,是指拥有核心自主知识产权并同时符合下列条件的企业:

(1)产品(服务)属于《国家重点支持的高新技术领域》规定的范围;

(2)研究开发费用占销售收入的比例不低于规定比例;

(3)高新技术产品(服务)收入占企业总收入的比例不低于规定比例;

(4)科技人员占企业职工总数的比例不低于规定比例;

(5)高新技术企业认定管理办法规定的其他条件。

《国家重点支持的高新技术领域》和高新技术企业认定管理办法由国务院科技、财政、税务主管部门商国务院有关部门制订,报国务院批准后公布施行。

(四)民族自治区地方的企业优惠

民族自治地方的自治机关对本民族自治地方的企业应缴纳的企业所得税中属于地方分享的部分,可以决定减征或者免征。自治州、自治县决定减征或者免征的,须报省、自治区、直辖市人民政府批准。

对民族自治地方内国家限制和禁止行业的企业,不得减征或者免征企业所得税。

(五)加计扣除优惠

加计扣除优惠包括以下两项内容:

(1)研究开发费,指企业为开发新技术、新产品、新工艺发生的研究开发费用,未形成无形资产计入当期损益的,在按照规定据实扣除的基础上,按照研究开发费用的50%加计扣除;形成无形资产的,按照无形资产成本的150%摊销。

【学中做7-8】甲企业可享受技术开发费加计扣除的优惠政策。为提高市场竞争力,甲企业在2012年初准备研发设计一款新产品,计划研发期为两年,研发费用预算400万元,第一年投入300万元,第二年投入100万元。该企业相关部门预测,不考虑新产品开发的因素影响,2012年、2013年可实现的税前利润分别为300万元和500万元。企业适用的所得税税率为 25%。计算两年内分别缴纳的所得税金额。

第 1 年可在税前扣除的技术开发费 = 300×(1+50%)=450(万元)

第 1 年应纳税所得额 = 300−450=−150(万元)

第 1 年亏损 150 万元,不用缴纳所得税。

第 2 年可在税前扣除的技术开发费 = 100×(1+50%)=150(万元)

第 2 年应纳税所得额 = 500−150−150 = 200(万元)

第 2 年应交所得额 = 200×25% = 50(万元)

(2)企业安置残疾人员所支付的工资,指企业安置残疾人员的,在按照支付给残疾职工工资据实扣除的基础上,按照支付给残疾职工工资的 100% 加计扣除。残疾人员的范围适用《中华人民共和国残疾人保障法》的有关规定。企业安置国家鼓励安置的其他就业人员所支付的工资的加计扣除办法,由国务院另行规定。

(六)创投企业优惠

创投企业从事国家需要重点扶持和鼓励的创业投资,可以按投资额的一定比例抵扣应纳税所得额。

创投企业优惠,指创业投资企业采取股权投资方式投资于未上市的中小高新技术企业 2 年以上的,可以按照其投资额的 70% 在股权持有满 2 年的当年抵扣该创业投资企业的应纳税所得额;当年不足抵扣的,可以在以后纳税年度结转抵扣。

(七)固定资产加速折旧优惠

企业的固定资产由于技术进步等原因,确需加速折旧的,可以缩短折旧年限或者采取加速折旧的方法。可采用以上折旧方法的固定资产是指:由于技术进步,产品更新换代较快的固定资产;常年处于强震动、高腐蚀状态的固定资产。采取缩短折旧年限方法的,最低折旧年限不得低于规定折旧年限的 60%;采取加速折旧方法的,可以采取双倍余额递减法或者年数总和法。

(八)减计收入优惠

减计收入优惠,企业综合利用资源,生产符合国家产业政策规定的产品所取得的收入,可以在计算应纳税所得额时减计收入。

综合利用资源,指企业以《资源综合利用企业所得税优惠目录》规定的资源作为主要原材料,生产国家非限制和禁止并符合国家和行业相关标准的产品取得的收入,减按 90% 计入收入总额。上述所称原材料占生产产品材料的比例不得低于《资源综合利用企业所得税优惠目录》规定的标准。

(九)税额抵免优惠

税额抵免,指企业购置并实际使用《环境保护专用设备企业所得税优惠目录》、《节能节水专用设备企业所得税优惠目录》和《安全生产专用设备企业所得税优惠目录》规定的环境保护、节能节水、安全生产等专用设备的,该专用设备投资额的 10% 可以从企业当年的应纳税额中抵免;当年不足抵免的,可以在以后 5 个纳税年度结转抵免。

三、应纳所得税额的计算

(一)居民企业应纳税额的计算

企业的应纳税所得额乘以适用税率，减除依照本法关于税收优惠的规定减免和抵免的税额后的余额，为应纳税额。其基本计算公式为：

应纳税额 = 应纳税所得额 × 适用税率 – 减免税额 – 抵免税额

公式中的减免税额和抵免税额，指依照企业所得税法和国务院的税收优惠规定减征、免征和抵免的应纳税额。

【学中做 7–9】接案例导入。

(1)利润总额 = 5 000+70–2 000–1 000–600–100–120–40=1 210(万元)

(2)广告费调增应纳税所得额 = 800–5 000 × 15% = 50(万元)

(3)对于业务招待费，由于 50 × 60% ＞ 5 000 × 5‰，所以业务招待费准予扣除 25 万元，则业务招待费调增应纳税所得额 = 50–25 = 25(万元)

(4)捐赠支出可以扣除的上限 = 1 210 × 12% = 145.2(万元)

由于 25 ＜ 145.2,所以捐赠支出可以全额扣除,不需要调增应纳税所得额。

(5)税收滞纳金属于不可抵扣项目,应调增应纳税所得额 6 万元。

(6)“三费”调增应纳税所得额 = 4+40–200 × 2%–200 × 16.5% = 7(万元)

(7)应纳税所得额 = 1 210+50+25+6+7 = 1 298(万元)

(8)2013 年企业所得税应纳税额 = 1 298 × 25% = 324.5(万元)

【学中做 7–10】某居民企业 2013 年实现会计利润总额 120 万元,在当年生产经营活动中发生了公益性捐赠支出 20 万元，购买了价值 30 万元的环境保护专用设备。假设当年无其他纳税调整项目,计算 2013 年该企业应缴纳企业所得税。

公益性捐赠支出税前扣除限额 = 120 × 12% = 14.4(万元)，所以捐赠支出纳税调增额 = 20–14.4 = 5.6(万元)，购买环境保护专用设备投资额的 10% 可以从企业当年的应纳税额中抵免。应缴纳企业所得税 = (120+5.6) × 25%–30 × 10% = 28.4(万元)

(二)非居民企业应纳税额的计算

非居民企业取得来源于中国境内的所得,按照下列方法计算其应纳税所得额：

(1)股息、红利等权益性投资收益和利息、租金、特许权使用费所得,以收入全额为应纳税所得额；

(2)转让财产所得,以收入全额减除财产净值后的余额为应纳税所得额；

(3)其他所得,参照前两项规定的方法计算应纳税所得额。

非居民企业应纳税额的计算公式：应纳税额 = 应纳税所得额 × 适用税率 – 抵免税额

(三)境外所得抵扣税额的计算

(1)企业取得的下列所得已在境外缴纳的所得税税额，可以从其当期应纳税额中抵免，抵免限额为该项所得依照本法规定计算的应纳税额；超过抵免限额的部分，可以在以后 5 个年度内,用每年度抵免限额抵免当年应抵税额后的余额进行抵补：

(2)抵免税额是指企业来源于中国境外的所得，依照税法的规定计算的应纳税额。该

抵免限额应当分国(地区)不分项计算,计算公式如下:

抵免限额 = 中国境内、境外所得依照企业所得税法和实施条例的规定计算的应纳税总额 × 来源于某国(地区)的应纳税所得额 / 中国境内、境外应纳税所得总额

【学中做 7-11】某公司 2013 年度境内应纳税所得额为 100 万元,适用 25% 的企业所得税税率。另外,该企业分别在 A、B 两国设有分支机构,在 A 国分支机构的应纳税所得额为 50 万元,A 国企业所得税税率 20%;在 B 国的分支机构的应纳税所得额为 30 万元,B 国企业所得税税率为 30%,两分支机构在 A、B 两国分别缴纳了 10 万元和 9 万元的企业所得税。计算该企业按我国税法计算的境内、境外所得的应纳税额。

(1)A 国所得抵免限额 = 50 × 25% = 12.5(万元)

抵免限额大于已纳税额,应予抵免的税额是已纳税额 10 万元。

(2)B 国所得抵免限额 = 30 × 25% = 7.5(万元)

已纳税额大于抵免限额,应予抵免的税额是抵免限额即 7.5 万元。

汇总时在我国应缴纳的所得税 = (100+50+30)× 25%−10−7.5 = 27.5(万元)

任务三 企业所得税会计核算

【案例导入】

A 公司 2009 年度利润表中利润总额为 3 000 万元,该公司适用的所得税税率为 25%。递延所得税资产及递延所得税负债不存在期初余额。2009 年发生的有关交易和事项中,会计处理与税收处理存在差别的有:

(1)2009 年 1 月开始计提折旧的一项固定资产,成本为 1500 万元,使用年限为 10 年,净残值为 0,会计处理按双倍余额递减法计提折旧,税收处理按直线法计提折旧。假定税法规定的使用年限及净残值与会计规定相同。

(2)向关联企业捐赠现金 500 万元。假定按照税法规定,企业向关联方的捐赠不允许税前扣除。

(3)当期取得作为交易性金融资产核算的股票投资成本 800 万元,12 月 31 日公允价值 1 200 万元。

(4)违反环保法规定应支付罚款 250 万元。

(5)期末对持有的存货计提了 75 万元的存货跌价准备。

【任务要求】

运用资产负债表债务法核算公司所得税。

一、永久性差异与暂时性差异

《企业会计准则第 18 号 —— 所得税》规定,企业在核算所得税时采用资产负债表债务法。由于会计制度与税收法规的目标不同,两者在收益、费用、资产、负债确认的时间、范围也不同,因而产生税前会计利润与应纳税所得额之间的差异,分为永久性差异和暂时性差异。

知识链接： 资产负债表债务法

资产负债表债务法是指从资产负债表出发，通过比较资产负债表上列示的资产、负债按照企业会计准则规定确定的账面价值与按照税法规定确定的计税基础，对于两者时间的差额分别应纳税暂时性差异与可抵扣暂时性差异，确认相关的递延所得税负债与递延所得税资产，并在此基础上确定每一期间利润表中的所得税费用。

永久性差异是指某一会计期间，税法与会计制度计算收益、费用、成本等口径不同所产生的差异。这种差异在本期发生，不会在以后各期转回，不产生递延所得税资产或递延所得税负债，但会对当期的所得税额造成影响，如超支的业务招待费、超标准的利息支出、罚款支出等。

暂时性差异是指资产、负债的账面价值与其计税基础不同产生的差额。其中账面价值是按照企业会计准则确定的资产、负债在资产负债表中列示的金额；计税基础是企业按税法规定确认的金额，即在税法的角度，在资产负债表日时点上该资产、负债的金额。需要注意的是：未作为资产、负债确认的某些项目，按照税法规定可以确定其计税基础的，其与账面价值的差额也属于暂时性差异，如业务宣传费超过标准的部分可以递延至以后年度抵扣。暂时性差异的主要特点在于该差异会影响以后各期所得税。

二、资产和负债的计税基础

（一）资产的计税基础

资产的计税基础，指企业收回资产账面价值过程中，计算应纳税所得额时按照税法规定可以自应税经济利益中抵扣的金额，即某一项资产在未来期间计税时可以税前扣除的金额。从税收的角度考虑，资产的计税基础是假定企业按照税法规定进行核算所提供的资产负债表中资产的应有金额。

资产的计税基础 = 未来可税前列支的金额

某一资产负债表日的计税基础 = 成本 − 以前期间已税前列支的金额

如果该资产所产生的未来经济利益不需要纳税，那么该资产的计税基础即为其账面价值，不需要纳税，即意味着未来全部可以在税前扣除。

通常情况下，资产的初始确认入账价值与计税基础是相同的，但后续计量由于会计准则与税法规定的不同，造成账面价值与计税基础存在差异，如果资产的计税基础不等于资产的账面价值，就会产生暂时性差异。例如一项存货的原值为 100，已经计提跌价准备 40，账面价值为 60，在未来销售过程中可以抵扣应税经济利益的成本是 100，存货的计税基础是 100，产生可抵扣暂时性差异 40。现就资产项目的计税基础确定介绍如下：

1. 固定资产

以各种方式取得的固定资产，初始确认时其账面价值一般等于计税基础。固定资产在持有期间进行后续计量时，由于会计与税收规定就折旧方法、折旧年限以及固定资产减值准备的提取等处理的不同，可能造成固定资产的账面价值与计税基础的差异。

账面价值 = 固定资产原价 − 累计折旧 − 固定资产减值准备

计税基础 = 固定资产原价 − 税法累计折旧

【学中做 7–12】A 企业于 2007 年 12 月 20 日取得的某项环保用固定资产，原价为 750 万元，使用年限为 10 年，会计上采用年限平均法计提折旧，净残值为 0。税法规定该类环保用固定资产采用加速折旧法计提的折旧可税前扣除，该企业在计税时采用双倍余额递减法计提折旧，净残值为 0。2009 年 12 月 31 日，企业估计该项固定资产的可收回金额为 550 万元。确定 2009 年 12 月 31 日该固定资产的账面价值和计税基础。

账面价值：2009 年 12 月 31 日，该项固定资产的账面余额 = 750−75 × 2 = 600（万元），该账面余额大于其可收回金额 550 万元，两者之间的差额应计提 50 万元固定资产减值准备。

2009 年 12 月 31 日，该项固定资产的账面价值 = 750−75 × 2−50 = 550（万元）

计税基础：计税基础 = 750−750 × 20%−600 × 20% = 480（万元）

该项固定资产的账面价值 550 万元与其计税基础 480 万元之间的 70 万元差额，将于未来期间计入企业的应纳税所得额。

2. 无形资产

除内部研究开发形成的无形资产以外，其他方式取得的无形资产，初始确认时按照会计准则规定确定的入账价值与按照税法规定确定的计税成本之间一般不存在差异。无形资产的差异主要产生于内部研究开发形成的无形资产以及使用寿命不确定的无形资产。

（1）无形资产在后续计量时，会计与税收的差异主要产生于是否需要摊销及无形资产减值准备的计提。

在对无形资产计提减值准备的情况下，因税法规定计提的无形资产减值准备在转变为实质性损失前不允许税前扣除，即无形资产的计税基础不会随减值准备的提取发生变化，从而造成无形资产的账面价值与计税基础的差异。无形资产在后续计量时，会计与税法的差异主要产生于对无形资产是否需要摊销、无形资产摊销方法、摊销年限的不同及无形资产减值准备的提取。

账面价值 = 实际成本 − 会计累计摊销 − 无形资产减值准备

但对于使用寿命不确定的无形资产，账面价值 = 实际成本 − 无形资产减值准备

计税基础 = 实际成本 − 税法累计摊销

【学中做 7–13】乙企业于 2009 年 1 月 1 日取得某项无形资产，取得成本为 1500 万元，取得该项无形资产后，根据各方面情况判断，乙企业无法合理预计其使用期限，将其作为使用寿命不确定的无形资产。2009 年 12 月 31 日，对该项无形资产进行减值测试表明其未发生减值。企业在计税时，对该项无形资产按照 10 年的期限平均摊销，摊销金额允许税前扣除。计算确定该项无形资产的账面价值和计税基础。

账面价值：会计上将该项无形资产作为使用寿命不确定的无形资产，因未发生减值，其在 2009 年 12 月 31 日的账面价值为取得成本 1 500 万元。

计税基础：该项无形资产在 2009 年 12 月 31 日的计税基础为 1 350 万元（成本 1 500 万元 − 按照税法规定可予税前扣除的摊销额 150 万元）。

该项无形资产的账面价值 1 500 万元与其计税基础 1 350 万元之间的差额 150 万元将计入未来期间的应纳税所得额。

（2）内部研究开发形成的无形资产，其成本为开发阶段符合资本化条件以后发生的支出，除此之外，研究开发过程中发生的其他支出应予费用化计入损益。

税法规定，企业为开发新技术、新产品、新工艺发生的研究开发费用，未形成无形资产计入当期损益的，在按照规定据实扣除的基础上，按研究开发费用的 50% 加计扣除（加计扣除的 50% 部分需调减应纳税所得额）；形成无形资产的，按无形资产成本的 150% 摊销。这样，对于形成无形资产的，其计税基础应在会计入账价值的基础上加计 50%，因而会产生账面价值与计税基础在初始确认时的差异。如该无形资产的确认不是产生于企业合并交易、同时在确认时既不影响会计利润也不影响应纳税所得额，则按照所得税会计准则的规定，不确认有关暂时性差异的所得税影响。

【学中做 7-14】甲企业 2009 年当期发生研究开发支出计 2000 万元，其中研究阶段支出 400 万元，开发阶段符合资本化条件前发生的支出为 400 万元，符合资本化条件后发生的支出为 1200 万元。税法规定，企业为开发新技术、新产品、新工艺发生的研究开发费用，未形成无形资产计入当期损益的，在按照规定据实扣除的基础上，按研究开发费用的 50% 加计扣除；形成无形资产的，按无形资产成本的 150% 摊销。计算确定该项研发支出的账面价值和计税基础。

账面价值：甲企业当期发生的研究开发支出中，按照会计规定应予费用化的金额为 800 万元，未形成资产的账面价值；期末形成无形资产的成本（即账面价值）为 1200 万元。

计税基础：甲企业可在当期税前扣除的研究开发费用金额 =800+800×50%=1200 万元。所形成无形资产在未来期间可税前扣除的金额 =1200×150%=1800 万元，即计税基础为 1800 万元，与其账面价值形成暂时性差异 600 万元。

3. 以公允价值计量且其变动计入当期损益的金融资产

按照《企业会计准则第 22 号 —— 金融工具确认和计量》的规定，以公允价值计量且其变动计入当期损益的金融资产于某一会计期末的账面价值为公允价值；税法规定资产在持有期间公允价值变动不计入应纳税所得额，待处置时一并计算应计入应纳税所得额的金额，该类资产在某一会计期末的计税基础为其取得成本，从而造成在公允价值变动的情况下，该类金融资产账面价值和计税基础之间的差异。

账面价值 = 公允价值（期末按公允价值计量，公允价值变动计入公允价值变动损益）

计税基础 = 取得时的成本

【学中做 7-15】2009 年 10 月 20 日，甲公司自公开市场取得一项权益性投资，支付价款 2000 万元，作为交易性金融资产核算。2009 年 12 月 31 日，该投资的市价为 2200 万元。计算确定该项交易性金融资产的账面价值和计税基础。

账面价值：该项交易性金融资产的期末市价为 2200 万元，其按照会计准则规定进行核算的、在 2009 年资产负债表日的账面价值为 2200 万元。

计税基础：因税法规定交易性金融资产在持有期间的公允价值变动不计入应纳税所得额，其在 2009 年资产负债表日的计税基础应维持原取得成本不变，为 2000 万元。

该交易性金融资产的账面价值 2200 万元与其计税基础 2000 万元之间产生了 200 万元的暂时性差异，该暂时性差异在未来期间转回时会增加未来期间的应纳税所得额。

（二）负债的计税基础

负债的计税基础，是指负债的账面价值减去未来期间计算应纳税所得额时按照税法规定可予抵扣的金额。用公式表示即为：

负债的计税基础 = 账面价值 – 未来期间按照税法规定可予税前扣除的金额

负债的确认与偿还一般不会影响企业的损益，也不会影响其应纳税所得额，未来期间计算应纳税所得额时按照税法规定可予抵扣的金额为零，计税基础即为账面价值。但是，某些情况下，负债的确认可能会影响企业的损益，进而影响不同期间的应纳税所得额，使得其计税基础与账面价值之间产生差额。

1. 企业因销售商品提供售后服务等原因确认的预计负债

按照或有事项准则规定，企业对于预计提供售后服务将发生的支出在满足有关确认条件时，销售当期即应确认为费用，同时确认预计负债。税法规定，与销售产品相关的支出在发生时允许税前扣除。因该类事项产生的预计负债在期末的计税基础为其账面价值与未来期间可税前扣除的金额之间的差额，即为零。

【学中做 7-16】甲企业 2009 年因销售产品承诺提供 3 年的保修服务，在当年度利润表中确认了 500 万元的销售费用，同时确认为预计负债，当年度未发生任何保修支出。按照税法规定，与产品售后服务相关的费用在实际发生时允许税前扣除。适用的所得税率为 25%，2009 年 12 月 31 日税前会计利润为 1 000 万元。计算确定此项负债的账面价值和计税基础。

负债账面价值 = 500（万元）

负债计税基础 = 500−500 = 0（万元）

2. 预收账款

（1）计税基础等于账面价值。

企业在收到客户预付的款项时，因不符合收入确认条件，会计上将其确认为负债。税法中对于收入的确认原则一般与会计规定相同，即会计上未确认收入时，计税时一般亦不计入应纳税所得额，该部分经济利益在未来期间计税时可予税前扣除的金额为零，计税基础等于账面价值。

（2）计税基础不等于账面价值。

某些情况下，因不符合会计准则规定的收入确认条件，未确认为收入的预收款项，按照税法规定应计入当期应纳税所得额时，有关预收账款的计税基础为零，即因其产生时已经计算交纳所得税，未来期间可全额税前扣除。

【学中做 7-17】A 公司于 2009 年 12 月 20 日自客户收到一笔合同预付款，金额为 2 500 万元，作为预收账款核算。按照适用税法规定，该款项应计入取得当期应纳税所得额计算交纳所得税。要求：计算确定此项负债的账面价值和计税基础。

该预收账款在 A 公司 2009 年 12 月 31 日资产负债表中的账面价值为 2 500 万元。

该预收账款的计税基础 = 账面价值 2 500 万元 – 未来期间计算应纳税所得额时按照税法规定可予抵扣的金额 2 500 万元 = 0 万元

该项负债的账面价值 2 500 万元与其计税基础零之间产生的 2 500 万元暂时性差异，会减少企业于未来期间的应纳税所得额。

3. 应付职工薪酬

企业会计准则规定，企业为获得职工提供的服务给予的各种形式的报酬以及其他相关支出均应作为企业的成本费用，在未支付之前确认为负债。税法规定，企业支付给职工的合理的工资薪金性质的支出可税前列支。一般情况下，对于应付职工薪酬，其计税基础为账面价值减去在未来期间可予税前扣除的金额0之间的差额，即账面价值等于计税基础。

【学中做7-18】甲企业2009年12月计入成本费用的职工工资总额为4000万元，至2009年12月31日尚未支付。按照适用税法规定，当期计入成本费用的4000万元工资支出中，可予税前扣除的金额为3000万元。要求：计算确定此项负债的账面价值和计税基础。

该项应付职工薪酬负债的账面价值为4000万元。

该项应付职工薪酬负债的计税基础＝账面价值4000万元－未来期间计算应纳税所得额时按照税法规定可予抵扣的金额0万元＝4000万元

该项负债的账面价值4000万元与其计税基础4000万元相同，不形成暂时性差异。

三、暂时性差异的确认

根据暂时性差异对未来期间应税金额影响的不同，分为应纳税暂时性差异和可抵扣暂时性差异。

1. 应纳税暂时性差异

应纳税暂时性差异，是指在确定未来收回资产或清偿负债期间的应纳税所得额时，将导致产生应税金额的暂时性差异。该差异在未来期间转回时，会增加转回期间的应纳税所得额，即在未来期间不考虑该事项影响的应纳税所得额的基础上，由于该暂时性差异的转回，会进一步增加转回期间的应纳税所得额和应缴所得税金额。在应纳税暂时性差异产生当期，应当确认相关的递延所得税负债。应纳税暂时性差异通常产生于以下情况：

(1)资产的账面价值大于其计税基础。

一项资产的账面价值代表的是企业在持续使用或最终出售该项资产时将取得的经济利益的总额，而计税基础代表的是一项资产在未来期间可予税前扣除的金额。资产的账面价值大于其计税基础，该项资产未来期间产生的经济利益不能全部税前抵扣，两者之间的差额需要缴税，产生应纳税暂时性差异。

【学中做7-19】一项无形资产账面价值为200万元，计税基础如果为150万元，两者之间的差额会造成未来期间应纳税所得额和应缴所得税的增加。在其产生当期，在符合确认条件的情况下，应确认相关的递延所得税负债。

(2)负债的账面价值小于其计税基础。

一项负债的账面价值为企业预计在未来期间清偿该项负债时的经济利益流出，而其计税基础代表的是账面价值在扣除税法规定未来期间允许税前扣除金额之后的差额。因负债的账面价值与其计税基础不同产生的暂时性差异，本质上是税法规定就该项负债在未来期间可以税前扣除的金额(即与该项负债相关的费用支出在未来期间可予税前扣除的金额)。负债的账面价值小于其计税基础，则意味着就该项负债在未来期间可以税前抵扣的金额为负数，即应在未来期间应纳税所得额的基础上调增，增加应纳税所得额和应缴所得税金额，产生应纳税暂时性差异，应确认相关的递延所得税负债。

2. 可抵扣暂时性差异

可抵扣暂时性差异，是指在确定未来收回资产或清偿负债期间的应纳税所得额时，将导致产生可抵扣金额的暂时性差异。该差异在未来期间转回时会减少转回期间的应纳税所得额，减少未来期间的应缴所得税。在可抵扣暂时性差异产生当期，应当确认相关的递延所得税资产。可抵扣暂时性差异一般产生于以下情况：

（1）资产的账面价值小于其计税基础。

从经济含义来看，资产在未来期间产生的经济利益少，按照税法规定允许税前扣除的金额多，则就账面价值与计税基础之间的差额，企业在未来期间可以减少应纳税所得额并减少应缴所得税，符合有关条件时，应当确认相关的递延所得税资产。

【学中做 7-20】一项资产的账面价值为 200 万元，计税基础为 260 万元，则企业在未来期间就该项资产可以在其自身取得经济利益的基础上多扣除 60 万元。

（2）负债的账面价值大于其计税基础。

当负债的账面价值大于其计税基础时，负债产生的暂时性差异实质上是税法规定就该项负债可以在未来期间税前扣除的金额。意味着未来期间按照税法规定与该项负债相关的全部或部分支出可以从未来应税经济利益中扣除，减少未来期间的应纳税所得额和应缴所得税。

【学中做 7-21】企业对将发生的产品保修费用在销售当期确认预计负债 200 万元，但税法规定有关费用支出只有在实际发生时才能够税前扣除，其计税基础为 0；企业确认预计负债的当期相关费用不允许税前扣除，但在以后期间有关费用实际发生时允许税前扣除，使得未来期间的应纳税所得额和应缴所得税减少，产生可抵扣暂时性差异。

四、递延所得税负债和递延所得税资产的确认

存在应纳税暂时性差异和可抵扣暂时性差异的，应当按所得税准则的规定确认与应纳税暂时性差异相关的递延所得税负债以及与可抵扣暂时性差异相关的递延所得税资产。

（一）递延所得税负债

递延所得税负债产生于应纳税暂时性差异。应纳税暂时性差异在转回期间将增加企业的应纳税所得额和应交所得税，导致企业经济利益的流出，在其发生当期，构成企业应支付税金的义务，应作为负债确认。

1. 递延所得税负债的确认

确认应纳税暂时性差异产生的递延所得税负债时，交易或事项发生时影响到会计利润或应纳税所得额的，相关的所得税影响应作为利润表中所得税费用的组成部分；与直接计入所有者权益的交易或事项相关的，其所得税影响应减少所有者权益；与企业合并中取得资产、负债相关的，递延所得税影响应调整购买日应确认的商誉或是计入合并当期损益的金额。

2. 递延所得税负债的计量

资产负债表日，对于当期和以前期间形成的当期所得税负债，应当按照税法规定计算的预期应缴纳的所得税金额计量，即递延所得税负债应以相关应纳税暂时性差异转回期间按

照税法规定适用的所得税税率计量。

(二)递延所得税资产

递延所得税资产产生于可抵扣暂时性差异。资产、负债的账面价值与其计税基础不同产生可抵扣暂时性差异的，在估计未来期间能够取得足够的应纳税所得额用以利用该可抵扣暂时性差异时，应当以很可能取得用来抵扣可抵扣暂时性差异的应纳税所得额为限，确认可抵扣暂时性差异产生的递延所得税资产。

1. 递延所得税资产的确认

递延所得税资产的确认，应以未来期间很可能取得的用来抵扣可抵扣暂时性差异的应纳税所得额为限。在可抵扣暂时性差异转回的未来期间内，企业无法产生足够的应纳税所得额用以利用可抵扣暂时性差异的影响，使得与可抵扣暂时性差异相关的经济利益无法实现的，则不应确认递延所得税资产；企业有明确的证据表明其于可抵扣暂时性差异转回的未来期间能够产生足够的应纳税所得额，进而利用可抵扣暂时性差异的，则应以很可能取得的应纳税所得额为限，确认相关的递延所得税资产。

2. 递延所得税资产的计量

确认递延所得税资产时，应当以预期收回该资产期间的适用所得税税率为基础计算确定。另外，无论相关的可抵扣暂时性差异转回期间如何，递延所得税资产均不要求折现。

资产负债表日，企业应当对递延所得税资产的账面价值进行复核。如果未来期间很可能无法取得足够的应纳税所得额用以利用可抵扣暂时性差异带来的经济利益，应当减记递延所得税资产的账面价值。

五、所得税费用的计算

在按照资产负债表债务法核算所得税的情况下，利润表中的所得税费用包括当期所得税和递延所得税两个部分。

1. 当期所得税

当期所得税是指企业按照税法规定计算确定的针对当期发生的交易和事项，应交纳给税务部门的所得税金额，即当期应交所得税。

企业在确定当期应交所得税时，对于当期发生的交易或事项，会计处理与税收处理不同的，应在会计利润的基础上，按照适用税收法规的规定进行调整，计算出当期应纳税所得额。

当期所得税 = 当期应交所得税 = 应纳税所得额 × 适用的所得税税率

企业在确定当期应交所得税时，对于当期发生的交易或事项，会计处理与税收处理不同的，应在会计利润的基础上，按照适用税收法规的规定进行调整，计算出当期应纳税所得额。

2. 递延所得税

递延所得税是指按照所得税准则规定当期应予确认的递延所得税资产和递延所得税负债金额，即递延所得税资产及递延所得税负债当期发生额的综合结果，但不包括计入所有者权益的交易或事项的所得税影响。用公式表示即为：

递延所得税 =(期末递延所得税负债 – 期初递延所得税负债)–(期末递延所得税资产 – 期初递延所得税资产)

3. 所得税费用

计算确定了当期所得税及递延所得税以后，利润表中应予确认的所得税费用为两者之和，即：所得税费用 = 当期所得税 + 递延所得税

【学中做 7-22】甲公司 2009 年确定的应纳税所得额为 1 000 万元，所得税率为 25%，递延所得税负债年初数为 40 万元，年末数为 50 万元，递延所得税资产年初数为 25 万元，年末数为 20 万元。假定无其他纳税调整事项，计算甲公司 2009 年利润表中所列所得税费用的金额。

当期所得税费用 = 1 000 × 25% = 250（万元）

递延所得税费用 =（50−40）+（25−20）=15（万元）

所得税费用 = 250+15 = 265（万元）

六、资产负债表债务法下企业所得税的会计处理

（一）所得税会计核算的一般程序（见图 7-1）

（1）按照相关会计准则规定确定资产负债表中除递延所得税资产和递延所得税负债以外的其他资产和负债项目的账面价值。

（2）按照会计准则中对于资产和负债计税基础的确定方法，以适用的税收法规为基础，确定资产负债表中有关资产、负债项目的计税基础。

（3）比较资产、负债的账面价值与其计税基础，对于两者之间存在差异的，分析其性质，除准则中规定的特殊情况外，分别按应纳税暂时性差异与可抵扣暂时性差异，确定资产负债表日递延所得税负债和递延所得税资产的应有金额，并与期初递延所得税资产和递延所得税负债的余额相比，确定当期应予进一步确认的递延所得税资产和递延所得税负债金额或应予转销的金额，作为递延所得税。

（4）确定应交所得税。

（5）确定利润表中的所得税费用。利润表中的所得税费用包括当期所得税（当期应交所得税）和递延所得税两个组成部分，企业在计算确定了当期所得税和递延所得税后，两者之和（或之差）是利润表中的所得税费用。

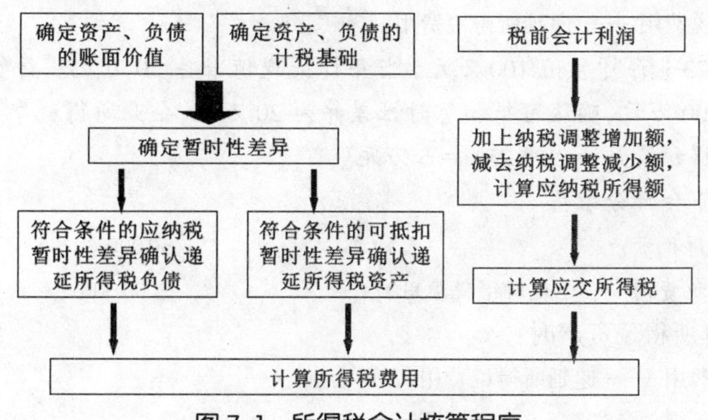

图 7-1 所得税会计核算程序

（二）账户设置

1. “所得税费用”

“所得税费用”为损益类科目。核算企业确认的应从当期利润总额中扣除的所得税费用，借方反映当期的所得税费用，贷方反映当期结转的所得税费用。本科目可按“当期所得税费用”、“递延所得税费用”进行明细核算。期末结转后无余额。

2. “应交税费——应交所得税”

“应交税费——应交所得税”为负债类科目。核算企业按税法规定计算的应交所得税，借方反映企业已交的所得税，贷方反映应交的所得税，期末贷方余额反映尚未交纳的所得税。

3. “递延所得税资产”

“递延所得税资产”为资产类科目。核算企业确认的可抵扣暂时性差异产生的递延所得税资产。借方反映确认递延所得税资产，贷方反映当企业确认递延所得税资产的可抵扣暂时性差异情况发生转回的所得税金额，余额反映尚未转回的递延所得税资产，表示将来可以少交的所得税金额。本科目应按可抵扣暂时性差异等项目进行明细核算。

递延所得税资产期末余额＝可抵扣暂时性差异期末余额 × 所得税税率

4. “递延所得税负债”

“递延所得税负债”科目为负债类科目。核算企业确认的应纳税暂时性差异产生的所得税负债。借方反映当企业确认递延所得税负债的应纳税暂时性差异情况发生转回的所得税金额，贷方反映确认递延所得税负债，余额反映尚未转回的递延所得税负债，表示将来应交的所得税金额。本科目可按应纳税暂时性差异的项目进行明细核算。

递延所得税负债期末余额＝应纳税暂时性差异期末余额 × 所得税税率

（三）会计核算

1. 递延所得税资产

资产账面价值小于计税基础和负债的账面价值大于计税基础时，产生可抵扣暂时性差异，需确认递延所得税资产。

（1）确认递延所得税资产时：

借：递延所得税资产

　　贷：所得税费用——递延所得税费用

【学中做 7-23】存货原值 100 万元，当年计提减值准备 20 万元。存货的账面价值 80 万元，计税基础 100 万元，确认可抵扣暂时性差异为 20 万元，企业所得税率 20%。

确认递延所得税资产＝20×25%＝5 万元

企业应作如下会计分录：

借：递延所得税资产　　50 000

　　贷：所得税费用——递延所得税费用　　50 000

（2）处置递延所得税资产时：

借：所得税费用——递延所得税费用

　　贷：递延所得税资产

【学中做 7-24】若【学中做 7-23】存货处置，企业应作如下会计分录：

借：所得税费用——递延所得税费用　　50 000

　贷：递延所得税资产　　50 000

2. 递延所得税负债

资产账面价值大于计税基础和负债的账面价值小于计税基础时，产生应纳税暂时性差异，需确认递延所得税负债。

（1）确认递延所得税负债时：

借：所得税费用 —— 递延所得税费用

　贷：递延所得税负债

【学中做 7-25】甲公司本期应收利息账面价值 100 万元，不纳入本期应税所得，收到利息时，全额纳税，可抵扣金额为零，企业所得税率 20%。

确认递延所得税负债 = 100 × 25% = 25 万元，企业应作如下会计分录：

借：所得税费用——递延所得税费用　　250 000

　贷：递延所得税负债　　250 000

（2）清偿负债时：

借：递延所得税负债

　贷：所得税费用 —— 递延所得税费用

【学中做 7-26】收到【学中做 7-25】利息时，企业应作如下会计分录：

借：递延所得税负债　　250 000

　贷：所得税费用——递延所得税费用　　250 000

3. 计算当期应交所得税

借：所得税费用 —— 当期所得税费用

　贷：应交税费 —— 应交所得税

【学中做 7-27】导入【案例导入】中的业务，处理如下：

（1）2009 年度当期应交所得税：

应纳税所得额 = 3 000+150+500−400+250+75 = 3 575（万元）

应交所得税 = 3 575 × 25% = 893.75（万元）

（2）2009 年度递延所得税：

递延所得税资产 = 225 × 25% = 56.25（万元）

递延所得税负债 = 400 × 25% = 100（万元）

递延所得税 = 100−56.25 = 43.75（万元）

（3）利润表中应确认的所得税费用：

所得税费用 = 893.75+43.75 = 937.5（万元），确认所得税费用的账务处理如下：

借：所得税费用　　9 375 000

　　递延所得税资产　　562 500

　贷：应交税费——应交所得税　　8 937 500

　　　递延所得税负债　　1 000 000

该公司2009年资产负债表相关项目金额及其计税基础如下。(单位：万元)

项　目	账面价值	计税基础	差　异	
			应纳税暂时性差异	可抵扣暂时性差异
存　货	2000	2075		75
固定资产：				
固定资产原价	1500	1500		
减：累计折旧	300	150		
减：固定资产减值准备	0	0		
固定资产账面价值	1200	1350		150
交易性金融资产	1200	800	400	
其他应付款	250	250		
总　计			400	225

任务四　企业所得税纳税申报

【案例导入】

浙江诚信机电有限公司为增值税一般纳税人，2007年被当地民政局认定为福利企业，每年享受增值税的即征即退税收优惠政策。2013年度该企业全年实现主营业务收入8000万元，其他业务收入1200万元，主营业务成本6000万元，其他业务成本1000万元，投资收益120万元，管理费用1000万元，销售费用500万元，财务费用100万元，营业税金及附加50万元，资产减值损失30万元，营业外收入230万元，营业外支出20万元，实现会计利润总额850万元，已预缴企业所得税132.5万元。以前年度未弥补亏损额为150万元。主要成本费用发生明细：

(1)已在成本费用中列支的实发工资总额为1000万元，其中支付残疾人工资300万元，并按实际发生数列支了福利费210万元，上缴工会经费20万元并取得“工会经费专用拨缴款收据”，职工教育经费支出40万元。

(2)投资收益中，国债利息收入20万元，向居民企业投资收益100万元(被投资方税率25%)。

(3)企业全年发生的业务招待费用65万元，业务宣传费80万元，技术开发费320万元，全都据实作了扣除。

(4)公司新研发的电机30台，每台成本价5万元，不含税售价每台10万元，此30台家电以福利形式发给本厂部分职工。

(5)企业年初结转的坏账准备金贷方余额16万元，当年未发生坏账损失，企业根据年末的应收账款余额又提取了坏账准备金30万元。

(6)“营业外支出”账户中列支工商年检滞纳金10万元，合同违约金7万元，如实作了扣除。

(7)2012年收到税务机关增值税退税款200万元。

【任务要求】

完成浙江诚信机电有限公司2013年度企业所得税纳税申报。

一、企业所得税的征收管理

(一)征收方式的确定

根据纳税人的账簿设立、会计核算、纳税资料提供以及所得税申报等各种情况，税务机关可以对纳税人采用查账征收或核定征收方式缴纳企业所得税。企业所得税征收方式鉴定工作每年进行一次，办理时限为当年3月底前。由纳税人提出申请，填列“企业所得税征收方式鉴定表”（见表7-1）报税务机关审核，确定其征收方式。鉴定表中5个项目均合格的，可实行纳税人自行申报、税务机关查账征收的方式征收企业所得税；鉴定表1，4，5项中有一项不合格的，或者2，3项均不合格的，可实行定额征收的办法征收企业所得税；2，3项中有一项合格，另一项不合格的，可实行核定应税所得率的办法征收企业所得税。征收方式确定后，在一个纳税年度内一般不得变更。

表7-1 企业所得税征收方式鉴定表

纳税人识别号			
纳税人名称			
纳税人地址			
经济类型		所属行业	
开户银行		账　号	
邮政编码		联系电话	
上年收入总额		上年成本费用额	
上年所得税额		上年征收方式	
行　次	项　目	纳税人自报情况	主管税务机关审核意见
1	账簿设置情况		
2	收入总额核算情况		
3	成本费用核算情况		
4	账簿、凭证保存情况		
5	纳税义务履行情况		
征　收　方　式			
纳税人意见： (公章) 经办人签章：　　年　月　日		主管税务机关意见： (公章) 经办人签章：　　年　月　日	
税务审批机关意见： (公章) 经办人签章：　　年　月　日			

(二)纳税期限

企业所得税实行按年计算、分月或分季预交、年度汇算清缴、多退少补的征纳方法。纳税年度自公历1月1日起至12月31日止。纳税人在一个年度中间开业，或者由于合并、关闭等原因，使该纳税年度的实际经营期不足12个月的，应当以其实际经营期为一个纳税年度。纳税人清算时，应当以清算期间作为一个纳税年度。

纳税人应当自月份或者季度终了之日起15日内，向税务机关报送预缴企业所得税纳税申报表，预缴税款。企业应当自年度终了之日起5个月内，向税务机关报送年度企业所得税纳税申报表，并汇算清缴，结清应缴应退税款。

企业在年度中间终止经营活动的，应当自实际经营终止之日起60日内，向税务机关办理当期企业所得税汇算清缴。企业办理注销登记的，应当在办理注销登记前，就其清算所得向税务机关申报并依法缴纳企业所得税。

（三）纳税地点

（1）居民企业纳税地点。

除税收法律、行政法规另有规定外，居民企业以企业登记注册地为纳税地点，但登记注册地在境外的，以实际管理机构所在地为纳税地点。居民企业在中国境内设立不具有法人资格的营业机构的，应当汇总计算并缴纳企业所得税。

（2）非居民企业纳税地点。

非居民企业在中国境内设立机构、场所的，并且其取得的所得来源于中国境内，以及取得发生在中国境外但与其所设机构有实际联系的所得，以机构、场所所在地为纳税地点。非居民企业在中国境内设立两个或者两个以上机构、场所的，经税务机关审核批准，可以选择由其主要机构、场所汇总缴纳企业所得税。

非居民企业在中国境内未设立机构、场所的，或者虽设立机构、场所但取得的所得与其所设机构、场所没有实际联系的，取得的所得以扣缴义务人所在地为纳税地点。

二、企业所得税的申报

（一）企业所得税预缴纳税申报表

（1）实行查账征收企业所得税的居民纳税人在月（季）度预缴企业所得税时应填制“中华人民共和国企业所得税月（季）度预缴纳税申报表（A类）”（见表7–2）。

（2）实行核定征收企业所得税的纳税人在月（季）度预缴企业所得税时应填制“中华人民共和国企业所得税月（季）度预缴纳税申报表（B类）”（见表7–3）。

（二）企业所得税年度纳税申报表

企业所得税汇算清缴，是指纳税人自纳税年度终了之日起5个月内或实际经营终止之日起60日内，依照税收法律、法规、规章及其他有关企业所得税的规定，自行计算本纳税年度应纳税所得额和应纳所得税额，根据月度或季度预缴企业所得税的数额，确定该纳税年度应补或者应退税额，并填写企业所得税年度纳税申报表，向主管税务机关办理企业所得税年度纳税申报、提供税务机关要求提供的有关资料、结清全年企业所得税税款的行为。

实行核定定额征收企业所得税的纳税人，不进行汇算清缴。实行查账征收企业所得税的居民纳税人在年度汇算清缴时，无论盈利或亏损，都必须在规定的期限内进行纳税申报，填写企业所得税年度纳税申报表及其有关附表。

表 7–2 中华人民共和国企业所得税月(季)度预缴纳税申报表(A 类)

税款所属期间：　　年　月　日至　　年　月　日

纳税人识别号：□□□□□□□□□□□□□□□□□□□□

纳税人名称：　　　　　　　　　　　　　　　　　　　　　　金额单位：人民币元(列至角分)

行次	项目		本期金额	累计金额
1	一、按照实际利润额预缴			
2	营业收入			
3	营业成本			
4	利润总额			
5	加：特定业务计算的应纳税所得额			
6	减：不征税收入			
7	免税收入			
8	弥补以前年度亏损			
9	实际利润额(4 行 +5 行 –6 行 –7 行 –8 行)			
10	税率(25%)			
11	应纳所得税额			
12	减：减免所得税额			
13	减：实际已预缴所得税额		——	
14	减：特定业务预缴(征)所得税额			
15	应补(退)所得税额(11 行 –12 行 –13 行 –14 行)		——	
16	减：以前年度多缴在本期抵缴所得税额			
17	本期实际应补(退)所得税额		——	
18	二、按照上一纳税年度应纳税所得额平均额预缴			
19	上一纳税年度应纳税所得额		——	
20	本月(季)应纳税所得额(19 行 ×1/4 或 1/12)			
21	税率(25%)			
22	本月(季)应纳所得税额(20 行 ×21 行)			
23	三、按照税务机关确定的其他方法预缴			
24	本月(季)确定预缴的所得税额			
25	总分机构纳税人			
26	总机构	总机构应分摊所得税额(15 行或 22 行或 24 行 × 总机构应分摊预缴比例)		
27	总机构	财政集中分配所得税额		
28	总机构	分支机构应分摊所得税额(15 行或 22 行或 24 行 × 分支机构应分摊比例)		
29	总机构	其中：总机构独立生产经营部门应分摊所得税额		
30	总机构	总机构已撤销分支机构应分摊所得税额		
31	分支机构	分配比例		
32	分支机构	分配所得税额		

谨声明：此纳税申报表是根据《中华人民共和国企业所得税法》、《中华人民共和国企业所得税法实施条例》和国家有关税收规定填报的，是真实的、可靠的、完整的。

法定代表人(签字)：　　　年　月　日

纳税人公章： 会计主管： 填表日期：　年　月　日	代理申报中介机构公章： 经办人： 经办人执业证件号码： 代理申报日期：　年　月　日	主管税务机关受理专用章： 受理人： 受理日期：　年　月　日

表 7-3　中华人民共和国企业所得税月（季）度和年度纳税申报表（B 类）

税款所属期间：　　　　年　月　日至　　　　年　月　日

纳税人识别号：□□□□□□□□□□□□□□□□□□□□

纳税人名称：　　　　　　　　　　　　　　　　　　　　金额单位：人民币元（列至角分）

项　目			行　次	累计金额
一、以下由按应税所得率计算应纳所得税额的企业填报				
应纳税所得额的计算	按收入总额核定应纳税所得额	收入总额	1	
		减：不征税收入	2	
		免税收入	3	
		应税收入额（1–2–3）	4	
		税务机关核定的应税所得率（%）	5	
		应纳税所得额（4×5）	6	
	按成本费用核定应纳税所得额	成本费用总额	7	
		税务机关核定的应税所得率（%）	8	
		应纳税所得额［7/（1–8）×8］	9	
应纳所得税额的计算		税率（25%）	10	
		应纳所得税额（6×10 或 9×10）	11	
应补（退）所得税额的计算		已预缴所得税额	12	
		应补（退）所得税额（11–12）	13	
二、以下由税务机关核定应纳所得税额的企业填报				
税务机关核定应纳所得税额			14	
谨声明：此纳税申报表是根据《中华人民共和国企业所得税法》、《中华人民共和国企业所得税法实施条例》和国家有关税收规定填报的，是真实的、可靠的、完整的。 法定代表人（签字）：　　　年　月　日				
纳税人公章： 会计主管： 填表日期：　　年　月　日		代理申报中介机构公章： 经办人： 经办人执业证件号码： 代理申报日期：　　年　月　日	主管税务机关受理专用章： 受理人： 受理日期：　　年　月　日	

国家税务总局监制

【学中做 7-28】完成【案例导入】浙江诚信机电有限公司 2013 年度企业所得税的纳税申报。

第一步：分析计算应纳税所得额。实际工作中主要根据会计报表、有关总账、明细分类账及会计凭证计算会计利润，将收入、成本费用明细项目与税法规定的各项收入、各项扣除标准等进行分析计算比较，得出相应的纳税调整金额，然后在此基础上计算应纳税所得额。

（1）根据利润表、"本年利润"明细分类账计算会计利润额；

（2）纳税调整项目分析；

（3）计算该企业应纳税所得额。

第二步：计算年度应纳所得税额＝55.25（万元）。

第三步：计算应补交的企业所得税，该企业 1~3 季度预交了企业所得税 132.5 万元，因此，企业应补（退）交的企业所得税＝55.25−132.5=−77.25（万元）。

第四步：填报企业所得税纳税申报表，见表 7-4 ~ 表 7-8。

表7-4 中华人民共和国企业所得税年度纳税申报表（A类）

税款所属期间： 2013年1月1日至2013年12月31日

纳税人名称：

纳税人识别号：□□□□□□□□□□□□□□□□□□□□ 金额单位：万元

类别	行次	项目	金额
利润总额计算	1	一、营业收入（填附表一）	9200
	2	减：营业成本（填附表二）	7000
	3	营业税金及附加	50
	4	销售费用（填附表二）	500
	5	管理费用（填附表二）	1000
	6	财务费用（填附表二）	100
	7	资产减值损失	30
	8	加：公允价值变动收益	
	9	投资收益	120
	10	二、营业利润（1-2-3-4-5-6-7+8+9）	640
	11	加：营业外收入（填附表一）	230
	12	减：营业外支出（填附表二）	20
	13	三、利润总额（10+11-12）	850
应纳税所得额计算	14	加：纳税调整增加额（填附表三）	451
	15	减：纳税调整减少额（填附表三）	930
	16	其中：不征税收入	200
	17	免税收入	120
	18	减计收入	
	19	减、免税项目所得	
	20	加计扣除	460
	21	抵扣应纳税所得额	
	22	加：境外应税所得弥补境内亏损	
	23	纳税调整后所得（13+14-15+22）	371
	24	减：弥补以前年度亏损（填附表四）	150
	25	应纳税所得额（23-24）	221
应纳税额计算	26	税率（25%）	
	27	应纳所得税额（25×26）	55.25
	28	减：减免所得税额（填附表五）	
	29	减：抵免所得税额（填附表五）	
	30	应纳税额（27-28-29）	55.25
	31	加：境外所得应纳所得税额（填附表六）	
	32	减：境外所得抵免所得税额（填附表六）	
	33	实际应纳所得税额（30+31-32）	55.25
	34	减：本年累计实际已预缴的所得税额	132.5
	35	其中：汇总纳税的总机构分摊预缴的税额	
	36	汇总纳税的总机构财政调库预缴的税额	
	37	汇总纳税的总机构所属分支机构分摊的预缴税额	
	38	合并纳税（母子体制）成员企业就地预缴比例	
	39	合并纳税企业就地预缴的所得税额	
	40	本年应补（退）的所得税额（33-34）	-77.25
附列资料	41	以前年度多缴的所得税额在本年抵减额	
	42	上年度应缴未缴在本年入库所得税额	

谨声明：此纳税申报表是根据《中华人民共和国企业所得税法》、《中华人民共和国企业所得税法实施条例》和国家有关税收规定填报的，是真实的、可靠的、完整的。

法定代表人（签字）： 年 月 日

纳税人公章： 会计主管： 填表日期： 年 月 日	代理申报中介机构公章： 经办人： 经办人执业证件号码： 代理申报日期： 年 月 日	主管税务机关受理专用章： 受理人： 受理日期： 年 月 日

表 7–5 企业所得税年度纳税申报表附表一(1)

收入明细表

填报时间:　　　年　月　日　　　　　　　　　　　　　　　　　　金额单位:万元

行 次	项 目	金 额
1	一、销售(营业)收入合计(2+13)	9500
2	(一)营业收入合计(3+8)	9200
3	1. 主营业务收入(4+5+6+7)	8000
4	(1)销售货物	8000
5	(2)提供劳务	
6	(3)让渡资产使用权	
7	(4)建造合同	
8	2. 其他业务收入(9+10+11+12)	1200
9	(1)材料销售收入	1200
10	(2)代购代销手续费收入	
11	(3)包装物出租收入	
12	(4)其他	
13	(二)视同销售收入(14+15+16)	300
14	(1)非货币性交易视同销售收入	
15	(2)货物、财产、劳务视同销售收入	300
16	(3)其他视同销售收入	
17	二、营业外收入(18+19+20+21+22+23+24+25+26)	230
18	1. 固定资产盘盈	
19	2. 处置固定资产净收益	
20	3. 非货币性资产交易收益	
21	4. 出售无形资产收益	
22	5. 罚款净收入	
23	6. 债务重组收益	
24	7. 政府补助收入	200
25	8. 捐赠收入	
26	9. 其他	30

经办人(签章):　　　　　　　　　　　　法定代表人(签章):

表 7-6 企业所得税年度纳税申报表附表二(1)

成本费用明细表

填报时间: 年 月 日 金额单位:万元

行 次	项 目	金 额
1	一、销售(营业)成本合计(2+7+12)	7150
2	(一)主营业务成本(3+4+5+6)	6000
3	(1)销售货物成本	6000
4	(2)提供劳务成本	
5	(3)让渡资产使用权成本	
6	(4)建造合同成本	
7	(二)其他业务成本(8+9+10+11)	1000
8	(1)材料销售成本	1000
9	(2)代购代销费用	
10	(3)包装物出租成本	
11	(4)其他	
12	(三)视同销售成本(13+14+15)	150
13	(1)非货币性交易视同销售成本	
14	(2)货物、财产、劳务视同销售成本	150
15	(3)其他视同销售成本	
16	二、营业外支出(17+18+…+24)	20
17	1. 固定资产盘亏	
18	2. 处置固定资产净损失	
19	3. 出售无形资产损失	
20	4. 债务重组损失	
21	5. 罚款支出	17
22	6. 非常损失	
23	7. 捐赠支出	
24	8. 其他	3
25	三、期间费用(26+27+28)	1600
26	1. 销售(营业)费用	500
27	2. 管理费用	1000
28	3. 财务费用	100

经办人(签章): 法定代表人(签章):

表 7-7:企业所得税年度纳税申报表附表三

纳税调整项目明细表

填报时间: 年 月 日 金额单位:万元

	行 次	项 目	账载金额	税收金额	调增金额	调减金额
			1	2	3	4
	1	一、收入类调整项目(2+3+…+19)	*	*	300	320
	2	1. 视同销售收入(填写附表一)	*	*	300	*
#	3	2. 接受捐赠收入	*			*
	4	3. 不符合税收规定的销售折扣和折让				*
*	5	4. 未按权责发生制原则确认的收入				
*	6	5. 按权益法核算长期股权投资对初始投资成本调整确认收益	*	*	*	

续表

行次		项目	账载金额	税收金额	调增金额	调减金额
			1	2	3	4
	7	6. 按权益法核算的长期股权投资持有期间的投资损益				
*	8	7. 特殊重组				
*	9	8. 一般重组				
*	10	9. 公允价值变动净收益		*		
	11	10. 确认为递延收益的政府补助				
	12	11. 境外应税所得（填写附表六）	*	*	*	
	13	12. 不允许扣除的境外投资损失	*	*		*
	14	13. 不征税收入	*	*	*	200
	15	14. 免税收入（填附表五）	*	*	*	120
	16	15. 减计收入（填附表五）	*	*	*	
	17	16. 减、免税项目所得（填附表五）	*	*	*	
	18	17. 抵扣应纳税所得额（填附表五）	*	*	*	
	19	18. 其他				
	20	二、扣除类调整项目（21+22+…+40）	*	*	121	450
	21	1. 视同销售成本（填写附表二）	*	*	*	150
	22	2. 工资薪金支出	1 000	1 000		
	23	3. 职工福利费支出	210	140	70	
	24	4. 职工教育经费支出	40	25	15	
	25	5. 工会经费支出	20	20		
	26	6. 业务招待费支出	65	39	26	
	27	7. 广告费和业务宣传费支出（填写附表八）	*	*		
	28	8. 捐赠支出				*
	29	9. 利息支出	100	100		*
	30	10. 住房公积金				*
	31	11. 罚金、罚款和被没收财物的损失	17	7	10	*
	32	12. 税收滞纳金		*		*
	33	13. 赞助支出		*		*
	34	14. 各类基本社会保障性缴款				
	35	15. 补充养老保险、补充医疗保险				
	36	16. 与未实现融资收益相关在当期确认的财务费用		*		*
	37	17. 与取得收入无关的支出		*		*
	38	18. 不征税收入用于支出所形成的费用		*		*
	39	19. 加计扣除（填附表五）	*	*	*	460
	40	20. 其他				
	41	三、资产类调整项目（42+43+…+48+49+50）	*	*		
	42	1. 财产损失				
	43	2. 固定资产折旧（填写附表九）	*	*		
	44	3. 生产性生物资产折旧（填写附表九）	*	*		
	45	4. 长期待摊费用的摊销（填写附表九）	*	*		
	46	5. 无形资产摊销（填写附表九）	*	*		
	47	6. 投资转让、处置所得（填写附表十一）	*	*		
	48	7. 油气勘探投资（填写附表九）	*	*		
	49	8. 油气开发投资（填写附表九）	*	*		
	50	9. 其他				
	51	四、准备金调整项目（填写附表十）	*	*	30	
	52	五、房地产企业预售收入计算的预计利润	*	*		
	53	六、特别纳税调整应税所得	*	*		*
	54	七、其他	*	*		
	55	合　　计（1+20+41+51+52+53+54）	*	*	451	930

注：1. 标有 * 的行次为执行新会计准则的企业填列，标有 # 的行次为除执行新会计准则以外的企业填列。

2. 没有标注的行次，无论执行何种会计核算办法，有差异就填报相应行次，填 * 号不可填列。

3. 有二级附表的项目只填调增、调减金额，账载金额、税收金额不再填写。

经办人（签章）：　　　　　　　　法定代表人（签章）：

表 7-8 企业所得税年度纳税申报表附表五
税收优惠明细表

填报时间：　　年　月　日　　　　　　　　　　　　　　　　　　　　金额单位：万元

行次	项目	金额
1	一、免税收入（2+3+4+5）	120
2	1. 国债利息收入	20
3	2. 符合条件的居民企业之间的股息、红利等权益性投资收益	100
4	3. 符合条件的非营利组织的收入	
5	4. 其他	
6	二、减计收入（7+8）	
7	1. 企业综合利用资源，生产符合国家产业政策规定的产品所取得的收入	
8	2. 其他	
9	三、加计扣除额合计（10+11+12+13）	460
10	1. 开发新技术、新产品、新工艺发生的研究开发费用	160
11	2. 安置残疾人员所支付的工资	300
12	3. 国家鼓励安置的其他就业人员支付的工资	
13	4. 其他	
14	四、减免所得额合计（15+25+29+30+31+32）	
15	（一）免税所得（16+17+…+24）	
16	1. 蔬菜、谷物、薯类、油料、豆类、棉花、麻类、糖料、水果、坚果的种植	
17	2. 农作物新品种的选育	
18	3. 中药材的种植	
19	4. 林木的培育和种植	
20	5. 牲畜、家禽的饲养	
21	6. 林产品的采集	
22	7. 灌溉、农产品初加工、兽医、农技推广、农机作业和维修等农林牧渔服务业项目	
23	8. 远洋捕捞	
24	9. 其他	
25	（二）减税所得（26+27+28）	
26	1. 花卉、茶以及其他饮料作物和香料作物的种植	
27	2. 海水养殖、内陆养殖	
28	3. 其他	
29	（三）从事国家重点扶持的公共基础设施项目投资经营的所得	
30	（四）从事符合条件的环境保护、节能节水项目的所得	
31	（五）符合条件的技术转让所得	
32	（六）其他	
33	五、减免税合计（34+35+36+37+38）	
34	（一）符合条件的小型微利企业	
35	（二）国家需要重点扶持的高新技术企业	
36	（三）民族自治地方的企业应缴纳的企业所得税中属于地方分享的部分	
37	（四）过渡期税收优惠	
38	（五）其他	
39	六、创业投资企业抵扣的应纳税所得额	
40	七、抵免所得税额合计（41+42+43+44）	
41	（一）企业购置用于环境保护专用设备的投资额抵免的税额	
42	（二）企业购置用于节能节水专用设备的投资额抵免的税额	
43	（三）企业购置用于安全生产专用设备的投资额抵免的税额	
44	（四）其他	
45	企业从业人数（全年平均人数）	
46	资产总额（全年平均数）	
47	所属行业（工业企业　　其他企业　　）	

经办人（签章）：　　　　　　　　　　　　　法定代表人（签章）：

【知识与技能训练】

一、单项选择

1. 根据企业所得税法律制度的规定，下列各项中，不属于企业所得税纳税人的是（　）。

A. 股份有限公司　B. 合伙企业、个人独资企业　C. 联营企业　D. 出版社

2. 企业发生的公益性捐赠支出，在年度利润总额（　）以内的部分，准予在计算企业应纳税所得额时扣除。

A. 12%　B. 5%　C. 15%　D. 20%

3. 在计算应纳税所得额时，不允许作为税金项目从收入总额中扣除的流转税或费用是（　）。

A. 增值税　B. 消费税　C. 土地增值税　D. 教育费附加

4. 下列借款利息支出中允许从所得税前扣除的是（　）。

A. 建造固定资产竣工决算投产后发生的各项贷款利息支出

B. 购进固定资产尚未竣工决算投产前的利息支出

C. 房地产开发企业为开发房地产而借入资金所发生的借款费用，在房地产完工之前发生的利息支出

D. 纳税人从关联方取得的借款金额超过其注册资本50%的，超过部分的利息支出

5. 企业所得税的纳税人发生年度亏损的，可用以后年度所得逐年延续弥补，但延续弥补期最长不得超过（　）。

A. 1年　B. 3年　C. 5年　D. 10年

6. 下列收入项目中不需征收企业所得税的是（　）。

A. 财政拨款收入　B. 特许权使用费收入

C. 财产租赁收入　D. 股息收入

7. 某项机器设备原始成本为200万元，2013年12月31日，其账面价值为100万元，计税的累计折旧为120万元。则该设备2013年12月31日的计税基础是（　）万元。

A. 80　B. 100　C. 90　D. 50

8. 某企业因某项事件预先确认了50万元的预计负债，计入当期损益，但是税法规定，需在该项费用实际发生后才准予税前扣除。则该项负债的计税基础为（　）万元。

A. 100　B. 0　C. 50　D. 25

9. 一项资产的账面价值为150万元，计税基础为200万元，则产生的可抵扣暂时性差异为（　）万元。

A. 150　B. 200　C. 50　D. 0

10. 企业应纳税暂时性差异的产生应确认为（　），并计入所得税费用。

A. 递延所得税资产　B. 管理费用

C. 递延所得税负债　D. 销售费用

二、多项选择

1. 以下适用我国现行《企业所得税法》的企业有（　　）。

A. 合伙企业　B. 个人独资企业　C. 中外合资企业　D. 内资企业

2. 以下属于非居民企业的有（　　）。

A. 依中国法律在中国境内成立的企业

B. 依照外国（地区）法律成立但实际管理机构在中国境内的企业

C. 依照外国（地区）法律成立且实际管理机构不在中国境内，但在中国境内设立机构、场所的企业

D. 在中国境内未设立机构、场所，但有来源于中国境内所得的企业

3. 企业的下列收入中免征企业所得税的有（　　）。

A. 国债利息收入　B. 依法收取并纳入财政管理的行政事业性收费、政府性基金

C. 接受捐赠收入　D. 销售货物收入

4. 在计算应纳税所得额时，下列支出不得扣除（　　）。

A. 向投资者支付的股息、红利等权益性投资收益款项

B. 未经核定的准备金支出

C. 税收滞纳金

D. 罚金、罚款和被没收财物的损失

5. 下列固定资产中，计征企业所得税时不允许计提折旧的有（　　）。

A. 房屋、建筑物以外未投入使用的固定资产

B. 以融资租赁方式租出的固定资产

C. 单独估价作为固定资产入账的土地

D. 与经营活动无关的固定资产

6. 下列情况会形成应纳税暂时性差异的有（　　）。

A. 资产的账面价值大于其计税基础　B. 资产的账面价值小于其计税基础

C. 负债的账面价值大于其计税基础　D. 负债的账面价值小于其计税基础

7. 下列情况会形成可抵扣暂时性差异的有（　　）。

A. 一项资产的账面价值为200万元，计税基础为150万元

B. 一项资产的账面价值为200万元，计税基础为250万元

C. 一项负债的账面价值为200万元，计税基础为150万元

D. 一项负债的账面价值为200万元，计税基础为250万

8. 依据新企业所得税法的规定，计算应纳税所得额时不得扣除的项目有（　　）。

A. 向投资者支付的股息　B. 经核定的准备金支出

C. 企业转让资产的净值　D. 对外投资期间的投资成本

三、计算分析

1. 某居民企业2013年实现会计利润总额120万元，在当年生产经营活动中发生了公

益性捐赠支出 20 万元，购买了价值 30 万元的环境保护专用设备。假设当年无其他纳税调整项目，计算 2013 年该企业应缴纳的企业所得税。

2. 2013 年某居民企业购买安全生产专用设备用于生产经营，取得的增值税普通发票上注明设备价款 11.7 万元。已知该企业 2011 年亏损 40 万元，2012 年盈利 20 万元，2013 年度经审核的应纳税所得额 60 万元。计算 2013 年度该企业实际应缴纳的企业所得税。

3. 2013 年某居民企业实现商品销售收入 2000 万元，发生现金折扣 100 万元，接受捐赠收入 100 万元，转让无形资产所有权收入 20 万元。该企业当年实际发生业务招待费 30 万元，广告费 240 万元，业务宣传费 80 万元。计算 2013 年度该企业可税前扣除的业务招待费、广告费、业务宣传费的合计数。

4. 2013 年某居民企业主营业务收入 5000 万元、营业外收入 80 万元，与收入配比的成本 4100 万元，全年发生管理费用、销售费用和财务费用共计 700 万元，营业外支出 60 万元（其中符合规定的公益性捐赠支出 50 万元），2007 年度经核定结转的亏损额 30 万元。计算 2013 年度该企业应缴纳的企业所得税。

5. 某家电企业为增值税一般纳税人（增值税率 17%），有职工 1000 人，其中残疾职工 20 人，2013 年相关资料如下：

（1）全年实现营业收入 9000 万元；

（2）第四季度对外出租仓库收取租金 15 万元；

（3）国债利息收入 100 万元；

（4）缴纳土地使用税 29.8 万元，缴纳房产税 42.96 万元，缴纳印花税 2.535 万元，缴纳营业税 0.75 万元，城市维护建设税 47.88 万元，教育费附加 20.52 万元；

（5）营业成本 5200 万元，发生销售费用 1000 万元，发生管理费用 900 万元（不包括有关税金），其中含新产品开发费用 100 万元，发生财务费用 200 万元，给残疾职工发放工资 30 万元（已记入相关成本费用）；

（6）9 月发生意外事故，经税务机关核定损失库存原材料成本 40 万元，10 月取得了保险公司赔款 10 万元；10 月直接向某老年机构捐款 2 万元；10 月由于晚入库税款交纳滞纳金 1 万元；

（7）2012 年亏损 50 万元。

请根据上述资料计算 2013 年该企业应缴纳的企业所得税。

6. 某商贸企业 2013 年度自行核算实现利润总额 40 万元，后经主管国税机关纳税检查，发现有关情况如下：

（1）在成本费用中计提工资 400 万元，实际发放工资薪金 380 万元；

（2）4 月 1 日以经营租赁方式租入设备一台，租赁期为 2 年，一次性支付租金 40 万元，计入了当期的管理费用；

（3）该企业根据需要提取固定资产减值准备 20 万元，存货跌价准备 10 万元；

（4）从境内 A 子公司分回股息 76 万元，A 适用企业所得税税率 15%；从境内 B 子公司分回股息 33.5 万元，B 适用企业所得税税率 25%。分回的股息未计入利润总额；

（5）企业 2012 年自行申报亏损 80 万元，后经税务机关检查调增应纳税所得额 30 万元。

要求：根据上述资料，按下列序号回答问题。

（1）计算工资应调整的所得额；

（2）计算租赁设备的租金应调整的所得额；

（3）计算各准备金应调整的所得额；

（4）计算子公司 A，B 分回的投资收益应调整的所得额；

（5）计算该企业纳税调整后所得额；

（6）计算该企业 2013 年应缴纳的企业所得税额。

四、业务核算

甲有限责任公司（以下简称甲公司）所得税采用资产负债表债务法核算，适用的所得税税率为 25%。2013 年度实现利润总额为 2000 万元，当年会计与税收之间的差异包括以下事项：

（1）取得一项无形资产，成本为 200 万元，由于使用寿命无法合理估计，会计上未摊销其成本。税法规定应按不短于 10 年的期限摊销。

（2）国债利息收入 20 万元。

（3）持有一项交易性金融资产，取得成本为 150 万元，会计期末公允价值为 140 万元。

（4）公司持有的一批存货，成本为 1000 万元，期末清查该存货估计可变现净值为 800 万元，当期计提存货跌价准备 200 万元。

要求：

1. 分析计算应纳税暂时性差异和可抵扣暂时性差异。

2. 分别计算甲公司 2013 年度的应交所得税、递延所得税资产或递延所得税负债、所得税费用的金额，并编制有关所得税的会计分录。

五、实训操作

位于某市区的居民纳税人鹏翔股份有限公司是服装生产企业，在职人员 260 人，其纳税人识别号为 210104108789518，该企业执行《企业会计准则》和《企业所得税税法》，该企业被税务机关认定为增值税一般纳税人，增值税税率为 17%，企业所得税税率为 25%，采用按季度预缴所得税的方式，每季度终了后 15 日内预缴企业所得税，年终汇算清缴。

1. 2013 年企业会计资料反映的生产经营情况

（1）主营业务收入 9500000 元；销售材料、废料等收入 202000 元。

（2）主营业务成本 7000000 元；销售材料、废料发生的其他业务成本 141000 元。

（3）营业税金及附加 323830 元。

（4）销售费用 348500 元，其中广告费和业务宣传费 250000 元。

（5）管理费用 859000 元，其中合理性工资支出 295000 元，业务招待费 130000 元，研究新产品费用 74000 元。

（6）财务费用 163000 元，其中含向非金融机构借款 1500000 元的年利息支出，年利率为 10%（银行同期同类贷款利率 6%）。

(7)资产减值损失 64500 元,其中计提坏账准备 1500 元,存货跌价准备 55000 元,固定资产减值准备 8000 元。

(8)投资收益 467700 元,其中取得国库券利息收入 125000 元;公司债券利息收入 150000 元;从被投资 A 企业分得股利收入 40000 元(该股票持有期间不足 12 个月,初始投资成本为 728000 元,投资企业与被投资企业采用的会计政策相同,投资时被投资企业各项资产、负债的账面价值与其公允价值相同);从英国取得特许权收益 150000 元(该国所得税税率 20%);投资转让净收益 2700 元(转让净收入 15000 元,投资转让的成本为 12300 元,假定不需做纳税调整)。

(9)营业外收入 294600 元,其中处置固定资产收益 85000 元,非货币性资产交易收益 53200 元,无形资产销售收益 125000 元,罚款收入 26200 元,无法支付的其他应付款 5200 元。

(10)营业外支出 367000 元,其中固定资产盘亏 35000 元,处置固定资产损失 14000 元,违法罚款支出 20000 元,违反合同罚款 30000 元,公益性捐赠支出 166000 元,非公益性捐赠支出 102000 元。

2. 其他与所得税有关的资料

(1)在“其他应付款”账户中有逾期未退还的包装物押金 11700 元,期末准备没收押金转为其他业务收入,该包装物的成本为 8000 元。

(2)按国家规定的标准在应付职工福利中列支了基本医疗保险 79100 元,补充医疗保险 16300 元。

(3)2011 年发生亏损 80800 元,2012 年已弥补亏损 60600 元,上年度未弥补亏损 20200 元。

(4)本季度已预缴企业所得税累计为 180000 元。

(5)坏账准备问题:“坏账准备”账户期初余额为 0,本期计提坏账准备 1500 元。

(6)固定资产折旧问题:会计和税法规定的折旧年限、折旧方法、残值率一致,固定资产折旧没有纳税调整项目。

实训要求:计算年终汇算清缴的企业所得税,并计算和编制企业所得税年度纳税申报表及其附表。

项目八 个人所得税会计实务

【知识目标】

了解个人所得税的基本法规知识；

掌握个人所得税的征税对象和应纳税额的计算方法；

熟悉代扣代缴个人所得税涉税业务的会计核算方法；

掌握个人所得税纳税申报操作规范。

【技能要求】

能正确计算个人所得税额；

会独立办理个人所得税纳税申报；

能够进行个人所得税的会计核算。

任务一 个人所得税基本要素认知

【案例导入】

2014年3月底，浙江诚信实业有限公司税务会计小张接到公司人事部门核定的职工工资发放清单，如表8-1所示。

表8-1 浙江诚信实业有限公司2014年3月工资发放清单

单位:元

姓 名	基本工资	奖 金	补 贴	…	应发合计	代扣税	实发工资
贾 方	3000	800	200	…	4800		…
王 林	3200	1000	400	…	5200		…
赵 四	3500	1500	600	…	6000		…
李 宏	2800	600	100	…	3500		…
…	…	…	…	…	…		…
合 计	128000	…	…	…	169800		…

【任务要求】

表8-1中员工的工资是否应计税？小张是否应对员工个人所得税做代扣代缴处理？

个人所得税是国家对本国公民、居住在本国境内的个人的所得和境外个人来源于本国的所得征收的一种所得税。在有些国家，个人所得税是主体税种，在财政收入中占较大比重，对经济亦有较大影响。

知识链接：我国个税发展历程

我国在中华民国时期，曾开征薪金报酬所得税、证券存款利息所得税。1980 年 9 月 10 日由第五届全国人民代表大会第三次会议通过《中华人民共和国个人所得税法》，我国的个人所得税制度至此方始建立。为了统一税政、公平税负、规范税制，《个人所得税》先后进行了 6 次修正。2011 年 6 月 30 日第十一届全国人民代表大会常务委员会第二十一次会议《关于修改〈中华人民共和国个人所得税法〉的决定》已通过，并于同年 9 月 1 日起施行，这是截至目前个人所得税最新修订的法案。

一、个人所得税的纳税人和扣缴义务人

（一）纳税义务人

我国个人所得税法规定："在中国境内有住所，或者无住所而在境内居住满 1 年的个人，从中国境内和境外取得的所得，依照本法规定缴纳个人所得税。在中国境内无住所又不居住或者无住所而在境内居住不满 1 年的个人，从中国境内取得的所得，依照本法规定缴纳个人所得税。"

上述纳税人依据住所和居住时间两个标准，分为居民和非居民，分别承担不同的纳税义务。居民纳税义务人，是指在中国境内有住所，或者无住所而在境内居住满 1 年的个人，应当承担无限纳税义务，即就其在中国境内和境外取得的所得，依法缴纳个人所得税。非居民纳税义务人，是指在中国境内无住所又不居住或者无住所而在境内居住不满 1 年的个人，承担有限纳税义务，仅就其从中国境内取得的所得，依法缴纳个人所得税。

居民纳税人与非居民纳税人的判断标准和纳税义务总结如表 8–2 所示：

表 8–2 居民纳税人与非居民纳税人的区别

纳税人类别	承担的纳税义务	判定标准
居民纳税人	负有无限纳税义务。其所取得的应纳税所得，无论是来源于中国还是中国境外任何地方，都要在中国缴纳个人所得税。	住所标准和居住时间标准只要具备一个就成为居民纳税人： （1）住所标准："在中国境内有住所"是指因户籍、家庭、经济利益关系而在中国境内习惯性居住。 （2）居住时间标准："在中国境内居住满 1 年"是指在一个纳税年度（即公历 1 月 1 日起至 12 月 31 日止，下同）内，在中国境内居住满 365 日。在计算居住天数时，对临时离境应视同在华居住，不扣减其在华居住的天数。"临时离境"是指在一个纳税年度内，一次不超过 30 日或者多次累计不超过 90 日的离境。
非居民纳税人	承担有限纳税义务。只就其来源于中国境内的所得，向中国缴纳个人所得税。	在中国境内无住所又不居住或者无住所而在境内居住不满 1 年的个人。所以，非居民纳税人的判定标准是以下两条必须同时具备： （1）在中国境内无住所； （2）在中国境内不居住或在一个纳税年度内居住不满 1 年。

从 2000 年 1 月 1 日起，个人独资企业和合伙企业投资者也为个人所得税的纳税义务人。

【学中做 8–1】在我国境内无住所的某外籍人员 2011 年 5 月 3 日来华工作，2012 年 9 月 30 日结束工作离华，判断该外籍人员纳税人身份。

该外籍人员是我国的非居民纳税人。这是因为该外籍人员在我国境内无住所且在 2011 年和 2012 年两个纳税年度中都未在我国境内居住满 365 日，则其为我国非居民纳税人。

（二）扣缴义务人

个人所得税，以所得人为纳税义务人，以支付所得的单位或者个人为扣缴义务人。个人所得超过国务院规定数额的，在两处以上取得工资、薪金所得或者没有扣缴义务人的，以及具有国务院规定的其他情形的，纳税义务人应当按照国家规定办理纳税申报。扣缴义务人应当按照国家规定办理全员全额扣缴申报。

二、个人所得税的征税对象

个人所得税的征税对象是个人取得的应税所得，《个人所得税法》列举征税的个人所得共有 11 项，具体内容如下。

（一）工资、薪金所得

工资、薪金所得，是指个人因任职或受雇而取得的工资、薪金、奖金、年终加薪、劳动分红、津贴、补贴以及与任职或受雇有关的其他所得。这就是说，个人取得的所得，只要是与任职、受雇有关，不管其单位的资金开支渠道或以现金、实物、有价证券等形式支付的，都是工资、薪金所得项目的课税对象。

对于一些不属于工资、薪金性质的补贴、津贴或者不属于纳税人本人工资、薪金所得项目的收入，不予征税。这些项目包括：

（1）独生子女补贴。

（2）执行公务员工资制度，未纳入基本工资总额的补贴、津贴差额和家属成员的副食品补贴。

（3）托儿补助费。

（4）差旅费津贴、误餐补助（指因工作在同城不能及时赶回原地而在外就餐的补助）。

（二）个体工商户的生产、经营所得

个体工商户的生产、经营所得包括五个方面：

（1）经工商行政管理部门批准开业并领取营业执照的城乡个体工商户，从事工业、手工业、建筑业、交通运输业、商业、饮食业、服务业、修理业及其他行业的生产、经营取得的所得。

（2）个人经政府有关部门批准，取得营业执照，从事办学、医疗、咨询以及其他有偿服务活动取得的所得。

（3）其他个人从事个体工商业生产、经营取得的所得，即个人临时从事生产、经营活动取得的所得。

（4）上述个体工商户和个人取得的生产、经营有关的各项应税所得。

（5）个人独资企业和合伙企业比照个体工商户的生产经营所得项目征税。

个体工商户的生产、经营所得，以每一纳税年度的收入总额减除成本、费用以及损失后的余额为应纳税所得额。

（三）对企事业单位的承包经营、承租经营所得

对企事业单位的承包经营、承租经营所得，是指个人承包经营、承租经营以及转包、转租取得的所得，包括个人按月或者按次取得的工资、薪金性质的所得。

（四）劳务报酬所得

劳务报酬所得，是指个人从事设计、装潢、安装、制图、化验、测试、医疗、法律、会计、咨询、讲学、新闻、广播、翻译、审稿、书画、雕刻、影视、录音、录像、演出、表演、广告、展览、技术服务、介绍服务、经济服务、代办服务以及其他劳务取得的所得。

如何区分劳务报酬所得和工资薪金所得，主要是看是否存在雇佣与被雇佣关系。劳务报酬所得一般属于个人独立从事自由职业取得的所得或属于个人劳动所得，一般不存在雇佣关系；而工资、薪金所得是个人从事非独立劳动，从所在单位（雇主）领取的报酬，存在雇佣与被雇佣的关系。

（五）稿酬所得

稿酬所得，是指个人因其作品以图书、报纸形式出版、发表而取得的所得。这里所说的"作品"，是指包括中外文字、图片、乐谱等能以图书、报刊方式出版、发表的作品；"个人作品"，包括本人的著作、翻译的作品等。个人取得遗作稿酬，应按稿酬所得项目计税。

任职、受雇于报纸、杂志等单位的记者、编辑等专业人员，因在本单位的报纸、杂志上发表作品取得的所得，属于因任职、受雇而取得的所得，应与其当月工资收入合并，按"工资、薪金所得"项目征收个人所得税。

出版社的专业作者撰写、编写或者翻译的作品，由该社以图书形式出版而取得的稿费收入，应按"稿酬所得"项目征收个人所得税。

（六）特许权使用费所得

特许权使用费所得，是指个人提供专利权、著作权、商标权、非专利技术以及其他特许权的使用权取得的所得。提供著作权的使用权取得的所得，不包括稿酬所得。作者将自己文字作品手稿原件或复印件公开拍卖（竞价）取得的所得，应按特许权使用费所得项目计税。

（七）利息、股息、红利所得

利息、股息、红利所得，是指个人拥有债权、股权而取得的利息、股息、红利所得。其中，利息是指个人的存款利息（国家宣布 2008 年 10 月 8 日次日开始取消利息税）、货款利息和购买各种债券的利息。股息，也称股利，是指股票持有人根据股份制公司章程规定，凭股票定期从股份公司取得的投资利益。红利，也称公司（企业）分红，是指股份公司或企业根据应分配的利润按股份分配超过股息部分的利润。股份制企业以股票形式向股东个人支付股息、红利即派发红股，应以派发的股票面额为收入额计税。

（八）财产租赁所得

财产租赁所得，是指个人出租建筑物、土地使用权、机器设备车船以及其他财产取得的所得。财产包括动产和不动产。

（九）财产转让所得

财产转让所得，是指个人转让有价证券、股权、建筑物、土地使用权、机器设备、车船以及其他自有财产给他人或单位而取得的所得，包括转让不动产和动产而取得的所得。

对个人股票买卖取得的所得暂不征税。个人因购买和处置债权取得的所得，应按"财产转让所得"项目缴纳个人所得税。

(十)偶然所得

偶然所得,是指个人取得的所得是非经常性的,属于各种机遇性所得,包括得奖、中奖、中彩以及其他偶然性质的所得(含奖金、实物和有价证券)。偶然所得应缴纳的个人所得税税款,一律由发奖单位或机构代扣代缴。

个人取得单张有奖发票奖金所得不超过800元(含800元)的,暂免征收个人所得税;个人取得单张有奖发票奖金所得超过800元的,应全额按照"偶然所得"项目征收个人所得税。

(十一)其他所得

除上述10项应税项目以外,其他所得应确定征税的,由国务院财政部门确定。国务院财政部门,是指财政部和国家税务总局。这类所得确有必要征税但难以界定其应税项目,如个人取得由银行部门以超过国家规定利率和保值贴补率支付的揽储奖金;个人因任职单位缴纳有关保险费用而取得的无偿款优待收入;个人为单位或者他人提供担保获得报酬等。

三、个人所得税的税率

我国个人所得税采用分类所得税制,对不同的所得项目分别确定不同的适用税率和不同的税率形式。采用的税率形式分别为比例税率和超额累进税率,适用的税率具体确定如下:

(1)工资、薪金所得,适用7级超额累进税率,按月应纳税所得额计算征税。该税率按个人月工资、薪金应税所得额划分级距,最高一级为45%,最低一级为3%,共7级,见表8–3。

表8–3 工资、薪金所得个人所得税税率表

级数	全月应纳税所得额(含税级距)	全月应纳税所得额(不含税级距)	税率(%)	速算扣除数(元)
1	不超过1500元的	不超过1455元的	3	0
2	超过1500元至4500元的部分	超过1455元至4155元的部分	10	105
3	超过4500元至9000元的部分	超过4155元至7755元的部分	20	555
4	超过9000元至35000元的部分	超过7755元至27255元的部分	25	1055
5	超过35000元至55000元的部分	超过27255元至41255元的部分	30	2755
6	超过55000元至80000元的部分	超过41255元至57505元的部分	35	5505
7	超过80000元的部分	超过57505元的部分	45	13505

注:1. 表中所列含税级距与不含税级距,均为按照税法规定减除有关费用后的所得额。从2011年9月1日开始执行。

2. 含税级距适用于由纳税人负担税款的工资、薪金所得;不含税级距适用于由他人(单位)代付税款的工资、薪金所得。

(2)个体工商户的生产、经营所得和对企事业单位的承包经营、承租经营所得,适用5级超额累进税率。适用按年计算、分月预缴税款的个体工商户的生产、经营所得和对企事业单位的承包经营、承租经营的全年应纳税所得额划分级距,最低一级为5%,最高一级为35%,共5级,见表8–4。

表 8-4 个体工商户的生产、经营所得和对企事业单位的承包经营、承租经营所得税率表

级数	全年应纳税所得额		税率（%）	速算扣除数（元）
	含税级距	不含税级距		
1	不超过 15000 元的	不超过 14250 元的	5	0
2	超过 15000 元至 30000 元的部分	超过 14250 元至 27750 元的部分	10	750
3	超过 30000 元至 60000 元的部分	超过 27750 元至 51750 元的部分	20	3750
4	超过 60000 元至 100000 元的部分	超过 51750 元至 79750 元的部分	30	9750
5	超过 100000 元的部分	超过 79750 元的部分	35	14750

注：（1）本表所列含税级距与不含税级距，均为按照税法规定以每一纳税年度的收入总额减除成本、费用以及损失后的所得额。

（2）含税级距适用于个体工商户的生产、经营所得和由纳税人负担税款的对企事业单位的承包经营、承租经营所得；不含税级距适用于由他人（单位）代付税款的对企事业单位的承包经营、承租经营所得。

（3）费用扣除标准：2011 年 9 月起每月 3500 元，2012 年起全年即 3500 × 12 = 42000 元。

（3）其他所得项目税率。对个人的稿酬所得，劳务报酬所得，特许权使用费所得，利息、股息、红利所得，财产租赁所得，财产转让所得，偶然所得和其他所得，按次计算征收个人所得税，适用 20% 的比例税率。其中，对稿酬所得适用 20% 的比例税率，并按应纳税额减征 30%；对劳务报酬所得一次性收入畸高的，除按 20% 征税外，应纳税所得额超过 2 万元至 5 万元的部分，依照税法规定计算应纳税额后再按照应纳税额加征五成；超过 5 万元的部分，加征十成，见表 8-5。

表 8-5 劳务报酬所得税率

级数	应纳税所得额	税率（%）	速算扣除数（元）
1	不超过 20000 元的部分（收入额 25000 元）	20	0
2	超过 20000 元 ~ 50000 元部分（收入额 25000 ~ 62500 元）	30	2000
3	超过 50000 元部分（收入额 62500 元以上）	40	7000

五、个人所得税的税收优惠

为了鼓励科学发明，支持社会福利、慈善事业和照顾某些纳税人的实际困难，个税法对有关所得项目给予了免税、减税的优惠规定。

1. 免税项目

（1）省级人民政府、国务院部委和中国人民解放军军以上单位，以及外国组织、国际组织颁发的科学、教育、技术、文化、卫生、体育、环境保护等方面的奖金。

（2）国债和国家发行的金融债券利息。国债利息，是指个人持有我国财政部发行的债券而取得的利息所得；国家发行的金融债券利息，是指个人持有经国务院批准发行的金融债券而取得的利息所得。

（3）按照国家统一规定发给的补贴、津贴。指按照国务院规定发给的政府特殊津贴和国务院规定免纳个人所得税的补贴、津贴。

（4）福利费、抚恤金、救济金。福利费，是指根据国家有关规定，从企业、事业单位、国家机关、社会团体提留的福利费或者工会经费中支付给个人的生活补助费；所说的救济金，是指国家民政部门支付给个人的生活困难补助费。

（5）保险赔款。

(6)军人的转业费、复员费。

(7)按照国家统一规定发给干部、职工的安家费、退职费、退休工资、离休工资、离休生活补助费。

(8)依照我国有关法律规定应予免税的各国驻华使馆、领事馆的外交代表、领事官员和其他人员的所得。

(9)中国政府参加的国际公约、签订的协议中规定免税的所得。

(10)企业和个人按照国家或地方政府规定的比例提取并向指定金融机构实际缴付的住房公积金、医疗保险金、基本养老保险金,不计入个人当期的工资、薪金收入,免予征收个人所得税。

(11)对个人取得的教育储蓄存款利息所得以及国务院财政部门确定的其他专项储蓄存款或储蓄专项基金存款的利息所得,免征个人所得税。

(12)发给的见义勇为奖金。

(13)经国务院财政部门批准免税的所得。

2. 减税项目

(1)残疾、孤老人员和烈属的所得。

(2)因严重自然灾害造成重大损失的。

(3)其他经国务院财政部门批准减税的。

上述减税项目的减征幅度和期限,由省、自治区、直辖市人民政府规定。

3. 暂免征税项目

(1)外籍个人以非现金形式或实报实销形式取得的住房补贴、伙食补贴、搬迁费、洗衣费。

(2)外籍个人按合理标准取得的境内、外出差补贴。

(3)外籍个人取得的探亲费、语言训练费、子女教育费等,经当地税务机关审核批准为合理的部分。

(4)个人举报、协查各种违法、犯罪行为而获得的奖金。

(5)个人办理代扣代缴税款手续,按规定取得的扣缴手续费。

(6)个人转让自用达5年以上,并且是唯一的家庭生活用房取得的所得。

(7)对按国发〔1983〕141号《国务院关于高级专家离休退休若干问题的暂行规定》和国办发〔1991〕40号《国务院办公厅关于杰出高级专家暂缓离退休审批问题的通知》精神,达到离休退休年龄,但确因工作需要,适当延长离休退休年龄的高级专家(指享受国家发放的政府特殊津贴的专家、学者),其在延长离休退休期间的工资、薪金所得,视同退休工资、离休工资免征个人所得税。

(8)外籍个人从外商投资企业取得的股息、红利所得。

(9)凡符合下列条件之一的外籍专家取得的工资、薪金所得可免征个人所得税:

①根据世界银行专项贷款协议由世界银行直接派往我国工作的外国专家。

②联合国组织直接派往我国工作的专家。

③为联合国援助项目来华工作的专家。

④援助国派往我国专为该国无偿援助项目工作的专家。

⑤根据两国政府签订文化交流项目来华工作两年以内的文教专家，其工资、薪金所得由该国负担的。

⑥根据我国大专院校国际交流项目来华工作两年以内的文教专家，其工资、薪金所得由该国负担的。

⑦通过民间科研协定来华工作的专家，其工资、薪金所得由该国政府机构负担的。

（10）彩票中奖所得，一次中奖收入在1万元以下的免税，超过1万元的全额征税。

（11）国有企业职工因企业破产，从破产企业取得的一次性安置费收入免税。

任务二 个人所得税应纳税额计算

【案例导入】

引入任务一中浙江诚信实业有限公司案例。

【任务要求】

小张应该如何计算员工个人所得税?

一、个人所得税应纳税额的计算

我国的个人所得税采用分类所得税制，即将个人取得的各项所得划分为11类，对11类所得分别适用不同的费用扣除标准、不同的税率和不同的计税方法。

（一）工资、薪金所得应纳税额的计算

1. 应纳税所得额的确定

工资、薪金所得以每月收入额减除固定费用3500元后的余额为应纳税所得额。但是对于在中国境内无住所而在中国境内取得工资、薪金所得的纳税义务人和在中国境内有住所而在中国境外取得工资、薪金所得的纳税义务人，税法规定，在基本扣除费用基础上，再减除1300元附加费用后的余额为应纳税所得额。

2. 工资、薪金所得应纳税额的计算

其计算公式为：

应纳税所得额 = 每月收入额 - 费用扣除标准（3500元或4800元）

应纳税额 = Σ（各级距应纳税所得额 × 该级距的适用税率）

或者　应纳税额 = 应纳税所得额 × 适用税率 - 速算扣除数

3. 全年一次性奖金所得应纳税额的计算

个人取得全年一次性奖金按以下规定执行：

（1）纳税人取得全年一次性奖金，单独作为一个月工资、薪金所得计算纳税，并按以下计税办法，由扣缴义务人发放时代扣代缴。

首先，将雇员当月内取得的全年一次性奖金，除以12个月，按其商数确定适用税率和速算扣除数。如果在发放年终一次性奖金的当月，雇员当月工资薪金所得低于税法规定的费用扣除额，应将全年一次性奖金减去“雇员当月工资薪金所得与费用扣除额的差额”后的余额，按上述办法确定全年一次性奖金的适用税率和速算扣除数。

其次，将雇员个人当月内取得的全年一次性奖金，按上述确定的适用税率和速算扣除数计算征税。

如果雇员当月工资薪金所得高于（或等于）税法规定的费用扣除额的，其适用公式为：

应纳税额 = 雇员当月取得全年一次性奖金 × 适用税率 – 速算扣除数

如果雇员当月工资薪金所得低于税法规定的费用扣除额的，其适用公式为：

应纳税额 =（雇员当月取得全年一次性奖金 – 雇员当月工资薪金所得与费用扣除额的差额）× 适用税率 – 速算扣除数

（2）在一个纳税年度内，对每一个纳税人，该计税办法只允许采用一次。

（3）雇员取得除全年一次性奖金以外的其他各种名目奖金，如半年奖、季度奖、加班奖、先进奖、考勤奖等，一律与当月工资、薪金收入合并，按税法规定缴纳个人所得税。

【学中做 8-2】中国公民林某 2013 年 1 月取得 2012 年全年一次性奖金 36000 元，王某当月的工资为 8100 元，交纳社会统筹的养老保险 220 元，失业保险 100 元，单位代缴水电费 200 元。计算王某 1 月份应缴纳的个人所得税。

当月工资收入应纳个人所得税税额 =（8100−3500−220−100）× 10%−105 = 323（元）

年终奖金应纳税额计算如下：

36000/12 = 3000（元）

适用 10% 的税率，速算扣除数为 105 元，则：

应纳税额 = 36000 × 10%−105 = 3495（元）

林某 1 月份应纳个人所得税额合计：323+3495 = 3818（元）

（二）劳务报酬所得应纳税额的计算

劳务报酬所得实行按次征税，以每次取得的收入减除费用扣除标准后的余额为应纳税所得额。其费用扣除标准为：每次收入不超过 4000 元的，减除费用为 800 元；4000 元以上的，减除费用为收入额的 20%。

上述所说的“每次收入”按下列规定确定：只有一次性收入的，以取得该项收入为一次；属于同一事项连续取得收入的，以一个月内取得的收入合计为一次。其计算公式如下：

（1）每次收入不超过 4000 元的：

应纳税额 =（每次收入额 –800）× 20%

（2）每次收入超过 4000 元的：

应纳税额 = 每次收入额 ×（1–20%）× 20%

（3）每次收入的应纳税所得额超过 20000 元的：

应纳税额 = 每次收入额 ×（1–20%）× 适用税率 – 速算扣除数

（4）为纳税人代付税款的计算方法：如果单位或个人为纳税人负担税款的，应当将纳税人取得的不含税收入额换算为应纳税所得额，然后按规定计算应代付的个人所得税款。其计算公式为：

不含税收入额为 3360 元（即含税收入额为 4000 元）以下的：

应纳税所得额 =（不含税收入额 –800）/（1– 税率）

应纳税额 = 应纳税所得额 × 适用税率

不含税收入额为 3360 元以上的：

应纳税所得额 =（不合税收入额 – 速算扣除数）×（1–20%）/[1– 税率 ×（1–20%）]

应纳税额 = 应纳税所得额 × 适用税率 – 速算扣除数

公式中的"税率"，是指不含税收入额按不含税劳务报酬收入所对应的税率；公式中的"适用税率"，是指应纳税所得额按含税级距对应的税率。

【学中做 8–3】某演员在一次艺术节上表演取得收入 48000 元，其应纳税额计算如下：

应纳个人所得税税额 = 48000×(1–20%)×30%–2000 = 9520（元）

假如该演员取得的表演收入 48000 元为税后所得，与其演出收入相关的税金由演出单位承担，则演出单位应缴纳的个人所得税税额计算如下：

应纳税所得额 =（48000–2000）×（1–20%）/[1–30%×（1–20%）]=48421.05（元）

应纳税额 = 48421.05×30%–2000 = 12526.32（元）

（三）稿酬所得应纳税额的计算

1. 应纳税所得额的计算

稿酬所得实行按次征税，以每次取得的收入减除费用扣除标准后的余额为应纳税所得额。其费用扣除标准：每次收入不超过 4000 元的，减除费用为 800 元；每次收入在 4000 元以上的，减除费用为收入额的 20%。

稿酬所得按次计税，以每次出版、发表取得的收入为一次，具体可细分为：

（1）同一作品再版取得的所得，应视为另一次稿酬所得计征个人所得税。

（2）同一作品先在报刊上连载，然后再出版，或先出版，再在报刊上连载的，应视为两次稿酬所得征税，即连载为一次，出版为另一次。

（3）同一作品在报刊上连载，以连载完后取得的所有收入合并为一次计征个人所得税。

（4）同一作品在出版、发表时，以预付稿酬或分次支付稿酬等形式取得的收入，应合并一次计算。

（5）同一作品出版、发表后，因添加印数而追加稿酬的，应与以前出版、发表时取得的稿酬合并为一次计征个人所得税。

2. 应纳所得税税额的计算

（1）稿酬所得每次收入不足 4000 元的：

应纳税额 =（每次收入额 –800）×20%×（1–30%）

（2）稿酬所得每次收入超过 4000 元的：

应纳税额 = 每次收入额 ×（1–20%）×20%×（1–30%）

【学中做 8–4】作家张某于 2012 年 5 月由某出版社出版一部长篇小说，取得稿酬 45000 元；同年 10 月又取得该书加印稿酬 5500 元；2011 年 11 月到 2012 年 1 月期间该长篇小说在某报刊上连载 3 个月，每月获得稿酬 1000 元，共 3000 元。计算作家张某就这部长篇小说稿酬所应缴纳的个人所得税。

（1）出版、加印稿酬应纳税额 =（45000+5500）×（1–20%）×20%×（1–30%）=5656（元）

（2）报刊连载稿酬应纳税额 =（3000–800）×20%×（1–30%）=308（元）

（四）特许权使用费所得应纳税额的计算

特许权使用费按次计税，以每次取得的收入减除费用扣除标准后的余额为应纳税所得额。其费用扣除标准为：每次收入不超过4000元的，减除费用为800元；每次收入在4000元以上的，减除费用为收入额的20%。

特许权使用费按次计税，以每一项使用权的每次转让所取得的收入为一次，如果该次转让取得的收入是分笔支付的，则应将各笔收入相加为一次。其计算公式如下：

（1）每次收入不足4000元的：

应纳税额 =（每次收入额 −800）× 20%

（2）每次收入超过4000元的：

应纳税额 = 每次收入额 ×（1−20%）× 20%

【学中做8−5】某企业购入王某一项非专利使用权，合同约定使用费为40000元，分两次支付，每次支付20000元。该企业应代扣代缴的个人所得税税额计算如下：

同一笔业务，虽分次支付，但应合并计算。

应纳税额 = 40000 ×（1−20%）× 20% = 6400（元）

（五）财产租赁所得应纳税额的计算

1. 应纳税所得额的计算

财产租赁所得按次计税，以一个月取得的收入为一次。按税法规定，财产租赁所得以每次取得的收入减除规定费用后的余额为应纳税所得额。此处所指的规定费用特指：

（1）财产租赁过程中缴纳的税费。该项税费必须提供完税凭证，才能从其财产租赁收入中扣除。

（2）由纳税人负担的出租财产实际开支的修缮费用。该费用必须提供有效、准确的凭证，并且其扣除额以每次800元为限，一次扣除不完的，准予在下一次继续扣除，直到扣完为止。

（3）税法规定的费用扣除标准。每次收入不超过4000元的，减除费用为800元；每次收入在4000元以上的，减除费用为收入额的20%。

同时应注意上述费用应按上述顺序依次扣除。

2. 应纳所得税税额的计算

（1）每次（月）收入不超过4000元的：

应纳税额 =[每次（月）收入额 − 准予扣除项目 − 修缮费用（800元为限）−800]× 适用税率

（2）每次（月）收入超过4000元的：

应纳税额 =[每次（月）收入额 − 准予扣除项目 − 修缮费用（800元为限）]×（1−20%）× 适用税率

【学中做8−6】市民李某2011年1月1日起将其位于市区的一套公寓住房按市价出租，每月收取租金3800元。4月因卫生间漏水发生修缮费用1200元，已取得合法有效的支出凭证。王某4月、5月出租房屋应缴纳的个人所得税税额计算如下（不考虑其他税费）：

4月应纳个人所得税额 =（3800−800−800）× 10% = 220（元）

5月应纳个人所得税额 =（3800−400−800）× 10% = 260（元）

（六）财产转让所得应纳税额的计算

财产转让所得以转让财产的收入减除财产原值和合理费用后的余额为应纳税所得额。其计算公式为：应纳税所得额 = 每次收入额 - 财产原值 - 合理费用

上式所指的财产原值，对有价证券为买入价以及买入时按照规定交纳的有关费用；对建筑物为建造费用或者购进价格以及其他有关费用；对土地使用权为取得土地使用权所支付的金额、开发土地的费用以及其他有关费用；对机器设备、车船为购进价格、运输费、安装费以及其他有关费用；其他财产参照上述方法确定。纳税人未提供完整、准确的财产原值凭证，不能正确计算财产原值的，由主管税务机关核定其财产原值。

上式所指的合理费用是指卖出财产过程中按规定支付的有关费用。

个人住房转让时，纳税人不能提供完整、准确的房屋原值凭证和合理费用的凭证时，税务机关可对其实行核定征税，即按纳税人住房转让收入的一定比例核定应纳个人所得税税额，具体比例由省级地方税务局或省级地方税务局授权的地市级地方税务局根据纳税人出售住房的所处区域、地理位置、建造时间、房屋类型、住房平均价格水平等因素，在住房转让收入 1%~3% 的幅度内确定。

个人受赠的住房转让时，应按财产转让收入减除受赠、转让住房过程中缴纳的税金及有关合理费用后的余额为应纳税所得额，按 20% 的适用税率计算缴纳个人所得税，不得采用核定征收方式。

【学中做 8-7】刘某于 2010 年 7 月份转让自有单身公寓一套，取得收入 30 万元。该套住房取得成本为 22 万元，支付相关税费合计 1.8 万元。计算刘某应缴纳的个人所得税额。

转让财产所得应缴纳的个人所得税 =（300 000-220 000-18 000）× 20% = 12 400（元）

（七）利息、股息、红利所得和偶然所得应纳税额的计算

利息、股息、红利所得和偶然所得按次纳税。利息、股息、红利所得以支付利息、股息、红利时取得的收入为一次；偶然所得以每次收入为一次。

上述所得均应以每次收入额为应纳税所得额，不作任何费用扣除。其应缴个人所得税计算公式如下：

应纳税额 = 每次收入额 × 20%

【学中做 8-8】2013 年倪先生购买福利彩票中奖 5 000 元；参加某商场举办的有奖销售活动中奖 20 000 元现金。刘先生应纳的个人所得税税额计算如下：

倪先生购买福利彩票中奖所得不超过 1 万元，暂免征收个人所得税；参加商场有奖销售活动所得应按“偶然所得”项目计征个人所得税。

应纳税额 = 20 000 × 20% = 4 000（元）

（八）个体工商户生产、经营所得应纳税额的计算

1. 应纳税所得额的确定

个体工商户的生产、经营所得，应以其每一纳税年度的收入总额减除成本、费用以及损失后的余额为应纳税所得额。其中：

（1）收入总额是指个体工商户从事生产、经营以及与生产经营有关的活动所取得的各项收入，包括主营业务收入、其他业务收入和营业外收入。

（2）成本、费用和损失是指个体工商户从事生产、经营活动所发生的各项直接费用、间接费用、期间费用和营业外支出。

2. 账册健全的个体工商户应纳税额的计算

对于账册健全的个体工商户，实行按年计算，分月或分季预缴，年终汇算清缴，多退少补的方法，以每一纳税年度的收入总额，减除成本、费用以及损失后的余额作为应纳税所得额，按适用税率计算应纳税额。其应纳税额可按下列公式计算：

应纳税额 = 应纳税所得额 × 适用税率 – 速算扣除数

实际使用上述公式时应注意以下规定：

（1）个体工商户业主、个人独资企业和合伙企业投资者本人的费用扣除标准统一确定为 42000 元 / 年，投资者的工资不得在税前扣除；个体工商户、个人独资企业和合伙企业向其从业人员实际支付的合理的工资、薪金支出，允许在税前据实扣除。

（2）个体工商户、个人独资企业和合伙企业拨缴的工会经费、发生的职工福利费、职工教育经费支出分别在工资薪金总额 2%、14%、2.5% 的标准内据实扣除。

（3）个体工商户、个人独资企业和合伙企业每一纳税年度发生的广告费和业务宣传费用不超过当年销售（营业）收入 15% 的部分，可据实扣除；超过部分，准予在以后纳税年度结转扣除。

（4）个体工商户、个人独资企业和合伙企业每一纳税年度发生的与其生产经营业务直接相关的业务招待费支出，按照发生额的 60% 扣除，但最高不得超过当年销售（营业）收入的 50%。

（5）个体工商户在生产、经营期间借款的利息支出，凡有合法的证明，不高于按金融机构同类、同期贷款利率计算的部分，准予扣除。

（6）个体工商户和从事生产经营的个人，取得与生产经营活动无关的各项所得，应分别适用各应税项目的规定计算征收个人所得税。

（7）个人独资企业和合伙企业的投资者及其家庭发生的生活费用不允许在税前扣除；企业在生产经营投资者及其家庭生活共用的固定资产，难以划分的，由主管税务机关根据企业的生产经营类型、规模等具体情况，核定准予在税前扣除的折旧费用的数额或比例。

（8）个人独资企业和合伙企业计提的各种准备金不得扣除。

3. 账册不健全的个体工商户应纳税额的计算

对于账册不健全的，甚至没有建账的个体工商户（包括个人独资企业和合伙企业），可采用定额征收、定率征收和核定应税所得率征收等办法。

定额征收是指税务机关对经营规模小，经营情况比较稳定的个体户，可根据业户的实际经营情况，核定应纳税额，按月纳税，年终不清算。

定率征收是指税务机关经调查，定期制定行业所得税负担率，在缴纳增值税或营业税的同时，一并按销售收入计算缴纳所得税，年终不清算。

实行核定应税所得率征收方式的，应纳所得税税额的计算公式如下：

应纳所得税税额 = 应纳税所得额 × 适用税率 – 速算扣除数

应纳税所得额 = 收入总额 × 应税所得率 = 成本费用支出总额 /（1– 应税所得率）× 应税所得率

应税所得率按表 8–6 所示规定的标准执行。

表 8–6 账册不健全的个体工商户个人所得税应税所得率表

行 业	应税所得率（%）
工业、交通运输业、商业	5–20
建筑业、房地产开发业	7–20
饮食服务业	7–25
娱乐业	20–40
其他行业	10–30

企业经营多种不同业务的，无论其经营项目是否单独核算，均应根据其主营项目确定其适用的应税所得率。实行核定征收的投资者，不能享受个人所得税的优惠政策。

【学中做 8–9】某酒楼是个体饭店，账证齐全，2009 年 12 月取得营业额 123 500 元，购进米、面等原材料 50 000 元，交纳水电等各项费用 15 000 元，缴纳其他税费合计 5 000 元。该饭店共有 4 名雇工，当月共支付工资费用 6 000 元；业主自己月工资 6 000 元。该饭店 2009 年 1–11 月累计应纳税所得额 460 000 元，已累计预缴个人所得税 140 000 元。该业主 12 月份应缴纳个人所得税税额计算如下：

分析：雇员的合理工资可在税前全额扣除，业主按 3 500 元 / 月扣除。

12 月份应纳税所得额 = 123 500–50 000–15 000–5 000–6 000–3 500 = 44 000（元）

全年累计应纳税所得额 = 460 000+44 000 = 504 000（元）

全年累计应纳个人所得税金额 = 504 000 × 35%–14 750 = 161 650（元）

12 月份应缴纳个人所得税金额 = 161 650–140 000 = 21 650（元）

按照有关规定，达到规定经营规模的个体工商户，必须建账。对未达到规定经营规模暂未建账或经批准暂缓建账的个体工商户，可采取定期定额、综合负担率等办法征税。

（九）对企（事）业单位承包、承租经营所得应纳税额的计算

对企（事）业单位的承包、承租经营所得，实行按年计算，分月或分季预缴，年终汇算清缴，多退少补的方法，以每一纳税年度的收入总额，减除必要的费用后的余额为应纳税所得额。纳税年度的收入总额是指纳税人按照承包、承租经营合同规定分得的经营利润和工资、薪金性质所得；减除必要费用是指按月扣除 3 500 元。其计算公式为：

应纳税所得额 = 每一纳税年度的收入总额 – 必要费用

应纳税额 = 应纳税所得额 × 适用税率 – 速算扣除数

实行承包、承租经营的纳税义务人，在一个纳税年度内，承包、承租经营不足 12 个月的，以其实际承包、承租经营的月份数为一个纳税年度计算纳税。其计算公式为：

应纳税所得额 = 该年度承包、承租经营收入额 –（3 500 × 该年度实际承包、承租经营月份数）

应纳税额 = 应纳税所得额 × 适用税率 – 速算扣除数

【学中做 8–10】2013 年 1 月 1 日，王某与某商店签订承包合同，约定承包期限 1 年，王某每年上交承包金 20 000 元，其余经营所得归王某所有。实现承包所得 88 000 元（未扣除王某的工资）。王某 2013 年应纳个人所得税税额计算如下：

个体工商户业主费用扣除标准为 3 500 元 / 月。故王某 2013 年允许扣除的费用合计

为 3500×12=42000（元）

应纳税所得额 = 88000−20000−42000 = 26000（元）

应纳个人所得税税额 = 26000×10%−750 = 1850（元）

假设合同约定，王某对该商店的经营成果不拥有所有权，仅可以每月取得固定工资 4500 元，则王某 2012 年应纳个人所得税税额计算如下：

此例中王某承包取得的固定收入，实际相当于是工资、薪金收入，按 7 级超额累进税率计算，按月缴纳个人所得税。

每月应纳税所得额 = 4500−3500 = 1000（元）

每月应纳个人所得税税额 = 1000×3% = 30（元）

全年应纳个人所得税额 = 30×12 = 360（元）

二、个人所得税几种特殊情况应纳税额的计算

（一）个人发生公益、救济性捐赠个人所得税的计算

个人将其所得通过中国境内的社会团体、国家机关向教育和其他社会公益事业以及遭受严重自然灾害地区、贫困地区捐赠，捐赠额未超过纳税人申报的应纳税所得额 30% 的部分，可以从其应纳税所得额中扣除。

个人通过非营利性的社会团体和国家机关向红十字事业、农村义务教育以及公益性青少年活动场所的公益性捐赠，在计算缴纳个人所得税时，准予在税前的所得额中全额扣除。

【学中做 8-11】王某 5 月 1 日购买福利彩票，中价值为 100000 元的小轿车一辆及人民币 50000 元。王某领奖时拿出 20000 元通过民政部门捐赠给灾区。王某应纳的个人所得税税额计算如下：

捐赠支出扣除限额 =（100000+50000）×30% = 45000（元）

纳税人实际捐赠支出 20000 元低于捐赠支出扣除限额 45000 元，可全部在税前扣除。

应纳税所得额 = 100000+50000−20000 = 130000（元）

应纳税额 = 130000×20% = 26000（元）

（二）境外所得已纳税额扣除的计算

根据《中华人民共和国个人所得税法》规定，对个人所得税的居民纳税人，应就其来源于中国境内、境外的所得计算个人所得税。但纳税义务人从中国境外取得的所得，已在境外缴纳的个人所得税，准予在应纳税额中扣除，但扣除额不得超过该纳税义务人境外所得依照我国个人所得税法计算的应纳税额。

上述“已在境外缴纳的个人所得税”是指纳税人从中国境外取得的所得，依照该所得来源国或者地区的法律应当并且实际已缴纳的税额。“境外所得依照我国个人所得税法计算的应纳税额”是指纳税人从中国境外取得的所得，区别不同国家（或地区）和不同应税项目，依照我国个人所得税法规定的费用减除标准和适用税率计算的应纳税额。同一国家（或地区）内不同应税项目依照我国税法计算的应纳税额之和，为该国（或地区）的扣除限额。

纳税人从中国境外一国（或地区）实际已缴纳的个人所得税税额，低于依照上述办法计算的该国（或地区）扣除限额的，须在我国缴纳差额部分的税款；超过该国（或地区）扣除限

额的，其超过部分不能在本纳税年度的应纳税额中扣除，但可在以后纳税年度该国（或地区）扣除限额的余额中补扣，补扣期最长不得超过5年。

纳税人按规定申请扣除在境外实际已缴纳的个人所得税税额时，须提供境外税务机关填发的完税凭证原件。

【学中做8-12】中国公民王某在境外工作，当年在A国取得工薪收入150000元，转让一项专利取得特许权使用费收入60000元，两项所得在A国已缴纳个人所得税10000元；在B国出版专著，获得稿酬收入30000元，取得股息收入50000元，在B国已缴纳个人所得税16000元。王某该年应向我国税务机关缴纳的个人所得税税额计算如下：

（1）按我国税法规定应分国分项计算境外所得的应纳税额。

A国：

工薪收入应纳税额=[（150000/12−4800）×20%−555]×12=11820（元）

特许权使用费收入应纳税额=60000×（1−20%）×20%=9600（元）

A国扣除限额=11820+9600=21420（元）

王某已在A国缴纳税款10000元，低于按我国税法规定的扣除限额，可全部扣除。

B国：

稿酬所得应纳税额=30000×（1−20%）×20%×（1−30%）=3360（元）

股息所得应纳税额=50000×20%=10000（元）

B国扣除限额=3360+10000=13360（元）

王某已在B国缴纳税款16000元，超过按我国税法规定的扣除限额，则只能按限额扣除，超过部分可结转以后年度扣除，但最长不超过5年。

（2）计算王某应向我国税务机关缴纳的个人所得税。

应纳税额=（21420−10000）+13360−13360）=11420（元）

（三）两个以上的纳税人共同取得同一项所得应纳税额的计算

两个或两个以上的纳税人共同取得同一项所得的，可以对每一个人分得的收入分别减除费用，并计算各自的应纳税款。

【学中做8-13】李丽和张琳两人合著一本书，共取得稿费收入10600元，其中李丽分得8000元，张琳分得2600元。李丽和张琳两人应缴纳个人所得税税额计算如下：

李丽应纳税额=8000×（1−20%）×20%×（1−30%）=896（元）

张琳应纳税额=（2600−800）×20%×（1−30%）=252（元）

（四）不满一个月的工资、薪金所得应纳税额的计算

在中国境内无住所的个人，凡在中国境内居住不满一个月并仅就不满一个月期间的工资、薪金所得申报纳税的，均按全月工资、薪金所得为依据计算实际应纳税额。计算公式为：

应纳税额=（当月工资、薪金应纳税所得额×适用税率−速算扣除数）×当月实际在中国境内的天数/当月天数

如果属于上述情况的个人取得的是日工资、薪金，应以日工资、薪金乘以当月天数换算成月工资、薪金后，再按上述公式计算应纳税额。

【学中做8-14】某英国公民8月1日受英国某公司委派到中国境内某企业安装一设备，

8月20日回国，期间从中国境内企业取得工资5600元，则其工资、薪金所得应纳个人所得税税额为：

应纳税额 =[（5600×30/20−4800）×10%−105]×20/30＝170（元）

（五）雇主为其雇员负担个人所得税税款的计算

在实际工作中，有的雇主常常为纳税人负担税款，即支付给纳税人的报酬为不含税的净所得，纳税人的应纳税额由雇主代其缴纳，此时应将纳税人的不含税收入换算为含税收入，先计算应纳税所得额，然后再据以计算应纳税额。

（1）雇主全额为雇员负担税款的，应将雇员取得的工资、薪金所得换算成应纳税所得额后，计算单位应代为缴纳的个人所得税税款。其计算公式为：

应纳税所得额＝（不含税收入额－费用扣除标准－速算扣除数）/（1－税率）

应纳税额＝应纳税所得额 × 适用税率－速算扣除数

应特别注意的是，公式中的税率指不含税所得按不含税级距对应的税率；公式中的适用税率指应纳税所得额按含税级距对应的税率。

【学中做8-15】某中国公民每月取得工资5700元，由任职单位代其缴纳个人所得税，则单位代其缴纳的个人所得税税额为：

应纳税所得额＝（5700−3500−105）/（1−10%）=2327.78（元）

应纳税额＝2327.78×10%−105＝127.78（元）

（2）雇主为其雇员负担部分税款的，可分为定额负担部分税款和定率负担部分税款两种情况：

①雇主为其雇员定额负担税款的，应将雇员取得的工资、薪金所得换算成应纳税所得额后，计算征收个人所得税。其计算公式为：

应纳税所得额＝雇员取得的工资＋雇主代雇员负担的税款－费用扣除标准

应纳税额＝应纳税所得额 × 适用税率－速算扣除数

②雇主为其雇员负担一定比例的工资应纳的税款或者负担一定比例的实际应纳税款的，应将“不含税收入额”替换为“未含雇主负担的税款的收入额”，同时将速算扣除数和税率两项分别乘以上述的“负担比例”，按此调整后的公式，以其未含雇主负担税款的收入额换算成应纳税所得额，并计算应纳税款，即：

应纳税所得额＝（未含雇主负担的税款的收入额－费用扣除标准－速算扣除数 × 负担比例）/（1－税率 × 负担比例）

应纳税额＝应纳税所得额 × 适用税率－速算扣除数

（六）一人兼有多项应税所得应纳税额的计算

纳税人同时取得两项或两项以上应税所得时，除按税法规定应同项合并计税的外，其他应税项目应就其所得分项分别计算纳税。税法规定应同项合并计税的应税所得有：工资、薪金所得，个体工商户的生产经营所得，对企事业单位的承包、承租经营所得等。纳税人兼有不同项目劳务报酬所得时，应分别减除费用，计算缴纳个人所得税。

任务三 个人所得税会计核算

【案例导入】

承任务一中案例，小张通过计算，当月应代扣代缴个人所得税 8 500 元。

【任务要求】

分析企业情况，对代扣代缴的个人所得税进行会计处理。

一、会计科目的设置

对采用自行申报缴纳个人所得税的纳税人，除实行查账征收的个体工商户外（个人独资企业、合伙企业参照个体工商户执行，下同），一般不需要进行会计核算。实行查账征收的个体工商户，应设置“应交税费 —— 应交个人所得税”科目，核算其应缴纳的个人所得税；一般企业涉及的代扣代缴个人所得税业务，应设置“应交税费 —— 代扣个人所得税”科目，核算其代扣代缴情况。

二、会计核算实务

（一）个体工商户生产、经营所得个人所得税的会计核算

实行查账征收的个体工商户，其应缴纳的个人所得税，其会计核算应通过“留存利润”和“应交税费 —— 应交个人所得税”等科目。在计算应纳个人所得税时，借记“留存利润”科目，贷记“应交税费 —— 应交个人所得税”科目；实际上缴税款时，借记“应交税费 —— 应交个人所得税”科目，贷记“银行存款”科目。

【学中做 8-16】某个体工商户当年全年经营收入 750 000 元，其中生产经营成本、费用总额为 650 000 元，计算其全年应纳的个人所得税。

应纳税所得额 = 750 000−650 000 = 100 000（元）

应纳税额 = 100 000 × 30%−9 750 = 20 250（元）

会计分录如下：

计算应交个人所得税时：

借：留存利润　　20 250

　贷：应交税费——应交个人所得税　　20 250

实际缴纳税款时：

借：应交税费——应交个人所得税　　20 250

　贷：银行存款　　20 250

（二）代扣代缴个人所得税的会计核算

现行会计准则并未对代扣税款核算作出规定，但实际工作中，一般可在“应交税费”总账下设置“代扣个人所得税”明细账进行核算。同时，根据所代扣税款的具体项目不同，将代扣的税额冲减“应付职工薪酬”、“应付账款”和“其他应付款”等科目。

1. 支付工资、薪金所得的单位代扣代缴个人所得税核算

单位对支付给职工的工资、薪金代扣个人所得税时，借记“应付职工薪酬”和“应付账款”等科目，贷记“应交税费 —— 代扣个人所得税”科目；实际缴纳个人所得税税款时，借记“应交税费 —— 代扣个人所得税”科目，贷记“银行存款”科目。

【学中做 8-17】根据任务导入案例，企业在发放工资时，代扣其个人所得税的会计分录如下：

借：应付职工薪酬　　8 500

　贷：应交税费——代扣个人所得税　　8 500

按规定期限上缴税款时：

借：应交税费——代扣个人所得税　　8 500

　贷：银行存款　　8 500

【学中做 8-18】某贸易公司 2013 年 7 月部分人员工资结算单的有关资料见表 8-7。

表 8-7 工资结算单

单位：元

姓名	应发工资	代扣个人所得税	实发工资	…
张某	2 600	35	2 565	…
金某	3 500	125	3 375	…
郑某	4 200	205	3 995	…
小计	10 300	365	9 935	…

会计分录如下：

(1) 发放放工资同时代扣个人所得税：

借：应付职工薪酬　　10 300

　贷：银行存款　　9 935

　　　应交税费——代扣代缴个人所得税　　365

(2) 次月，上缴个人所得税：

借：应交税费——代扣代缴个人所得税　　365

　贷：银行存款　　365

2. 支付其他所得的单位代扣代缴个人所得税的核算

企业代扣除工资薪金所得以外的个人所得税时，根据个人所得项目不同，代扣个人所得税时，应分别借记“应付债券”、“应付股利”、“应付账款”、“其他应付款”等科目，贷记“应交税费 —— 代扣个人所得税”科目；实际缴纳个人所得税税款时，借记“应交税费 —— 代扣个人所得税”科目，贷记“银行存款”科目。

【学中做 8-19】某企业 3 月份与汪某签约购入其一项发明专利，支付专利转让费 70 000 元。根据个人所得税法规定，该企业应代扣代缴王某专利转让应交的个人所得税。

应代扣代缴的个人所得税税额 = 70 000 ×（1−20%）× 20% = 11 200（元）

会计分录如下：

购入专利时：

借：无形资产　　70 000

贷：其他应付款——汪某　　　　　　　　　　　　70 000

支付转让款，并代扣汪某个人所得税时：

借：其他应付款——汪某　　　　　　　　　　　　70 000

贷：应交税费——代扣个人所得税　　　　　　　　11 200

银行存款　　　　　　　　　　　　　　　　58 800

任务四 个人所得税的纳税申报

【案例导入】

承任务三中浙江诚信实业有限公司案例，小张已经完成了业务核算，着手准备个人所得税的纳税申报工作。

【任务要求】

完成浙江诚信实业有限公司代扣代缴个人所得税的纳税申报。

一、个人所得税的扣缴申报

扣缴申报是指按照税法规定负有扣缴税款义务的单位或者个人，在向个人支付应纳税所得时，应计算应纳税额，并从其所得中扣除，同时向税务机关报送扣缴个人所得税报告表。这种做法的目的是控制税源，防止偷漏税和逃税。

（一）扣缴义务人

税法规定，凡是支付个人应纳税所得的企业（公司）、事业单位、机关单位、社团组织、军队、驻华机构、个体户等单位或者个人都是个人所得税的扣缴义务人。从 2006 年 1 月 1 日起，扣缴义务人必须依法履行个人所得税全员全额扣缴申报义务，即扣缴义务人向个人支付应税所得时，不论其是否属于本单位人员、支付的应税所得是否达到纳税标准，扣缴义务人应当在代扣税款的次月内，向主管税务机关报送其支付应税所得个人的基本信息、支付所得项目和数额、扣缴税款数额以及其他相关涉税信息。

（二）代扣代缴的范围

扣缴义务人向个人支付下列所得时，应代扣代缴个人所得税：工资、薪金所得；对企（事）业单位承包经营、承租经营所得；劳务报酬所得；稿酬所得；特许权使用费所得；利息、股息、红利所得；财产租赁所得；财产转让所得；偶然所得；经国务院财政部门确定征税的其他所得。

税务机关应根据扣缴义务人所扣缴的税款，付给 2% 的手续费，由扣缴义务人用于代扣代缴费用开支和奖励代扣代缴工作做得较好的办税人员。

（三）扣缴个人所得税报告表的编制

扣缴义务人每月所扣的税款，应当在次月 15 日内缴入国库，并向主管税务机关报送“扣缴个人所得税报告表”（如表 8-8 所示）、代扣代收税款凭证和包括每一纳税人姓名、单位、职务、收入和税款等内容的支付个人收入明细账以及税务机关要求报送的其他有关资料（如表 8-9 所示）。

表 8-8 扣缴个人所得税报告表

税款所属期：　　年　月　日至　　年　月　日

扣缴义务人名称：　　　　扣缴义务人所属行业：□一般行业 □特定行业月份申报

扣缴义务人编码：□□□□□□□□□□□□□□□□□□□□　　　　金额单位：人民币元（列至角分）

序号	姓名	身份证件类型	身份证件号码	所得项目	所得期间	收入额	免税所得	税前扣除项目								减除费用	准予扣除的捐赠额	应纳税所得额	税率%	速算扣除数	应纳税额	减免税额	应扣缴税额	已扣缴税额	应补（退）税额	备注
								基本养老保险费	基本医疗保险费	失业保险费	住房公积金	财产原值	允许扣除的税费	其他	合计											
1	2	3	4	5	6	7	8	9	10	11	12	13	14	15	16	17	18	19	20	21	22	23	24	25	26	27

谨声明：此扣缴报告表是根据《中华人民共和国个人所得税法》及其实施条例和国家有关税收法律法规规定填写的，是真实的、完整的、可靠的。

法定代表人（负责人）签字：　　年　月　日

扣缴义务人公章： 经办人：	代理机构（人）签章： 经办人： 经办人执业证件号码：	主管税务机关受理专用章： 受理人：
填表日期：　　年　月　日	代理申报日期：　　年　月　日	受理日期：　　年　月　日

国家税务总局监制

表8-9 支付个人收入明细表

扣缴义务人编码：□□□□□□□□□□□□□□□□□□□□

扣缴义务人名称（公章）： 金额单位：元（列至角分）

所属期： 年 月 日至 年 月 日 填表日期： 年 月 日

姓 名	身份证照类型及号码	收入项目						备 注
		合 计	工资薪金所得	承包、承租所得	劳务报酬所得	利息、股息、红利所得	其他各项所得	
1	2	3	4	5	6	7	8	9
合 计								

制表人： 审核人：

填表说明：

一、本表根据《中华人民共和国税收征收管理法》及其实施细则、《中华人民共和国个人所得税法》及其实施条例制定。各省、自治区、直辖市地方税务局可根据本地实际，本着有利征管、方便纳税人的原则，在本表样的基础上增加栏目和内容。

二、适用范围：扣缴义务人向个人支付应税所得，但未达到纳税标准、没有扣缴税款的纳税人情况报送。

三、“收入项目”栏填写金额，4+5+6+7+8 = 3

四、非本单位雇员、非本期收入及其他有关事项应在备注栏中注明。

五、“审核人”指单位的财务部门负责人。

六、本表填写一式两份，扣缴义务人留存一份，报税务机关一份。

二、个人所得税的自行申报

自行申报纳税是指由纳税人自行在税法规定的纳税期限内，向税务机关申报取得的应税所得项目和数额，如实填写个人所得税纳税申报表(见表8-10)，并按照税法规定计算应纳税额，据此缴纳个人所得税的一种方法。

(一)自行申报的范围

凡依据个人所得税法负有纳税义务的纳税人，有下列情形之一的，应当按规定办理自行纳税申报：

(1)年所得12万元以上的。

(2)从中国境内两处或者两处以上取得工资、薪金所得的。

(3)从中国境外取得所得的。

(4)取得应税所得，没有扣缴义务人的。

(5)国务院规定的其他情形。

上述第(1)种情形的纳税人，无论取得的各项所得是否已足额缴纳了个人所得税，均应按规定向主管税务机关办理纳税申报。第(2)至(4)种情形的纳税人，均应按照规定向主管税务机关办理纳税申报。第(5)种情形的纳税人，其纳税申报办法根据具体情形另行规定。

上述所称年所得12万元以上的纳税人，不包括在中国境内无住所，且在一个纳税年度中在中国境内居住不满1年的个人。第(3)项所称从中国境外取得所得的纳税人，是指在中国境内有住所，或者无住所而在一个纳税年度中在中国境内居住满1年的个人。

(二)自行申报地点

(1)年所得12万元以上的纳税人，纳税申报地点分别为：第一，在中国境内有任职、受雇单位的，向任职、受雇单位所在地主管税务机关申报。第二，在中国境内有两处或者两处以上任职、受雇单位的，选择并固定向其中一处单位所在地主管税务机关申报。第三，在中国境内无任职、受雇单位，年所得项目中有个体工商户的生产、经营所得或者对企事业单位的承包经营、承租经营所得(以下统称生产、经营所得)的，向其中一处实际经营所在地主管税务机关申报。第四，在中国境内无任职、受雇单位，年所得项目中无生产、经营所得的，向户籍所在地主管税务机关申报。在中国境内有户籍，但户籍所在地与中国境内经常居住地不一致的，选择并固定向其中一地主管税务机关申报。在中国境内没有户籍的，向中国境内经常居住地主管税务机关申报。

(2)从两处或者两处以上取得工资、薪金所得的，选择并固定向其中一处单位所在地主管税务机关申报。

(3)从中国境外取得所得的，向中国境内户籍所在地主管税务机关申报。在中国境内有户籍，但户籍所在地与中国境内经常居住地不一致的，选择并固定向其中一地主管税务机关申报。在中国境内没有户籍的，向中国境内经常居住地主管税务机关申报。

(4)个体工商户向实际经营所在地主管税务机关申报。

(5)个人独资、合伙企业投资者兴办两个或两个以上企业的，区分不同情形确定纳税申报地点：第一，兴办的企业全部是个人独资性质的，分别向各企业的实际经营管理所在地主管税务机关申报。第二，兴办的企业中含有合伙性质的，向经常居住地主管税务机关申报。第三，兴办的企业中含有合伙性质，个人投资者经常居住地与其兴办企业的经营管理所在地不一致的，选择并固定向其参与兴办的某一合伙企业的经营管理所在地主管税务机关申报。

（6）除以上情形外，纳税人应当向取得所得所在地主管税务机关申报。

纳税人不得随意变更纳税申报地点，因特殊情况需变更纳税申报地点的，须报原主管税务机关备案。

（三）自行申报期限

（1）年所得 12 万元以上的纳税人，在纳税年度终了以后 3 个月内向主管税务机关办理纳税申报。

（2）个体工商户和个人独资、合伙企业投资者取得的生产、经营所得应纳的税款，分月预缴的，由纳税人在每月终了后 15 日内办理纳税申报；分季预缴的，由纳税人在每个季度终了后 15 日内办理纳税申报。纳税年度终了后，由纳税人在 3 个月内进行汇算清缴。

（3）纳税人年终一次性取得对企事业单位的承包经营、承租经营所得的，自取得所得之日起 30 日内办理纳税申报；在 1 个纳税年度内分次取得承包经营、承租经营所得的，在每次取得所得后的次月 15 日内申报预缴，纳税年度终了后 3 个月内汇算清缴。

（4）从中国境外取得所得的纳税人，在纳税年度终了后 30 日内向中国境内主管税务机关办理纳税申报。

（5）纳税人取得其他各项所得须申报纳税的，在取得所得的次月 15 日内向主管税务机关办理纳税申报。

（四）自行申报方式

纳税人可以采取数据电文、邮寄等方式申报，也可以直接到主管税务机关申报，或者采取符合主管税务机关规定的其他方式申报。纳税人采取数据电文方式申报的，应当按照税务机关规定的期限和要求保存有关纸质资料；采取邮寄方式申报的，以邮政部门挂号信函收据作为申报凭据，以寄出的邮戳日期为实际申报日期。纳税人也可以委托有税务代理资质的中介机构或者他人代为办理纳税申报。

（五）个人所得税自行申报纳税申报表的编制

纳税人应如实填报个人所得税纳税申报表，在规定的时间内缴纳税款。年所得 12 万元以上的纳税人，无论取得的各项所得是否已足额缴纳了个人所得税，均应当填写“个人所得税纳税申报表（适用于年所得 12 万元以上的纳税人申报）”（见表 8–10），并在办理纳税申报时报送主管税务机关，同时报送个人有效身份证件复印件以及主管税务机关要求报送的其他有关资料。

表 8-10 个人所得税纳税申报表

（适用于年所得 12 万元以上的纳税人申报）

所得年份：　　年　　　　填表日期：　　年　月　日　　　　金额单位：人民币元（列至角分）

纳税人姓名		国籍（地区）		身份证照类型		身份证照号码			
任职、受雇单位		任职受雇单位税务代码		任职受雇单位所属行业		职务		职业	
在华天数		境内有效联系地址				境内有效联系地址邮编		联系电话	
此行由取得经营所得的纳税人填写	经营单位纳税人识别号					经营单位纳税人名称			

所得项目	年所得额			应纳税所得额	应纳税额	已缴（扣）税额	抵扣税额	减免税额	应补税额	应退税额	备注
	境内	境外	合计								
1. 工资、薪金所得											
2. 个体工商户的生产、经营所得											
3. 对企事业单位的承包经营、承租经营所得											
4. 劳务报酬所得											
5. 稿酬所得											
6. 特许权使用费所得											
7. 利息、股息、红利所得											
8. 财产租赁所得											
9. 财产转让所得											
其中：股票转让所得				—	—	—	—	—	—	—	
个人房屋转让所得											
10. 偶然所得											
11. 其他所得											
合　计											

我声明，此纳税申报表是根据《中华人民共和国个人所得税法》及有关法律、法规的规定填报的，我保证它是真实的、可靠的、完整的。

纳税人（签字）

代理人（签章）：　　　　联系电话：

税务机关受理人（签字）：　　　　税务机关受理时间：　　年　月　日　　　　受理申报税务机关名称（盖章）：

【知识与技能训练】

一、单项选择

1. 下列所得不采用5级超额累进税率计算个人所得税的有（　　）。

A. 个体工商户的生产经营所得　B. 个人独资企业和合伙企业

C. 承包经营者取得的承租、承包所得　D. 财产租赁所得

2. 下列各项中，符合个人所得税有关规定的是（　　）。

A. 个人出售自有住房取得的所得可按照“财产租赁所得”项目征收个人所得税

B. 对个人转让已自用1年并且是家庭唯一生活用房取得的所得免征个人所得税

C. 个人转租房产而取得的转租收入，属于“劳务报酬所得”的征税范围，由财产转租人缴纳个人所得税

D. 房屋产权所有人将房屋产权无偿赠与对其承担直接抚养或者赡养义务的抚养人或者赡养人的，对当事双方不征收个人所得税

3. 2012年8月，李某出版小说一本取得稿酬80000元，从中拿出20000元通过国家机关捐赠给受灾地区。李某8月份应缴纳个人所得税（　　）。

A. 6160元　B. 6272元　C. 8400元　D. 8960元

4. 国内某作家的一篇小说在一家晚报上连载，3个月的稿酬收入分别是3000元、4000元和5000元。该作家3个月所获得的稿酬应缴纳个人所得税（　　）。

A. 1316元　B. 1344元　C. 568元　D. 1920元

5. 下列关于个人所得税的表述中，正确的是（　　）。

A. 扣缴义务人对纳税人的应扣未扣税款应由扣缴义务人予以补缴

B. 外籍个人从外商投资企业取得的股息、红利所得应缴纳个人所得税

C. 在判断个人所得来源地时对不动产转让所得以不动产坐落地为所得来源地

D. 个人取得兼职收入应并入当月“工资、薪金所得”应税项目计征个人所得税

6. 下列所得项目中，不采用代扣代缴方式征收个人所得税的是（　　）。

A. 工资、薪金所得　B. 劳务报酬所得

C. 偶然所得　D. 个体工商户的生产经营所得

7. 某歌手与卡拉OK厅签约，2011年一年内每天到歌厅演唱一次，每次付酬100元，则对其征个人所得税应按（　　）。

A. 每天　B. 每周　C. 每月　D. 每季

8. 按照个人所得税法的有关规定，下列表述不正确的是（　　）。

A. 若个人发表一篇作品，出版单位分3次支付稿酬，则这3次稿酬应合并为1次征税

B. 若个人在两处出版同一作品而分别取得稿酬，则应分别单独纳税

C. 个人的同一作品连载之后又出书取得稿酬的收入同再版稿酬分别征税

D. 若因作品加印而获得稿酬，应就此次稿酬单独纳税

9. 提供著作权的使用权取得的所得，属于（　　）所得。

A. 劳务报酬所得　B. 稿酬所得

C. 偶然所得　D. 特许权使用费所得

10. 下列各项所得不能按个体工商户生产经营所得项目征税的有（　　）。

A. 个人因从事彩票代销业务取得的所得　B. 个体工商户对外投资取得的股利

C. 个人独资企业投资者的所得　D. 私人开的诊所的所得

二、多项选择

1. 李某2012年取得的下列所得中，应征收个人所得税的有（　　）。

A. 拍卖收藏的邮票所得2万元　B. 体育彩票中奖所得2万元

C. 转让境内上市公司股票所得2万元　D. 转让持有的某合伙企业股份所得2万元

2. 下列各项中，纳税人应当自行申报缴纳个人所得税的有（　　）。

A. 年所得12万元以上的　B. 从中国境外取得所得的

C. 取得应税所得没有扣缴义务人的

D. 从中国境内两处或者两处以上取得工资、薪金所得的

3. 下列各项中，应按照"利息、股息、红利所得"项目计征个人所得税的有（　　）。

A. 股份制企业为个人股东购买住房而支出的款项

B. 员工因拥有股权而参与企业税后利润分配取得的所得

C. 员工将行权后的股票再转让时获得的高于购买日公平市场价的差额

D. 股份制企业的个人投资者，在年度终了后既不归还又未用于企业生产经营的借款

4. 下列所得应按特许权使用费所得，征收个人所得税的是（　　）。

A. 专利权　B. 著作权　C. 稿酬　D. 非专利技术

5. 下列项目中，属于劳务报酬所得的是（　　）。

A. 发表论文取得的报酬　B. 到某高校讲学取得的报酬

C. 将国外的作品翻译出版取得的报酬

D. 高校教师受出版社委托进行审稿取得的报酬

6. 个人取得下列所得，应征收个人所得税的有（　　）。

A. 员工取得的用于购买企业国有股份的劳动分红20000元

B. 个人购买福利彩票两次，每次中奖收入均为6000元，合计为12000元

C. 按照国家规定被拆迁人取得的拆迁补偿款

D. 作者去世后，财产继承人取得的遗作稿酬

三、计算分析

1. 中国公民王先生是某民营非上市公司的个人大股东，同时也是一位作家。2013年5月取得的部分实物或现金收入如下：

（1）公司为其购买了一辆轿车并将车辆所有权办到其名下，该车购买价为35万元。经当地主管税务机关核定，公司在代扣个人所得税税款时允许税前减除的数额为7万元。

（2）将本人一部长篇小说手稿的著作权拍卖取得收入5万元，同时拍卖一幅名人书法

作品取得收入 35 万元。经税务机关确认,所拍卖的书法作品原值及相关费用为 20 万元。

(3)受邀为某企业家培训班讲课两天,取得讲课费 3 万元。

(4)当月转让上月购入的境内某上市公司股票,扣除印花税和交易手续费等,净盈利 5320.56 元。同时因持有该上市公司的股票取得公司分配的 2012 年度红利 2000 元。

(5)因有一张购物发票中奖获得 1000 元奖金。

根据上述资料完成以下任务:

(1)计算公司为张先生购买轿车应代扣代缴的个人所得税;

(2)计算长篇小说手稿著作权拍卖收入应缴纳的个人所得税;

(3)计算书法作品拍卖所得应缴纳的个人所得税;

(4)计算讲课费收入应缴纳的个人所得税;

(5)计算销售股票净盈利和取得的股票红利共应缴纳的个人所得税;

(6)计算发票中奖收入应缴纳的个人所得税。

2. 我国公民李先生为国内某企业高级技术人员,2013 年 1 ~ 12 月收人情况如下:

(1)每月取得工薪收入 8400 元。

(2)3 月转让 2009 年购买的三居室精装修房屋一套,售价 230 万元,转让过程中支付相关税费 13.8 万元。该套房屋的购进价为 100 万元,购房过程中支付相关税费为 3 万元。所有税费支出均取得合法凭证。

(3)6 月因提供重要线索,协助公安部门侦破某重大经济案件,获得公安部门奖金 2 万元,已取得公安部门提供的获奖证明材料。

(4)9 月在参加某商场组织的有奖销售活动中,中奖所得共计价值 30000 元。将其中的 10000 元通过市教育局用于公益事业捐赠。

(5)10 月将自有的一项非职务专利技术提供给境外某公司使用,一次性取得特许权使用费收入折合人民币 60000 元,该项收入已在境外缴纳个人所得税折合人民币 7800 元。

根据上述资料完成以下任务:

(1)计算 1 ~ 12 月工薪收入应缴纳的个人所得税;

(2)计算转让房屋所得应缴纳的个人所得税;

(3)计算从公安部门获得的奖金应缴纳的个人所得税;

(4)计算中奖所得应缴纳的个人所得税;

(5)计算从境外取得的特许权使用费在我国缴纳个人所得税时可以扣除的税收限额;

(6)计算从境外取得的特许权使用费在我国实际应缴纳的个人所得税。

3. 中国公民邓某为某大学教授,2013 年 1 ~ 6 月除了从所在大学取得工资薪金收入外,还取得以下几项收入:

(1)2 月 10 日受邀到境内某企业作演讲,主办方支付报酬 5000 元;

(2)3 月份有两篇论文在相关专业期刊上发表,分别取得稿酬 3200 元和 4500 元;

(3)4 月份将自己某著作的外文翻译出版权转让给境外某出版社,取得收入折合人民币 62000 元,已向该境外出版社所在国缴纳个人所得税税款折合人民币 5600 元;

(4)6 月 6 日因购物取得一张发票,中奖 1000 元;6 月 8 日又因购物取得发票,中奖

200元。

根据上述资料完成以下任务：

（1）张某2月10日演讲取得的报酬应缴纳的个人所得税；

（2）张某3月份发表的两篇论文取得的稿酬应缴纳的个人所得税；

（3）张某4月份转让著作外文翻译出版权取得收入在我国实际应缴纳的个人所得税；

（4）张某6月份因发票中奖所得应缴纳的个人所得税。

四、实训操作

周建是上海某公司的技术骨干。2013年周建的全部收入和税款缴纳情况如下：

（1）每月取得工资和年终奖及扣缴税款情况如表8-11所示。

表8-11 周建2013年工资收入汇总表

单位：元

月份	基本及岗位工资	伙食补助	月奖	住房补贴	过节费	应发工资	住房公积金	基本养老保险费	基本医疗保险费	失业保险费	三费一金合计	个人所得税	实发工资
	1	2	3	4	5	6	7	8	9	10	11	12	13
1月	7000	1000	1200	3000	1000	13200	1200	960	240	120	2520	881	9799
2月	7000	1000	1200	3000	2000	14200	1200	960	240	120	2520	1081	10599
3月	7000	1000	1200	3000	0	12200	1200	960	240	120	2520	681	8999
4月	7000	1000	1200	3000	0	12200	1200	960	240	120	2520	681	8999
5月	7000	1000	1200	3000	1000	13200	1200	960	240	120	2520	881	9799
6月	7000	1000	1200	3000	0	12200	1200	960	240	120	2520	681	8999
7月	7000	1000	1200	3000	0	12200	1200	960	240	120	2520	681	8999
8月	7000	1000	1200	3000	0	12200	1200	960	240	120	2520	681	8999
9月	7000	1000	1200	3000	1000	13200	1200	960	240	120	2520	881	9799
10月	7000	1000	1200	3000	1000	13200	1200	960	240	120	2520	881	9799
11月	7000	1000	1200	3000	0	12200	1200	960	240	120	2520	681	8999
12月	7000	1000	1200	3000	0	12200	1200	960	240	120	2520	681	8999
年终奖金						36000						3495	32505
合计						188400					30240	12867	145293

（2）2013年5月10日完成某单位委托的某工程项目可行性方案，取得设计费8000元，委托单位扣缴了个人所得税1280元。

（3）在国内专业杂志上发表文章两篇，分别取得稿酬1300元和900元，杂志社已扣个人所得税84元。

（4）2013年3月1日将其拥有的一项发明专利让渡给甲公司，双方约定的转让款为40000元，甲公司扣缴其个人所得税6400元。

（5）2013年1月1日出租自有商铺给乙公司，合同约定租期1年，月租金3500元，按国家规定缴纳除个人所得税外的其他税费200元，缴纳个人所得税500元。

（6）2013年6月转让设备一台，取得转让收入6000元。该设备原价5000元，转让时支付有关费用200元，扣缴的个人所得税为160元。

(7)取得本公司股权分红 20000 元,扣缴个人所得税 4000 元。

(8)购买国债,取得利息收入 2000 元。

(9)购买企业债券,取得利息收入 1500 元,没有扣缴个人所得税。

(10)2013 年 6 月 3 日购买体育彩票,中奖 90000 元,扣缴个人所得税 18000 元。

周建就个人所得税的计算和纳税申报咨询税务专业人员,请你计算周建的个人所得税税额并指导其进行纳税申报。

项目九 其他税种会计

【知识目标】

掌握其他税种的具体内容;

了解其他税种的税收优惠;

掌握其他税种的应纳税额计算方法;

掌握其他税种的填报规定。

【技能要求】

能准确计算其他税种的应纳税额;

会正确进行其他税种的会计核算;

能熟练进行其他税种的纳税申报。

任务一 房产税会计

【案例导入】

兴和纸业有限公司坐落于浙江省衢州市柯城区人民路 38 号,有营业楼两幢,"固定资产 —— 房屋"账面原值为 58 000 000 元;另有两座写字楼,专门用于出租,每年收取租金收入 12 000 000 元。当地政府规定,按房产原值扣除 30% 后作为房产的计税余值。

【任务要求】

完成兴和纸业有限公司房产税涉税业务核算。

一、房产税纳税人

房产税是以房屋为征税对象,按房屋的计税余值或租金收入,向房屋所有人征收的一种税。房产税的征收,有利于加强对房产的管理,提高房产使用效益;有利于调节房产税所有人和经营人的收入。此外,房产税是地方财政收入重要来源之一。

按照规定,房产税由产权所有人缴纳。产权属于全民所有的,由经营管理的单位缴纳;产权出典的,由承典人缴纳;产权所有人、承典人不在当地或者产权未确定及租典纠纷未解决的,由房产代管人或者使用人代缴。

以上产权所有人、经营管理单位、承典人、房产代管人或使用人,均为房产税的纳税人。

事业单位若拥有房产(即为房产的所有权人)的,自然是房产税的纳税人。事业单位使用的房产为国有(即全民所有),也应当缴纳房产税,是房产税的纳税人。

二、征税对象和征税范围

房产税的征税对象是房产，即以房屋形态表现的财产。独立于房屋之外的建筑物，如围墙、烟囱、水塔、室外游泳池等不属于房产。

房产税规定的征税范围是在城市、县城、建制镇和工矿区的房产。这里所说的城市，是经国务院批准设立的市，包括市区和郊区，不包括农村；县城是指县人民政府所在地的城镇；建制镇是指经省、自治区、直辖市人民政府批准设立的建制镇；工矿区是指工商业比较发达，人口比较集中，符合国务院规定的建制镇标准，但尚未设立建制镇的大中型工矿事业单位所在地。城市、县城、建制镇、工矿区的具体征税范围由省、自治区、直辖市人民政府划定。

三、税率

按照规定，房产税采用比例税率、从价计征。依照房产余值计算缴纳的，年税率为 1.2%；依照房产租金收入计算缴纳的，年税率为 12%。

四、房产税的计算

（一）计税依据

房产税的计税依据有两种：一是房产的计税余值，二是房产租金收入。

1. 房产的计税余值

房产的计税余值是指房产原值一次减除 10% 至 30% 的自然损耗等因素后的余额。具体减除幅度由省、自治区、直辖市人民政府根据当地具体情况确定。

房产原值是指纳税人按照会计制度的规定，在“固定资产”账簿中记载的房屋的原价。若“固定资产”账簿中没有记载房屋原价的，由房产所在地税务机关参考同类房产，确定房屋原值。在具体确定房产原值时，房产原值应当包括与房屋不可分割的各种附属设备或一般不单独计算价值的配套设施，包括：暖气、卫生、通风、照明、煤气等设备，各种管线如蒸汽、压缩空气、石油、给水排水等管道及电力、电讯、电缆导线、电梯、升降机、过道、晒台等。纳税人对房屋进行改建、扩建的，要相应增加房产的原值。

2. 租金收入

按照规定，对于纳税人出租的房产，应以房产租金收入为房产税的计税依据。房产租金收入是指纳税人出租房产所得到的报酬，包括货币收入和实物收入。对于以劳务或其他形式作为报酬付房租收入的，应当根据当地同类房产的租金水平，确定一个标准租金，按规定计征房产税。

（二）房产税的计算

根据税法，房产税的计算方法有两种：

（1）按房产原值一次减除 10% 至 30% 后的余值计算。其计算公式为：

年应纳税额 = 房产账面原值 ×（1 - 10% 至 30%）× 1.2%

（2）按租金收入计算，其计算公式为：

年应纳税额 = 年租金收入 × 适用税率（12%）

以上方法是按年计征的，如分期缴纳，比如按半年缴纳，则以年应纳税额除以2；按季缴纳，则以年应纳税额除以4；按月缴纳，则以年应纳税额除以12。

【学中做9–1】接案例导入。

自用房产应以房产的计税余值为计税依据，适用税率1.2%计算纳税。

年应纳税额 = 58 000 000×(1–30%)×1.2% = 487 200（元）

月应纳税额 = 年应纳税额 /12 = 487 200/12 = 40 600（元）

对于出租房屋取得租金的房产，应按其租金收入适用12%的年税率纳税。

年应纳税额 = 1 200 000×12% = 1 440 000（元）

月应纳税额 = 1 440 000/12 = 120 000（元）

每月合计应纳税额 = 40 600+120 000 = 160 600（元）

五、会计处理

企业应当在“应交税费”账户下设置“应交房产税”明细账户，专门用来核算企业应交房产税的发生和缴纳情况。该账户的贷方反映企业按税收政策法规计算出的应当缴纳的房产税，借方反映企业实际向税务机关缴纳的房产税，余额在贷方反映企业应交而未交的房产税。企业缴纳的房产税应该在“管理费用”科目中列支，企业计算应交房产税时，借记“管理费用”科目，贷记“应交税费——应交房产税”科目；缴纳房产税时，借记“应交税费——应交房产税”科目，贷记“银行存款”科目。

【学中做9–2】接前例，每月计提房产税时应进行如下会计处理：

借：管理费用	160 600	
贷：应交税费——应交房产税		160 600

六、税收优惠

房产税的主要税收优惠政策包括：

（1）国家机关、人民团体、军队自用的房产免征房产税。但对这些单位的出租房产以及非自身业务使用的生产、营业用房，不属于免税范围。

（2）由国家财政部门拨付事业经费的单位（实行全额或差额预算管理的事业单位）所有的，本身业务范围内使用的房产免征房产税。对于其所属的附属工厂、商店、招待所等不属于单位公务、业务的用房，应照章纳税。

（3）宗教寺庙、公园、名胜古迹自用的房产免征房产税。但宗教寺庙、公园、名胜古迹中附设的营业单位，如影剧院、饮食部、茶社、照相馆等所使用的房产及出租的房产，不属于免税范围，应照章纳税。

（4）个人所有非营业用的房产免征房产税。对个人拥有的营业用房或者出租的房产，不属于免税房产，应照章纳税。

（5）央行（含外管局）所属分支机构自用的房产，免征房产税。

（6）对长江上游、黄河中上游地区，东北、内蒙古等国有林区天然林二期工程实施企业和单位专门用于天然林保护工程的房产、土地免征房产税、城镇土地使用税。对上述企业和单位用于其他生产经营活动的房产、土地按规定征收房产税、城镇土地使用税。

(7)经财政部批准免税的其他房产。

知识链接：农贸市场房产税的计征

自2013年1月1日至2015年12月31日，对专门经营农产品的农产品批发市场、农贸市场使用的房产，暂免征收房产税。对同时经营其他产品的农产品批发市场和农贸市场使用的房产，按其他产品与农产品交易场地面积的比例确定征免房产税。

七、纳税申报

(一)纳税义务发生时间

纳税义务发生时间具体为：

(1)纳税人将原有房产用于生产经营，从生产经营之月起，缴纳房产税。

(2)纳税人自行新建房屋用于生产经营，从建成之次月起，缴纳房产税。

(3)纳税人委托施工企业建设的房屋，从办理验收手续之次月起，缴纳房产税。

(4)纳税人购置新建商品房，自房屋交付使用之次月起，缴纳房产税。

(5)纳税人购置存量房，自办理房屋权属转移、变更登记手续，房地产权属登记机关签发房屋权属证书之次月起，缴纳房产税。

(6)纳税人出租、出借房产，自交付出租、出借房产之次月起，缴纳房产税。

(7)房地产开发企业自用、出租、出借本企业建造的商品房，自房屋使用或交付之次月起，缴纳房产税。

(8)自2009年1月1日起，纳税人因房产的实物或权利状态发生变化，而依法终止房产税纳税义务的，其应纳税款的计算应截至房产的实物或权利状态发生变化的当月末。

(二)纳税期限

房产税实行按年计算，分期(半年或季度)缴纳的征收办法。具体纳税期限由省、自治区、直辖市人民政府确定。

(三)纳税地点

房产税应向房产所在地的地方税务机关缴纳。房产不在同一地方的纳税人，应按房产的坐落地分别向房产所在地的税务机关纳税。

(四)纳税申报

房产税的申报和城建税、教育费附加、资源税、土地增值税和城镇土地使用税(预征部分)、车船使用税、印花税(仅限汇总缴纳和核定征收两种方式)、文化事业建设费、水利建设专项资金的申报一起，统一通过填制“地方税(费)纳税综合申报表”进行申报。

任务二 城镇土地使用税

【案例导入】

兴和纸业有限公司2013年度占地面积80 000平方米，其中厂房63 000平方米，行政办公楼5 000平方米，厂办子弟学校5 000平方米，厂办招待所2 000平方米，厂办医院和幼儿园各1 000平方米，厂区内绿化用地3 000平方米，该地土地等级为3级，城镇土地使用税单位税额每平方米3元。

【任务要求】

完成兴和纸业有限公司城镇土地使用税的业务核算。

城镇土地使用税——国家在城市、县城、建制镇和工矿区范围内，对使用土地的单位和个人，以其实际占用的土地面积为计税依据，按照规定的税额计算征收的一种税。

一、城镇土地使用税基本要素

(一)纳税人

城镇土地使用税的纳税义务人，是指承担缴纳城镇土地使用税义务的所有单位和个人。城镇土地使用税的纳税人通常包括以下几类：

(1)拥有土地使用权的单位和个人。

(2)拥有土地使用权的单位和个人不在土地所在地的，其土地的实际使用人和代管人为纳税人。

(3)土地使用权未确定或权属纠纷未解决的，其实际使用人为纳税人。

(4)土地使用权共有的，共有各方都是纳税人，由共有各方分别纳税。

(二)征税范围

城镇土地使用税的征税范围为城市、县城、建制镇、工矿区内属于国家所有和集体所有的土地，不包括农村集体所有的土地。

(三)税率

城镇土地使用税采用定额税率，即采取有幅度的差别税额。按大、中、小城市和县城、建制镇、工矿区分别规定每平方米土地使用税年应纳税额，见表9-1。

表9-1 城镇土地使用税税率表

级　别	人　口	每平方米税额(元)
大城市	50万以上	1.5 ~ 30
中等城市	20万 ~ 50万	1.2 ~ 24
小城市	20万以下	0.9 ~ 18
县城、建制镇、工矿区		0.6 ~ 12

(四)税收优惠

(1)国家机关、人民团体、军队自用的土地。

(2)由国家财政部门拨付事业经费的单位自用的土地。

(3)宗教寺庙、公园、名胜古迹自用的土地。

(4)市政街道、广场、绿化地带等公共用地。

(5)直接用于农、林、牧、渔业的生产用地。

(6)对非营利性医疗机构、疾病控制机构和妇幼保健机构等卫生机构自用的土地，免征城镇土地使用税。

(7)企业办的学校、医院、托儿所、幼儿园，其用地能与企业其他用地明确区分的，免征城镇土地使用税。

(8)对企业厂区以外的公共绿化用地和向社会开放的公园用地，暂免征收城镇土地使用税。

(9)个人所有的居住房屋及院落用地。

(10)民政部门举办的安置残疾人占一定比例的福利工厂用地。

(11)集体和个人办的各类学校、医院、托儿所、幼儿园用地。

(12)自 2013 年 1 月 1 日至 2015 年 12 月 31 日，对专门经营农产品的农产品批发市场、农贸市场使用的土地，暂免征收城镇土地使用税。对同时经营其他产品的农产品批发市场和农贸市场使用的土地，按其他产品与农产品交易场地面积的比例确定征免城镇土地使用税。

(13)自 2012 年 1 月 1 日起至 2014 年 12 月 31 日止，对物流企业自有的(包括自用和出租)大宗商品仓储设施用地，减按所属土地等级适用税额标准的 50% 计征城镇土地使用税。

(五)征收管理

1. 纳税期限

城镇土地使用税实行按年计算、分期缴纳的征收方法。

2. 纳税义务发生时间

(1)纳税人购置新建商品房，自房屋交付使用之次月起，缴纳城镇土地使用税。

(2)纳税人购置存量房，自办理房屋权属转移、变更登记手续，房地产权属登记机关签发房屋权属证书之次月起，缴纳城镇土地使用税。

(3)纳税人出租、出借房产，自交付出租、出借房产之次月起，缴纳城镇土地使用税。

(4)房地产开发企业自用、出租、出借本企业建造的商品房，自房屋使用或交付之次月起，缴纳城镇土地使用税。

(5)纳税人新征用的耕地，自批准征用之日起满 1 年时开始缴纳土地使用税。

(6)纳税人新征用的非耕地，自批准征用次月起缴纳土地使用税。

3. 纳税地点

城镇土地使用纳税地点为土地所在地，由土地所在地的税务机关负责征收。

(六)纳税申报

纳税人应依照当地税务机关规定的期限，填写“城镇土地使用税纳税申报表”(见表 9-2)，将其占用土地的权属、位置、用途、面积和税务机关规定的其他内容，据实向当地税务机关办理纳税申报登记，并提供有关的证明文件资料，纳税人新征用的土地，必须于批准新征用之日起 30 日内申报登记。

表 9-2 城镇土地使用税纳税申报表

税款所属期： 年 月 日至 年 月 日

纳税人识别号： 纳税人名称： 面积单位:平方米 金额单位:元(列至角分)

序号	土地使用证号	坐落地点	本期实际占地面积	法定免税面积	应税面积	土地等级	适用税额	今年应缴税额	缴纳次数	本期		
										应纳税额	已纳税额	应补退税额
	1	2	3	4	(5)=(3)-(4)	6	7	8	9	(10)=(8)×(9)/12	11	(12)=(10)-(11)
1												
合计	--	--				--	--					

二、应纳税额的计算

（一）计税依据

城镇土地使用税以纳税人实际占用的土地面积为计税依据，土地面积计量标准为平方米。即税务机关根据纳税人实际占用的土地面积，按照规定的税额计算应纳税额，向纳税人征收土地使用税。

纳税人实际占用的土地面积按下列办法确定：

（1）凡有由省、自治区、直辖市人民政府确定的单位组织测定土地面积的，以测定的面积为准。

（2）尚未组织测量，但纳税人持有政府部门核发的土地使用证书的，以证书确认的土地面积为准。

（3）尚未核发出土地使用证书的，应由纳税人申报土地面积，据以纳税，待核发土地使用证以后再作调整。

（二）应纳税额的计算

年应纳税额 = 实际占用应税土地面积（平方米）× 适用税额

【学中做 9-3】承案例导入，兴和纸业公司城镇土地使用税的计算如下：

应纳的城镇土地使用税 =（80000−5000−1000）× 3 = 222000（元）

企业办的学校、医院、托儿所、幼儿园，其用地能与企业其他用地明确区分的，免征城镇土地使用税；企业厂区以外的公共绿化用地和向社会开放的公园用地，暂免征收城镇土地使用税，但厂区内绿化用地 3000 平方米不免税。

三、城镇土地使用税的会计核算

企业按规定计算应纳的城镇土地使用税时，借记“管理费用 —— 城镇土地使用税”科目，贷记“应交税费 —— 应交城镇土地使用税”科目；企业实际缴纳税款时，借记“应交税费 —— 应交城镇土地使用税”科目，贷记“银行存款”科目。

【学中做 9-4】兴和纸业有限公司城镇土地使用税核算。

按规定计算应纳城镇土地使用税时：

借：管理费用——城镇土地使用税　　222000

　贷：应交税费——应交城镇土地使用税　　222000

企业实际缴纳城镇土地使用税时：

借：应交税费——应交城镇土地使用税　　222000

　贷：银行存款　　222000

任务三　车船使用税会计

【案例导入】

兴和纸业有限公司共有卡车 10 辆，每辆自重 3 吨，当地核定的单位税额为 80 元 / 年；

另有本单位职工接送车(大巴)一辆,当地核定的税额为600元/年。

【任务要求】

计算兴和纸业有限公司2013年度应纳车船使用税并进行会计处理。

一、车船使用税基本要素

(一)纳税人

在我国境内,车辆、船舶(以下简称车船)的所有人或者管理人为车船使用税的纳税人。车船的所有人或者管理人未缴纳车船使用税的,使用人应当代为缴纳车船使用税。在通常情况下,车船拥有人和使用人同属一人,纳税人既是车船使用人,又是车船的拥有人。如果有租赁关系,拥有人与使用人不一致时,车辆拥有人未缴纳车船使用税的,使用人应代为缴纳车船使用税。

(二)征税范围

车船使用税的征税范围为依法应当在车船管理部门登记的车船。但下列车船免征车船使用税:

(1)非机动车船(不包括非机动驳船);

(2)拖拉机;

(3)捕捞、养殖渔船;

(4)军队、武警专用的车船;

(5)警用车船;

(6)按照有关规定已经缴纳船舶吨税的船舶;

(7)依照我国有关法律和我国缔结或者参加的国际条约的规定应当予以免税的外国驻华使馆、领事馆和国际组织驻华机构及其有关人员的车船。

(三)适用税额

车船的适用税额,依照"车船使用税税目税额表"(如表9-3所示)执行。车辆的具体适用税额由省、自治区、直辖市人民政府在规定的子税目税额幅度内确定。

表9-3 车船使用税税目税额表

税目		计税单位	每年税额	备注
乘用车(按发动机气缸排量分档)		每辆	60~5400元	核定载客人数9(含)人以下
商用车	客车	每辆	480~1440元	核定载客人数9人以上,包括电车
	货车	整备质量每吨	16~120元	包括半挂牵引车、三轮汽车
挂车		整备质量每吨	按货车税额的50%计税	
摩托车		每辆	36~180元	
船舶	机动船舶	净吨位每吨	3~6元	拖船和非机动驳船分别按船舶税额的50%计算
	游艇	艇身长度每米	600~2000元	

二、车船使用税的计算

车船使用税对于载客汽车、摩托车以“辆”为计税依据；对于载货汽车、三轮汽车低速货车以“自重每吨”为计税依据；对船舶以“按净吨位每吨”为计税依据。

载货汽车、三轮汽车低速货车的应纳税额 = 自重吨数 × 适用单位税额

船舶的应纳税额 = 净吨位数 × 适用单位税额

【学中做 9-5】承【案例导入】。

货车应纳税额 = 3 × 10 × 80 = 2 400（元）

大巴应纳税额 = 600 × 1 = 600（元）

大昌汽车运输公司全年应纳车船使用税 = 2 400+600 = 3 000（元）

三、会计处理

企业应当在“应交税费”账户下设置“应交车船使用税”明细账户，专门用来核算企业应交车船使用税的发生和缴纳情况。该账户的贷方反映企业按税收政策法规计算出的应当缴纳的车船使用税，借方反映企业实际向税务机关缴纳的车船使用税，余额在贷方反映企业应交而未交的车船使用税。

企业缴纳的车船使用税应在“管理费用”科目中列支。企业计算应交车船使用税时，借记“营业税金及附加”等科目，贷记“应交税费 —— 应交车船使用税”科目；缴纳车船使用税时，借记“应交税费 —— 应交车船使用税”科目，贷记“银行存款”科目。

【学中做 9-6】接上，假定该企业一次性缴纳上述车船使用税，则应作如下账务处理：

借：营业税金及附加　　3 000

　贷：应交税费——应交车船使用税　　3 000

借：应交税费——应交车船使用税　　3 000

　贷：银行存款　　3 000

四、纳税申报

（一）纳税义务发生的时间和地点

车船使用税属于行为税，纳税义务发生时间原则上为车船使用时间，具体包括以下几个方面的情况：

（1）纳税人使用应税车船，从使用之日起征税；

（2）纳税人新购置车船，从购置使用的当日起征税；

（3）已向当地交通航运管理机关上报全年停运或报废的车辆，当年不征税。但停运后又重新使用的，从重新使用的当日起征税。

（二）纳税期限

车船使用税按年征收、分期（季度或半年）缴纳。具体的纳税期限由省、自治区、直辖市人民政府确立。

（三）纳税地点

车船使用税的纳税地点为纳税人所在地，即单位的经营地或机构所在地、个人的住所所在地。

车船使用税实行源泉控制，一律由纳税人所在地的地方税务机关负责征收和管理，从事机动车第三者责任强制保险业务的保险机构为机动车车船使用税的扣缴义务人，应当在收取保险费时依法代收车船使用税，并出具代收税款凭证。各地对外省、市来的车船不计查税款。

（四）纳税申报

车船使用税的申报和城建税、教育费附加、资源税、房产税和城市房地产税、土地增值税和城镇土地使用税（预征部分）、车船使用牌照税、印花税（仅限汇总缴纳和核定征收两种方式）、文化事业建设费、水利建设专项资金的申报一起，统一通过填制“地方税（费）纳税综合申报表”进行申报。

任务四 车辆购置税会计

【案例引入】

2013 年 12 月，小李在衢州某汽车销售公司（增值税一般纳税人）购买轿车 1 辆供自己使用，支付含增值税的价款 221 000 元，另支付购置工具件和零配件价款 1 000 元，车辆装饰费 4 000 元，销售公司代收保险费等 8 000 元，支付的各项价款均由销售公司开具统一发票。

【任务要求】

计算小李新车的车辆购置税并完成纳税申报。

车辆购置税是以在我国境内购置规定的车辆为课税对象，在特定的环节向车辆购置者征收的一种税。

> **知识链接：** 车辆购置税的由来
>
> 车辆购置税于 2001 年 1 月 1 日开始在我国实施，是一个新的税种，是在原交通部门收取的车辆购置附加费的基础上，通过“费改税”方式演变而来的。

一、车辆购置税基本要素

（一）纳税人义务

车辆购置税的纳税人是指在我国境内购置应税车辆的单位和个人。其中，购置是指购买使用行为、进口使用行为、受赠使用行为、自产自用行为、获奖使用行为以及以拍卖、抵债、走私、罚没等方式取得并使用的行为，这些行为都属于车辆购置税的应税行为。

车辆购置税的应税行为是从各种渠道取得并使用应税车辆的行为，其行为标志是“使用”。

(二)征税范围

车辆购置税以列举的车辆作为征税对象,未列举的车辆不纳税。其征税范围包括汽车、摩托车、电车、挂车、农用运输车。

二、税率与计税依据

(一)税率

我国车辆购置税实行统一比例税率(指 1 个税种只设计 1 个比例的税率),税率为 10%。车辆购置税实行从价定率、价外征收的方法。

(二)计税依据

(1)购买自用应税车辆计税依据的确定。

纳税人购买自用的应税车辆的计税依据为纳税人购买应税车辆而支付给销售方的全部价款和价外费用(不含增值税)。

(2)进口自用应税车辆计税依据的确定。

纳税人进口自用的应税车辆以组成计税价格为计税依据,组成计税价格的计算公式为:

组成计税价格 = 关税完税价格 + 关税 + 消费税

(3)其他自用应税车辆计税依据的确定。

现行政策规定,纳税人自产、受赠、获奖和以其他方式取得并自用的应税车辆的计税依据,凡不能或不能准确提供车辆价格的,由主管税务机关依国家税务总局核定的相应类型的应税车辆的最低计税价格确定。因此,纳税人自产自用、受赠使用、获奖使用和以其他方式取得并自用的应税车辆一般以国家税务总局核定的最低计税价格为计税依据。

(4)最低计税价格作为计税依据的确定。

纳税人购买自用或者进口自用的应税车辆,申报的计税价格低于同类型应税车辆的最低计税价格,又无正当理由的,按照最低计税价格征收车辆购置税。

实际工作中,通常是当纳税人申报的计税价格等于或高于最低计税价格时,按申报的价格计税;当纳税人申报的计税价格低于最低计税价格时,按最低计税价格计税。最低计税价格由国家税务总局依据全国市场的平均销售价格制定。根据纳税人购置应税车辆的不同情况,国家税务总局对以下几种特殊情形应税车辆的最低计税价格规定如下:

(1)对已缴纳并办理了登记注册手续的车辆,其底盘和发动机同时发生更换,其最低计税价格按同类型新车最低计税价格的 70% 计算。

(2)免税、减税条件消失的车辆,其最低计税价格的确定方法为:

最低计税价格 = 同类型新车最低计税价格 ×[1-(已使用年限 / 规定使用年限)]× 100%

其中,规定使用年限为:国产车辆按 10 年计算;进口车辆按 15 年计算。超过使用年限的车辆,不再征收车辆购置税。

(3)非贸易渠道进口车辆的最低计税价格,为同类型新车最低计税价格。

车辆购置税的计税依据和应纳税额应使用统一货币单位计算。纳税人以外汇结算应税车辆价款的,按照申报纳税之日中国人民银行公布的人民币基准汇价,折合成人民币计算应纳税额。

三、应纳税额的计算与会计处理

(一)应纳税额的计算

1. 购买自用应税车辆应纳税额的计算

纳税人购买自用的应税车辆,其计税价格由纳税人支付给销售者的全部价款和价外费用组成(不包括增值税税款)。还要注意购买自用的应税车辆包括购买国产车和购买进口车,这里所谓购买进口车并不是指自行进口车辆,而是指购买别人进口的车辆。不论是购买国产车还是进口车,都需要注意以下的细节:

(1)购买者支付的控购费,是政府部门的行政性收费,属于销售费的价外费用范围,不应并入计税价格计税。

(2)购买者随购买车辆支付的工具件和零部件价款应作为购车价款的一部分,并入计税依据中征收车辆购置税。

(3)支付的车辆装饰费,应作为价外费用并入计税依据中计税。

(4)销售单位开展优质销售活动所开票收取的有关费用,应属于经营性收入,企业在代理过程中按规定支付给有关部门的费用,企业已作经营性支出列入核算,其收取的各项费用并在一张发票上难以划分的,应作为价外收入计算征税。

(5)代收款项应区别征税:①凡使用代收单位(受托方)票据收取的款项,应视作代收单位价外收费。购买者支付的价费款应并入计税价格中一并征税;②凡使用委托方票据收取,受托方只履行代收义务和收取代收手续费的款项,应按其他税收政策规定征税。

(6)销售单位开给购买者的各种发票金额中包含增值税税款,计算应纳车辆购置税时,应换算为不含增值税税额的计税价格。

【学中做 9-7】承【案例导入】。

小李应纳车辆购置税 =(221 000+1 000+4 000+8 000)/(1+17%)× 10% = 20 000(元)

2. 其他自用应税车辆应纳税额的计算

纳税人自产自用、受赠使用、获奖使用和以其他方式如拍卖、抵债、走私、罚没等取得并自用应税车辆的,凡不能取得该型车辆的购置价格,或者购置价格低于最低计税价格的,以国家税务总局核定的最低计税价格为计税依据计算征收车辆购置税。应注意:

(1)纳税人自产自用应税车辆的,若其自开发票价格低于最低计税价格又无正当理由的,主管税务机关应按全国统一核定的同类型应税车辆最低计税价格确定征税。

(2)受赠使用车辆的,接受车辆的使用者应按受赠应税车辆的政策规定,缴纳车辆购置税。

(3)如果应税车辆在外形设计、内外装潢方面进行改进因而没有价格,则应按最低计税价格征税。

(4)纳税人从各种奖励方式中取得并自用的应税车辆,若其发票价格低于最低计税价格,应按国家税务总局核定的最低计税价格计税。

(5)通过拍卖公司拍卖的车辆,价格一般都较低,成交价只能是参考,不能作为计税的依据,应该以国家税务总局核定的最低计税价格为计税依据计算征收车辆购置税。

【学中做 9-8】A 公司 2012 年 10 月接受捐赠小汽车 10 辆并自用，经税务机关审核，国家税务总局规定的同类型应税车辆的最低计税价格为 100000 元 / 辆，小汽车的成本为 80000 元 / 辆，成本利润率为 8%，小汽车的消费税税率是 9%，则该公司应纳的车辆购置税税额为多少？

分析：接受捐赠小汽车车辆购置税的计算，凡不能取得该类型车辆的购置价格，或者低于最低计税价格的，以国家税务总局核定的最低计税价格为计税依据计算征收车辆购置税。

应缴纳车辆购置税 = 100000 × 10 × 10% = 100000（元）

（二）会计处理

车辆购置税属价内税，是固定资产成本之一，因此核算时应将购置税计入车辆购置成本。凭完税凭证借方登记“固定资产”科目，贷方登记“银行存款”科目。

四、税收优惠及退税

（一）法定减免

（1）外国驻华使馆、领事馆和国际组织驻华机构及其外交人员自用车辆免税。

（2）中国人民解放军和中国人民武装警察部队列入军队武器装备订货计划的车辆免税。

（3）设有固定装置的非运输车辆免税。

（4）防汛部门和森林消防用于指挥、检查、调度、报汛（警）、联络的设有固定装置的指定型号的车辆。

（5）回国服务的留学人员用现汇购买 1 辆个人自用国产小汽车。

（6）长期来华定居专家进口自用的 1 辆小汽车。

（7）城市公交企业自 2012 年 1 月 1 日至 2015 年 12 月 31 日购置的公共汽电车辆免税。

（二）退税

纳税人已经缴纳车辆购置税，但在办理车辆登记手续前因下列原因需要办理退还车辆购置税的，由纳税人申请，征收机构审查后办理退还车辆购置税手续：

（1）公安机关车辆管理机构不予办理车辆登记注册手续的，凭公安机关车辆管理机构出具的证明办理退税手续。

（2）因质量等原因发生退回所购车辆的，凭经销商的退货证明办理退税手续。

五、纳税申报

1. 征收管理

车辆购置税实行一车一申报制度。纳税人办理纳税申报时应如实填写“车辆购置税纳税申报表”（见表 9-4），同时提供以下资料的原件和复印件：（1）车主身份证明；（2）车辆价格证明；（3）车辆合格证明；（4）税务机关要求提供的其他资料。

表 9–4 车辆购置税纳税申报表

填表日期： 年 月 日 行业代码： 注册类型代码：
纳税人名称： 金额单位：元

<table>
<tr><td>纳税人证件名称</td><td colspan="2"></td><td colspan="2">证件号码</td><td></td></tr>
<tr><td>联系电话</td><td></td><td>邮政编码</td><td></td><td>地址</td><td></td></tr>
<tr><td colspan="6">车辆基本情况</td></tr>
<tr><td>车辆类别</td><td colspan="5">1. 汽车 2. 摩托车 3. 电车 4. 挂车 5. 农用运输车</td></tr>
<tr><td>生产企业名称</td><td colspan="2"></td><td colspan="2">机动车销售统一发票（或有效凭证）价格</td><td></td></tr>
<tr><td>厂牌型号</td><td colspan="2"></td><td colspan="2">关税完税价格</td><td></td></tr>
<tr><td>发动机号码</td><td colspan="2"></td><td colspan="2">关税</td><td></td></tr>
<tr><td>车辆识别代号（车架号码）</td><td colspan="2"></td><td colspan="2">消费税</td><td></td></tr>
<tr><td>购置日期</td><td colspan="2"></td><td colspan="2">免（减）税条件</td><td></td></tr>
</table>

申报计税价格	计税价格	税率	免税、减税额	应纳税额
1	2	3	4=2×3	5=1×3 或 2×3
		10%		

<table>
<tr><td>申报人声明</td><td>授权声明</td></tr>
<tr><td>此纳税申报表是根据《中华人民共和国车辆购置税暂行条例》的规定填报的，我相信它是真实的、可靠的、完整的。
声明人签字：</td><td>如果你已委托代理人申报，请填写以下资料：
为代理一切税务事宜，现授权（ ），地址（ ）为本纳税人的代理申报人，任何与本申报表有关的往来文件，都可寄予此人。
授权人签字：</td></tr>
</table>

<table>
<tr><td rowspan="5">纳税人签名或盖章</td><td colspan="3">如委托代理人的，代理人应填写以下各栏</td></tr>
<tr><td>代理人名称</td><td></td><td rowspan="4">代理人（章）</td></tr>
<tr><td>地址</td><td></td></tr>
<tr><td>经办人</td><td></td></tr>
<tr><td>电话</td><td></td></tr>
<tr><td>接收人：
接收日期：</td><td colspan="3">主管税务机关（章）：</td></tr>
</table>

2. 纳税环节

车辆购置税是对应税车辆的购置行为课征,征收环节单一,实行一次课征制度。征税环节选择在使用环节(即最终消费环节)。具体而言,车辆购置税是在应税车辆上牌登记注册前的使用环节征收。购置已征车辆购置税的车辆,不再征收车辆购置税。但减税、免税条件消失的车辆,即减税、免税车辆因转让、改制后改变了原减、免税的前提条件,就不再属于免税、减税范围,应按规定缴纳车辆购置税。

3. 纳税期限

纳税人购买自用的应税车辆,自购买之日起 60 日内申报纳税;进口自用的应税车辆,应当自进口之日起 60 日内申报纳税;自产、受赠、获奖和以其他方式取得并自用应税车辆的,应当自取得之日起 60 日内申报纳税。这里的“购买之日”是指纳税人购车发票上注明的销售日期;“进口之日”是指纳税人报关进口的当天。

4. 纳税地点

纳税人购置应税车辆,应当向车辆登记注册地的主管税务机关申报纳税;购置不需办理车辆登记注册手续的应税车辆,应当向纳税人所在地的主管税务机关申报纳税。车辆登记注册地是指车辆的上牌落籍地或落户地。完税后税务机关出具完税证明,如图 9-1 所示:

图 9-1　车辆购置税完税证明

任务五 印花税会计

【案例导入】

兴和纸业有限公司2013年12月有关资料如下：除资金账簿外，新建账册10本；签订购销合同8份，合同总金额200万元；签订借款合同一份，金额100万元，年利率7%；领受土地使用证一份。

【任务要求】

完成兴和纸业有限公司印花税涉税业务处理。

一、印花税基本要素

(一)纳税人

印花税是对经济活动中书立、领受应税凭证的行为征收的一种税。在我国书立、领受应税范围内各种应税凭证的单位和个人，都是印花税的纳税义务人。

根据书立和领受应税凭证的不同情况，其纳税人分别规定为：

(1)立合同人。列举征税的各种合同及合同性质的凭证，以立合同人为纳税人。

(2)立据人。产权转移书据，以立据人为纳税人。

(3)立账簿人。营业账簿，以立账簿人为纳税人。

(4)领受人。权利、许可证照，以领受人为纳税人。

(5)使用人。在国外书立、领受，但在国内使用的应税凭证，以使用人为纳税人。

(6)各类电子应税凭证的签订人。对应税凭证，凡是由两方或两方以上当事人共同书立的，其当事人各方都是印花税的纳税人，各就其所持凭证的计税金额纳税。这里的当事人是指对凭证有直接权利义务关系的单位和个人，但不包括合同的担保人、证人、鉴定人。当事人的代理人有代理纳税的义务。

上述单位和个人，是指国内各类企业、事业、机关、团体、部队以及中外合资企业、中外合作企业、外资企业、外国公司企业和其他经济组织及其在华机构等单位和中、外籍个人。

(二)征税范围

印花税的征税范围，只对印花税暂行条例列举的各种凭证征税，没有列举的凭证不征税。印花税应税凭证的范围具体包括：

(1)各类经济合同或具有合同性质的凭证。包括购销、加工承揽、建设工程勘察设计、建筑安装工程承包、财产租赁、货物运输、仓储保管、借款、财产保险、技术等合同或者具有合同性质的凭证。以上所说的合同，是根据《中华人民共和国经济合同法》、《中华人民共和国涉外经济合同法》和其他有关合同法规订立的合同。具有合同性质的凭证，是指具有合同效力的协议、契约、合约、单据、确认书及其他各种名称的凭证。

(2)产权转移书据。指单位和个人产权的买卖、继承、赠与、交换、分割等所立的书据。包括财产所有权、版权、商标专用权、专利权、专有技术使用权等转移书据。其中，财产所有权转移书据是指经政府管理机关注册的动产、不动产所有权转移所书立的书据以及企业股权转让所立的书据。

(3)营业账簿。指单位和个人记载生产经营活动的财务会计核算账簿。包括单位和个人从事生产经营活动所设立的各种账册。按照营业账簿反映内容的不同，可分为记载资金的账簿和其他营业账簿。

(4)权利、许可证照。指政府授予单位、个人某种法定权利和准予从事特定经济活动的各种证照的统称。包括房屋产权证、工商营业执照、商标注册证、专利证、土地使用证等。

(5)经财政部确定征税的其他凭证。

(三)印花税税率

印花税根据各种应税凭证的性质和特点，采用列举凭证设置税目，共设置了 13 个税目，分别采用比例税率和定额税率两种税率形式(见表 9–5)。

表 9–5 印花税税目税率表

税目	范围	税率	纳税义务人	说明
1. 购销合同	包括供应、预购、采购、购销结合及协作、调剂、补偿、易货等合同	按购销金额的万分之三贴花	立合同人	
2. 加工承揽合同	包括加工、定作、修缮、修理、印刷、广告、测绘、测试等合同	按加工或承揽收入的万分之五贴花	立合同人	
3. 建设工程勘察设计合同	包括勘察、设计合同	按收取费用的万分之五贴花	立合同人	
4. 建筑安装工程承包合同	包括建筑、安装工程承包合同	按承包金额的万分之三贴花	立合同人	
5. 财产租赁合同	包括租赁房屋、船舶、飞机、机动车辆、机械、器具、设备等合同	按租赁金额的千分之一贴花，税额不足 1 元的按 1 元贴花	立合同人	
6. 货物运输合同	包括民用航空运输、铁路运输、海上运输、内河运输、公路运输和联运的合同	按运输费用的万分之五贴花	立合同人	单据作为合同使用的，按合同贴花
7. 仓储保管合同	包括仓储、保管合同	按仓储保管费用的千分之一贴花	立合同人	仓单或栈单作为合同使用的，按合同贴花
8. 借款合同	银行和其他金融组织与借款人(不包括银行同业拆借)所签订的借款合同	按借款金额的万分之零点五贴花	立合同人	单据作为合同使用的，按合同贴花
9. 财产保险合同	包括财产、责任、保证、信用等保险合同	按保费收入的千分之一贴花	立合同人	单据作为合同使用的，按合同贴花
10. 技术合同	包括技术开发、转让、咨询、服务等合同	按所载金额的万分之三贴花	立合同人	
11. 产权转移书据	包括财产所有权和版权、商标专用权、专利权、专有技术使用权等转移书据	按所载金额的万分之五贴花	立据人	
12. 营业账簿	生产经营用账册	记载资金的账簿，按实收资本和资本公积的合计金额的万分之五贴花，其他账簿按件贴花 5 元	立账簿人	
13. 权利许可证照	包括政府部门发给的房屋产权证、工商营业执照、商标注册证、专利证、土地使用证	按件贴花 5 元	领受人	

二、应纳税额的计算

（1）适用比例税率的应税凭证，以凭证上所记载的金额为计税依据，计税公式为：

应纳税额 = 计税金额 × 适用税率（按金额比例贴花）

（2）适用定额税率的应税凭证，以凭证件数为计税依据，计税公式为：

应纳税额 = 计税数量 × 定额税率（按件定额贴花）

【学中做 9–9】某企业 2009 年 1 月开业，当年发生以下有关业务：领受房屋产权证、工商营业执照、土地使用证各一件；与某科研单位签订一份技术开发合同，合同所载金额 100 万元；与其他企业订立转让专用技术使用权书据一份，所载金额 200 万元；订立产品购销合同一份，所载金额为 200 万元；与市银行订立借款合同一份，所载金额为 500 万元；企业记载资金的账簿，"实收资本"、"资本公积"为 1 000 万元；其他营业账簿 8 本。试计算该企业 2009 年应缴纳的印花税额。

（1）企业领受权利、许可证照应纳税额 = 3 × 5 = 15（元）

（2）企业订立产权转移书据应纳税额 = 2 000 000 × 0.5‰ =1 000（元）

（3）企业订立产品购销合同应纳税额 =2 000 000 × 0.3‰ =600（元）

（4）企业订立借款合同应纳税额 = 5 000 000 × 0.05‰ =250（元）

（5）企业记载资金的账簿应纳税额 = 10 000 000 × 0.5‰ =5 000（元）

（6）企业订立技术开发合同应纳税额 = 1 000 000 × 0.3‰ =300（元）

企业其他营业账簿应纳税额 = 8 × 5 = 40（元）

（8）2009 年企业应纳印花税税额 =15+1 000+600+250+5 000+300+40 = 7 205（元）

需要注意的是：在计算税额时，若应纳税额在 1 角以上，其税额尾数不满 5 分的不计，满 5 分的按 1 角计算。财产租赁合同应纳税额在 1 角以上，但不足 1 元的按 1 元纳税。

三、会计处理

企业应在"应交税费"账户下设置"应交印花税"明细账户，专门用来核算企业应交印花税的发生和缴纳情况。该账户的贷方反映企业按税收政策法规计算出的应当缴纳的印花税，借方反映企业实际向税务机关缴纳的印花税，余额在贷方反映企业应交而未交的印花税。

企业缴纳的印花税应在"管理费用"科目中列支。企业计算应交印花税时，借记"营业税金及附加"等科目，贷记"应交税费 —— 应交印花税"科目；缴纳印花税时，借记"应交税费 —— 应交印花税"科目，贷记"银行存款"科目。

四、纳税申报

（一）印花税的缴纳办法

印花税的缴纳办法可采用自行贴花、汇贴或汇缴、委托代征 3 种办法。

（1）自行贴花办法。指纳税人根据应纳税凭证的性质和适用的科目、税率，自行计算应纳税额、自行购买印花税票、自行一次贴足印花税税票并加以注销或划销。这种办法适用于应税凭证较少或者贴花次数较少的纳税人。

（2）汇贴或汇缴办法。一份凭证应纳税额超过500元的，应向当地税务机关申请填写缴款书或者完税证，将其中一联粘贴在凭证上或者由税务机关在凭证上加注完税标记代替贴花。同一种类应纳税凭证需频繁贴花的，应向当地税务机关申请按期汇总缴纳印花税。税务机关对核准汇总缴纳印花税的单位应发给汇缴许可证。汇总缴纳的限期限额由当地税务机关确定，但最长期限不得超过1个月。

（3）委托代征办法。包括税务机关委托经由发放或者办理应纳税凭证的单位代为征收印花税税款。如工商行政管理部门在核发各类营业执照和商标注册证时，受税务机关委托，代收印花税税款并监督领受单位和个人的贴花。

（二）纳税申报

印花税的申报和城建税、教育费附加、资源税、房产税和城市房地产税、土地增值税和城镇土地使用税（预征部分）、车船使用税、车船使用牌照税、文化事业建设费、水利建设专项资金的申报一起，统一通过填制"地方税（费）纳税综合申报表"进行申报。

任务六 耕地占用税会计

【案例导入】

兴和纸业有限公司经批准在市郊占用田地50 000平方米，其中用于厂房建设用地45 000平方米，其余土地用于托儿所和职工医院建设。所在地区适用税额为10元/平方米。

【任务要求】

完成兴和纸业有限公司耕地占用税业务处理。

一、耕地占用税的基本要素

（一）纳税人

耕地占用税的纳税人包括在中国境内占用耕地建房和从事其他非农业建设的企业、行政单位、事业单位、军事单位、社会团体、其他单位、个体工商户和其他个人。

耕地指用于种植农作物的土地。占用耕地建房或者从事非农业建设的单位或者个人为耕地占用税的纳税人，应当缴纳耕地占用税。构成这一行为，必须具备两个条件：一是占用耕地；二是建房或从事非农业建设。

（二）征税范围

耕地占用税的征税范围包括纳税人为建房或从事其他非农业建设而占用的国家所有和集体所有的耕地。耕地是指种植农作物的土地（包括菜地、园地）。占用鱼塘及其他农用土地建房或从事其他非农业建设，也视同占用耕地，必须依法征收耕地占用税。园地包括苗圃、花圃、茶园、果园、桑园和其他种植经济林木的土地。占用其他农用土地，例如占用已开发从事种植、养殖的滩涂、草场、水面和林地等从事非农业建设，是否征税由省、自治区、直辖市本着有利保护农用土地资源和保护生态平衡的原则，结合具体情况加以确定。

（三）税率

耕地占用税是以纳税人实际占用耕地面积为计税依据，按照规定税额一次性征收。

纳税人实际占用耕地面积的核定以农用地转用审批文件为主要依据，必要的时候应当实地勘测。耕地占用税根据不同地区的人均耕地面积和经济发展情况实行有地区差别的幅度税额标准，税额标准表如表 9-6 所示。

表 9-6　税额标准表

地区（以县级行政区域为单位）	税额标准
人均耕地不超过 1 亩的地区	每平方米为 10~50 元
人均耕地超过 1 亩但不超过 2 亩的地区	每平方米为 8~40 元
人均耕地超过 2 亩但不超过 3 亩的地区	每平方米为 6~30 元
人均耕地超过 3 亩的地区	每平方米为 5~25 元

（四）耕地占用税优惠政策

（1）下列项目占用耕地，可以免征耕地占用税。

①军事设施，包括地上、地下的军事指挥、作战工程；军用机场、港口、码头；营区、训练场、试验场；军用洞库、仓库；军用通信、侦察、导航、观测台站和测量、助航标志；军用公路、铁路专用线，军用通信、输电线路，军用输油、输水管道；其他直接用于军事用途的设施。

②学校，包括县级以上人民政府教育行政部门批准成立的大学、中学、小学、学历性职业教育学校和特殊教育学校。

③幼儿园，包括在县级以上人民政府教育行政部门登记或者备案的幼儿园用于幼儿保育、教育的场所。

④养老院，包括经批准设立的养老院为老年人提供生活照顾的场所。

⑤医院，包括县级以上人民政府卫生行政单位部门批准设立的医院用于提供医疗服务的场所及其配套设施。

（2）下列项目占用耕地，可以减按每平方米 2 元的税额标准征收耕地占用税。

①铁路线路，包括铁路路基、桥梁、涵洞、隧道及其按照规定两侧留地。

②公路线路，包括经批准建设的国道、省道、县道、乡道和属于农村公路的村道的主体工程以及两侧边沟、截水沟。

③飞机场跑道、停机坪，包括经批准建设的民用机场专门用于民用航空器起降、滑行和停放的场所。

④港口，包括经批准建设的港口供船舶进出、停靠和旅客上下、货物装卸的场所。

⑤航道，包括在江、河、湖泊、港湾等水域供船舶安全航行的通道。

（3）农村居民经批准在户口所在地按照规定标准占用耕地，建设自用住宅，可以按照当地的适用税额标准减半征收耕地占用税。

（4）农村烈士家属、残疾军人、鳏寡孤独和革命老根据地、少数民族聚居区、边远贫困山区生活困难的农村居民，在规定用地标准以内新建住宅缴纳耕地占用税确有困难的，经所在地乡（镇）人民政府审核，报经县级人民政府批准以后，可以免征、减征耕地占用税。

二、耕地占用税的计算

耕地占用税以纳税人实际占用的耕地面积为计税依据，按照规定的适用税额标准计算应纳税额，实行一次性征收。

应纳税额计算公式为：

应纳税额 = 纳税人实际占用的耕地面积 × 适用税额标准

【学中做 9–10】承【案例导入】，兴和纸业有限公司应纳耕地占用税的计算如下：

应纳税额 = 45 000 × 10 = 450 000（元）

托儿所和职工医院用地免税。

三、耕地占用税的会计处理

由于耕地占用税是在实际占用耕地之前一次性交纳的，不存在与征税机关清算和结算的问题，因此企业按规定交纳的耕地占用税，可以不通过“应交税费”科目核算。

企业为购建固定资产计算出应交纳的耕地占用税，作为固定资产价值的组成部分，借记“在建工程”科目，贷记“银行存款”科目；工程竣工后汇算清缴时，如果预缴的税款少于应缴的税款时，应借记“在建工程”科目，贷记“银行存款”科目；如果有多缴的预缴税款退回时，应该借记“银行存款”科目，贷记“在建工程”科目。

四、耕地占用税的征收管理

（一）纳税环节

耕地占用税的纳税环节，规定在各级人民政府批准用地单位或个人征（占）用耕地之后，土地管理部门发放征（占）用土地通知书和划拨用地之前。

（二）纳税期限

土地管理部门在通知单位或者个人办理耕地手续时，应当同时通知耕地所在地同级财政机关。获准占用耕地的单位或者个人应当在收到土地管理部门的通知之日起 30 日缴纳耕地占用税，土地管理部门凭耕地占用税完税凭证或者免税凭证和其他有关文件发放建设用地批准书。耕地占用税的征收管理依照《中华人民共和国税收征收管理法》和耕地占用税条例的有关规定执行。

（三）纳税申报

纳税义务人应如实填报“耕地占用税纳税申报表”，浙江省“耕地占用税纳税申报表”如表 9–7 所示：

表 9-7 耕地占用税纳税申报表

填报日期： 金额：元（列至角分） 面积：平方米

<table>
<tr><td rowspan="5">用地单位
（纳税人）</td><td colspan="2">地税编码</td><td colspan="2"></td><td colspan="2">纳税人名称</td><td colspan="2"></td></tr>
<tr><td colspan="2">登记注册类型</td><td colspan="2"></td><td colspan="2">所属行业</td><td colspan="2"></td></tr>
<tr><td colspan="2">身份证照类型</td><td colspan="2"></td><td colspan="2">身份证照号码</td><td colspan="2"></td></tr>
<tr><td colspan="2">联系人</td><td colspan="2"></td><td colspan="2">联系电话</td><td colspan="2"></td></tr>
<tr><td colspan="2">开户银行</td><td colspan="2"></td><td colspan="2">银行账号</td><td colspan="2"></td></tr>
<tr><td>土地坐落</td><td colspan="3"></td><td>项目名称</td><td colspan="4"></td></tr>
<tr><td>批准文号</td><td colspan="3"></td><td>批准占地面积</td><td colspan="2"></td><td>实际占地面积</td><td></td></tr>
<tr><td>占地用途</td><td colspan="3"></td><td>占地时间</td><td colspan="2"></td><td>国土通知日期</td><td></td></tr>
<tr><td>征收品目</td><td>计征面积</td><td>税额标准</td><td>应缴税额</td><td>优惠项目</td><td>免税面积</td><td>优惠税额</td><td>已缴税额</td><td>应补（退）税额</td></tr>
<tr><td></td><td></td><td></td><td></td><td></td><td></td><td></td><td></td><td></td></tr>
<tr><td></td><td></td><td></td><td></td><td></td><td></td><td></td><td></td><td></td></tr>
<tr><td></td><td></td><td></td><td></td><td></td><td></td><td></td><td></td><td></td></tr>
<tr><td></td><td></td><td></td><td></td><td></td><td></td><td></td><td></td><td></td></tr>
<tr><td colspan="4">是否申请农村居民新建住宅减免税备案</td><td colspan="5"></td></tr>
<tr><td>纳税人
（代理人）
签章栏</td><td colspan="8">我声明，以上内容是根据国家有关税收规定填报的，我确认它是真实的、可靠的、完整的。
纳税人： 签章 电话：
委托代理人： 签章 电话：
委托代理人身份证件号码：</td></tr>
<tr><td rowspan="2">税务机关填写</td><td>受理人</td><td></td><td colspan="2">受理日期</td><td></td><td colspan="2">受理申报机关</td><td></td></tr>
<tr><td>农村居民新建住宅减免税备案意见</td><td colspan="7">（税务机关盖章）
年 月 日</td></tr>
<tr><td>备注栏</td><td colspan="8"></td></tr>
</table>

任务七 契税会计

【案例导入】

兴和纸业有限公司 2013 年 3 月从亿城公司获得一块土地的使用权，用于厂房建设，全部价款 100 万元，另以 30 万元补差价。当地契税税率 5%。

【任务要求】

完成兴和纸业有限公司契税业务处理。

契税是因土地、房屋权属发生转移，依据当事人双方订立的契约，由承受方缴纳的一种财产税。1950 年 4 月 3 日，由国务院颁布《契税暂行条例》，在全国城市和已完成土改的乡村征收契税。改革开放后，我国从 1990 年恢复征收契税。1997 年 7 月 7 日，国务院发布了《中华人民共和国契税暂行条例》，并从 1997 年 10 月 1 日起实施。

一、契税基本要素

（一）契税纳税人

契税的纳税人包括在中国境内转移土地、房屋权属时承受被转移土地、房屋权属的企业、行政单位、事业单位、军事单位、社会团体、其他单位、个体工商户和其他个人。西藏自治区暂时没有征收此税。

（二）征税范围

契税的征税对象是发生土地使用权、房屋所有权权属转移的土地和房屋。

契税的征税范围包括单位和个人所有在我国境内转移土地、房屋权属的行为，具体有下列行为：

（1）国有土地使用权出让。指土地使用者向国家支付土地使用权出让费用，国家将土地使用权在一定年限内让与土地使用者的行为。

（2）土地使用权转让。指土地使用者以出售、赠与、交换或者其他方式将土地使用权转移给其他单位和个人的行为。

（3）房屋买卖。即以货币为媒介，出卖者向购买者过渡房产所有权的交易行为。以下几种特殊情况视同买卖房屋：①以房产抵债或实物交换房屋；②以房产作投资或作股权转让；③买房拆料或翻建新房。

（4）房屋赠与。指房屋所有者将其房屋无偿转给受赠人的行为。

（5）房屋交换。指房屋住户、用户、所有人为了生活工作方便，相互之间交换房屋的使用权或所有权的行为。

（6）承受国有土地使用权支付土地出让金要计征契税，不得因减免土地出让金而减免契税。

（7）房屋附属设施有关契税政策。对于承受与房屋相关的附属设施（包括停车位、汽车库、自行车库、顶层阁楼以及储藏室）所有权或土地使用权的行为，按照契税法律、法规的规定征收契税；对于不涉及土地使用权和房屋所有权转移变动的，不征收契税。

随着经济形势的发展，有些特殊方式转移土地、房屋权属的，也将视同土地使用权转让、房屋买卖或者房屋赠与。一是以土地、房屋权属作价投资、入股；二是以土地、房屋权属抵债；三是以获奖方式承受土地、房屋权属；四是以预购方式或者预付集资建房款方式承受土地、房屋权属。

（三）税率

契税实行 3% ~ 5% 的幅度比例税率。各省、自治区和直辖市的具体适应税率，由当地省级人民政府根据本地区的实际情况，在上述规定的幅度以内确定，并报财政部和国家税务总局备案。

(四)契税优惠政策

(1)行政单位、事业单位、军事单位和社会团体承受土地、房屋,用于办公、教学、医疗、科研和军事设施的;企业事业组织、社会团体、其他社会组织和公民个人经过有关主管部门批准,利用非国家财政性教育经费面向社会举办的教育机构,承受土地、房屋用于教学的,可以免征契税。

(2)城镇职工经过县级以上人民政府批准,在国家规定的标准面积以内第一次购买公有住房的,可以免征契税。

(3)已购公有住房经补缴土地出让金和其他出让费用成为完全产权住房的,可以免征土地权属转移的契税。

(4)个人因拆迁重新购置住房的,购房成交价格中相当于拆迁补偿款的部分,可以免征契税。

(5)个人购买普通住房,且该住房属于家庭(成员包括购房人、配偶和未成年子女,下同)唯一住房的,减半征收契税。

(6)因不可抗力灭失住房而重新购买住房的,可以酌情减征、免征契税。

(7)承受荒山、荒沟、荒丘和荒滩土地使用权,用于农业、林业、牧业和渔业生产的,可以免征契税。

(8)按照中国有关法律和中国缔结、参加的国际条约、协定的规定应当免税的各国驻华使馆、领事馆,联合国驻华机构,外交代表、领事官员和其他人员,在中国境内承受土地、房屋权属的,经过外交部确认,可以免征契税。

(9)土地、房屋被县级以上人民政府征用、占用以后,重新承受土地、房屋权属的,是否可以免征、减征契税,由各省、自治区和直辖市人民政府确定。

(10)企业改制重组(包括公司制改造、股权重组、合并、分立、出售、关闭和破产等),可以按照规定免征、减征契税。

(11)廉租住房经营管理单位购买住房作为廉租住房的,经济适用住房经营管理单位回购经济适用住房继续作为经济适用住房房源的,可以免征契税。

(12)自 2010 年 9 月 27 日起 3 年以内,公共租赁住房经营管理单位购买住房作为公共租赁住房的,可以免征契税。

(13)财政部规定的其他可以免征、减征契税的项目。

二、契税的计算

(一)计税依据

契税的计税依据主要分为下列 3 种情况:

(1)国有土地使用权出让、土地使用权出售和房屋买卖为成交价格。成交价指土地、房屋权属转移合同确定的价格,包括承受者应当支付的货币、实物、无形资产和其他经济利益。

(2)土地使用权赠与、房屋赠与,由征收机关参照土地使用权出售、房屋买卖的市场价格核定。

(3)土地使用权交换、房屋交换,为所交换的土地使用权、房屋的价格的差额。

（二）应纳税额计算

契税应纳税额计算公式：应纳税额 = 计税依据 × 税率

应纳税额以人民币计算。转移土地、房屋权属以外汇结算的，按照纳税义务发生之日中国人民银行公布的人民币市场汇率中间价折合成人民币计算。

【学中做 9-11】某公司 2013 年发生两次互换房产业务，并已办理了相关手续。第一次换出的房产价值 300 万元，换进的房产价值 800 万元；第二次换出的房产价值 600 万元，换进的房产价值 400 万元。已知当地政府规定的契税税率为 3%，计算该公司应缴纳的契税。

应纳税额 =（800−300）× 3% = 15（万元）

【学中做 9-12】承【案例导入】，兴和纸业有限公司契税计算如下：

购入土地应纳契税 = 100 × 5% = 5（万元）

换入厂房应纳契税 =（100−70）× 5% = 1.5（万元）

三、契税的会计处理

（1）企业取得房屋、土地使用权后，计算应交契税时：

借：固定资产（无形资产）

  贷：应交税费 —— 应交契税

（2）企业缴纳税金时：

借：应交税费 —— 应交契税

  贷：银行存款

企业也可以不通过“应交税费 —— 应交契税”科目，当实际缴纳契税时，借记“固定资产”、“无形资产”科目，贷记“银行存款”科目。

四、契税的纳税申报

（一）缴纳办法

契税的纳税义务发生时间，为纳税人签订土地、房屋权属转移合同的当天，或者纳税人取得其他具有土地、房屋权属转移合同性质凭证的当天。

纳税人应当自纳税义务发生之日起 10 日内，向土地、房屋所在地的契税征收机关办理纳税申报，并在契税征收机关核定的期限内缴纳税款。

纳税人办理纳税事宜后，契税征收机关应当向纳税人开具契税完税凭证。纳税人应当持契税完税凭证和其他规定的文件材料，依法向土地管理部门、房产管理部门办理有关土地、房屋的权属变更登记手续。纳税人未出具契税完税凭证的，土地管理部门、房产管理部门不予办理有关土地、房屋的权属变更登记手续。

契税征收机关为土地、房屋所在地的财政机关或者地方税务机关。具体征收机关由省、自治区、直辖市人民政府确定。土地管理部门、房产管理部门应当向契税征收机关提供有关资料，并协助契税征收机关依法征收契税。

（二）纳税申报

契税纳税申报表，如表 9-8 所示。

表 9–8 契税纳税申报表

填表日期： 年 月 日 单位：元、平方米

<table>
<tr><td rowspan="2">纳税人
（承受方）</td><td>名 称</td><td colspan="2"></td><td>识 别 号</td><td colspan="2"></td></tr>
<tr><td>地 址</td><td colspan="2"></td><td>联系电话</td><td colspan="2"></td></tr>
<tr><td rowspan="2">转让方</td><td>名 称</td><td colspan="2"></td><td>识 别 号</td><td colspan="2"></td></tr>
<tr><td>地 址</td><td colspan="2"></td><td>联系电话</td><td colspan="2"></td></tr>
<tr><td rowspan="5">土地、房屋
权属转移</td><td>合同签订时间</td><td colspan="5"></td></tr>
<tr><td>土地房屋地址</td><td colspan="5"></td></tr>
<tr><td>权属转移类别</td><td colspan="5"></td></tr>
<tr><td>权属转移面积</td><td colspan="5">平方米</td></tr>
<tr><td>成交价格</td><td colspan="5">元</td></tr>
<tr><td>计税价格</td><td colspan="6">元</td></tr>
<tr><td>适用税率</td><td colspan="6"></td></tr>
<tr><td>计征税额</td><td colspan="6">元</td></tr>
<tr><td>减免税额</td><td colspan="6">元</td></tr>
<tr><td>应纳税额</td><td colspan="6">元</td></tr>
<tr><td>备 注</td><td colspan="6"></td></tr>
<tr><td>纳税人员
签 章</td><td></td><td>法人代表
签 章</td><td></td><td>经办人员
签 章</td><td colspan="2"></td></tr>
</table>

（以下部分由征收机关负责填写）

<table>
<tr><td>征收机关
收到日期</td><td></td><td>经办人</td><td></td><td>审核
日期</td><td></td><td>审核
人员</td><td></td></tr>
<tr><td>审 核
记 录</td><td colspan="5"></td><td>征收机关
签 章</td><td></td></tr>
</table>

本表一式两份：第一联为征收机关留存；第二联由主管纳税人保存。

任务八 城市维护建设税会计

【案例导入】

兴和纸业有限公司2013年12月份实际缴纳增值税100万元,营业税2万元,取得出口退还增值税10万元,缴纳进口环节增值税30万元。该公司在城市市区,税率为7%。

【任务要求】

完成兴和纸业有限公司当月城市维护建设税业务核算,并进行纳税申报。

城市维护建设税是一种流转税,开征该税是为了加强城市的维护建设,扩大和稳定城市维护建设资金的来源。税款收入由地方人民政府安排,城市维护建设税应当保证用于城市的公用事业和公共设施的维护建设。

一、城市维护建设税基本要素

(一)纳税义务人

城市维护建设税的纳税人包括缴纳增值税、消费税、营业税的企业、行政单位、事业单位、军事单位、社会团体、其他单位、个体工商户和其他个人,增值税、消费税、营业税的扣缴义务人也是城市维护建设税的扣缴义务人。

(二)征收范围

城市维护建设税的征收范围包括城市、县城、建制镇以及税法规定征收"三税"的其他地区。城市、县城、建制镇的范围,应根据行政区划作为标准。

(三)税率

城市维护建设税税率实行地区差别税率,具体如下:

(1)纳税人所在地为城市市区的,税率为7%。

(2)纳税人所在地为县城、建制镇的,税率为5%。

(3)纳税人所在地不在城市市区、县城或者建制镇的,税率为1%。

知识链接:

城市维护建设税的适用税率,应按纳税人所在地的规定税率执行。但下列两种情况,可按缴纳"三税"所在地的规定税率就地缴纳城建税:

(1)由受托方代征代扣"三税"的单位和个人,其代收代扣的城市维护建设税按受托方所在地适用税率计算。

(2)流动经营等无固定纳税地点的单位和个人,在经营期间地缴纳"三税"的,城市维护建设税按经营地适用税率计算。

(四)税收优惠政策

城市维护建设税的主要免税、减税规定如下:

(1)城市维护建设税随同增值税、消费税、营业税征收和减免。

(2)海关对进口货物征收增值税、消费税的时候,不征收城市维护建设税。

(3)商贸企业、服务型企业、劳动就业服务企业中的加工型企业和街道社区具有加工性质的小型企业实体，在新增的岗位中当年新招用持“就业失业登记证”人员和持“就业失业登记证”人员从事个体经营的，3 年以内可以按照规定免征、减征城市维护建设税，审批期限为 2011 ~ 2013 年。

特殊规定：(1)对出口货物退还已缴纳增值税、消费税时，已经缴纳的城市维护建设税不予退还；(2)对于增值税、消费税、营业税实行先征后返、先征后退、即征即退办法的，除了另有规定者以外，随增值税、消费税、营业税附征的城市维护建设税不予退(返)还。

二、税额计算与会计处理

(一)税额计算

城市维护建设税是一种附加税，没有属于其独有的征税对象，而是以纳税人实际缴纳的增值税、消费税、营业税税额为计税依据，按照适用税率计算应纳税额，分别与“三税”同时缴纳。

纳税人违反“三税”有关规定而加收的滞纳金和罚款，是税务机关对纳税人违法行为的经济制裁，不作为城市维护建设税的计税依据。但纳税人在被查补“三税”和被处罚时，应同时对其偷逃的城市维护建设税进行补税、征收滞纳金和罚款。应纳税额计算公式为：

应纳税额 = 计税依据 × 适用税率

即：应纳税额 =（纳税人实际缴纳的增值税 + 消费税 + 营业税税额）× 适用税率

【学中做 9-13】承【案例导入】，兴和纸业有限公司 12 月份城市维护建设税计算如下：

应纳税额 =（100+2+30）× 7% = 9.24（万元）

(二)会计处理

为了核算企业城市维护建设税的应交及实交情况，纳税人应设置“应交税费——应交城市维护建设税”科目，贷方登记应交的城市维护建设税，借方登记已交纳的城市维护建设税，期末贷方余额为尚未交纳的城市维护建设税。

(1)当计算出应纳税额时：

借：营业税金及附加

  贷：应交税费——应交城市维护建设税

(2)实际缴纳税款时：

借：应交税费——应交城市维护建设税

  贷：银行存款

三、纳税申报

城市维护建设税的纳税环节，实际就是纳税人缴纳“三税”的环节；城市维护建设税与“三税”同时缴纳，其纳税期限和纳税地点也分别与“三税”基本一致。不能按照固定期限纳税的，可以按次纳税。

但由于增值税和消费税由国家税务机关征收，而城市维护建设税由地方税务机关征收管理，所以在税款入库的时间上不一定完全一致。

城市维护建设税纳税申报和教育费附加、资源税、房产税和城市房地产税、土地增值税、城镇土地使用税(预征部分)、车船使用牌照税、印花税(仅限汇总缴纳和核定征收两种方式)、文化事业建设费、水利建设专项资金的申报一起,统一通过填制"地方税(费)纳税综合申报表"进行申报,其具体申报表样式及填表说明将在任务十中介绍。

任务九 土地增值税会计

【案例导入】

兴和纸业有限公司2013年10月转让一处旧房地产取得转让收入1 800万元,为取得土地使用权支付300万元,当地税务机关确认的评估价格为700万元,公司支付给评估机构评估费12万元,支付给房屋中介公司中介费6万元,缴纳的与该项房地产转让有关的税金14万元。

【任务要求】

完成兴和纸业有限公司应纳税土地增税额业务核算并进行纳税申报。

一、土地增值税基本要素

(一)纳税义务人

土地增值税是对有偿转让国有土地使用权及地上建筑物和其他附着物产权,取得增值收入的单位和个人征收的一种税,我国1994年开征该税。推出该税种是为了规范土地、房地产市场交易秩序,合理调节土地增值收益,维护国家权益。

土地增值税的纳税人包括在中国境内以出售和其他方式有偿转让国有土地使用权、地上建筑物(包括地上、地下的各种附属设施)及其附着物(以下简称转让房地产)并取得收入的企业、行政单位、事业单位、军事单位、社会团体、其他单位、个体工商户和其他个人。

知识链接: 土地增值税纳税人的判断

区分土地增值税的纳税人与非纳税人关键在于区分是否因转让房地产权属的行为而取得了收益,只要以出售或其他方式有偿转让房地产而取得收益的单位和个人,就是土地增值税的纳税人。

(二)征税范围

土地增值税的征税范围包括:

(1)转让国有土地使用权。"转让"不同于"出让",国家出让国有土地使用权不用征税。

(2)地上建筑物及其附着物连同国有土地使用权一并转让。

"转让"是指以出售或其他方式的有偿转让,不包括以继承、赠与方式的无偿转让。出租房地产行为和受托代建工程,由于产权没有转移,不属于纳税范围。

(三)税率

土地增值税实行4级超率累进税率,税率表如表9-9所示。

表 9-9 土地增值税税率表

级次	增值额占扣除项目金额比例	税率（%）	速算扣除系数（%）
1	50% 以下（含 50%）	30	0
2	超过 50% ~ 100%（含 100%）	40	5
3	超过 100% ~ 200%（含 200%）	50	15
4	200% 以上	60	35

（四）税收优惠

下列项目经过纳税人申请，税务机关审批，可以免征土地增值税：

（1）建造普通标准住宅（在各省、自治区和直辖市人民政府根据国务院办公厅的有关规定制定的标准范围以内从严掌握）出售；企业、事业单位、社会团体和其他组织转让旧房作为廉租住房、经济适用住房房源；2010 年 9 月 27 日起 3 年内，企业、事业单位、社会团体和其他组织转让旧房作为公共租赁住房房源，增值额未超过各项规定扣除项目金额 20% 的。

（2）由于城市实施规划、国家建设需要依法征收、收回的房地产。

（3）由于城市实施规划、国家建设需要而搬迁，由纳税人自行转让的房地产。

（4）个人之间互换自有居住用房地产的。

下列项目可以暂免征收土地增值税：

（1）以房地产进行投资、联营，投资、联营的一方以房地产作价入股或者作为联营条件，将房地产转让到所投资、联营的企业中的，但是所投资、联营的企业从事房地产开发的和房地产开发企业以其建造的商品房进行投资、联营的除外。

（2）合作建房，一方出土地，一方出资金，建成后按照比例分房自用的。

（3）企业兼并，被兼并企业将房地产转让到兼并企业中的。

（4）个人销售住房。

二、土地增值税的计算

在计算土地增值税应纳税额时，应当先用纳税人取得的房地产转让收入减除有关各项扣除项目金额，计算得出增值额，再按照增值额超过扣除项目金额的比例，分别确定增值额中各个部分的适用税率，依此计算各部分增值额的应纳土地增值税税额。

应纳税额计算公式：应纳税额 = ∑（增值额 × 适用税率）

增值额 = 转让房地产取得的收入 – 扣除项目

（一）房地产转让收入的确定

纳税人转让房地产取得的收入，包括转让房地产的全部价款及有关的经济收益；从收入的形式来看，包括货币收入、实物收入和其他收入。

（二）扣除项目金额的确定

土地增值税的扣除项目包括以下内容：

（1）取得土地使用权所支付的金额。

指纳税人为了取得土地使用权所支付的地价款和按国家统一规定缴纳的有关费用。凡通过行政划拨方式无偿取得土地使用权的企业和单位，以转让土地使用权时按规定补交的出让金及有关费用作为取得土地使用支付的金额。

(2)开发土地和新建房及配套设施的成本,简称房地产开发成本。

指纳税人开发房地产项目实际发生的成本。这些成本允许按实际发生数扣除。主要包括土地征用拆迁补偿费、前期工程费、建筑安装工程费、基础设施费、公共配套设施费、开发间接费用等。

(3)开发土地和新建房及配套设施的费用,简称房地产开发费用。

指与房地产开发项目有关的销售费用、管理费用、财务费用。会计制度规定,与房地产开发有关的费用直接计入当年损益,不按房地产项目进行归集或分摊。税法对有关费用的扣除标准规定如下:

①纳税人能够按转让房地产项目计算分摊利息支出,并能提供金融机构的贷款证明的,其允许扣除的房地产开发费用。

允许扣除的房地产开发费用=利息+(取得土地使用权所支付金额+房地产开发成本)×5%以内

②纳税人不能按转让房地产项目计算分摊利息支出或不能提供金融机构贷款证明的,其允许扣除的房地产开发费用:

允许扣除的房地产开发费用=(取得土地使用权所支付的金额+房地产开发成本)×10%以内

上述计算扣除的具体比例,由各省、自治区、直辖市人民政府规定。

(4)与转让房地产有关的税金。

指在转让房地产时已缴纳的营业税、城市维护建设税、印花税及教育费附加也可视同税金扣除。房地产开发企业转让房地产缴纳的印花税因列入管理费用中,故在此不允许单独再扣除。

(5)财政部规定的其他扣除项目。

财政部规定,对专门从事房地产开发的纳税人,可以按取得土地使用权所支付的金额和房地产开发成本的金额之和,加计20%扣除。

(6)旧房及建筑物的评估价格。

税法规定,转让旧房的,应按房屋及建筑物的评估价格、取得土地使用权支付的地价款和按国家统一规定缴纳的有关费用以及在转让环节缴纳的税金作为扣除项目金额计征土地增值税。

“旧房及建筑物的评估价格”是指转让已使用过的房屋及建筑物时,由政府批准设立的房地产评估机构评定的重置成本乘以成新度折扣率后的价格。评估价格须经当地税务机关确认。

对取得土地使用权时未支付地价款或不能提供已支付的地价款凭据的,不允许扣除取得土地使用权时所支付的金额。

纳税人转让旧房及建筑物时,因计算纳税需要对房地产进行评估,其支付的评估费用允许在计算土地增值税时予以扣除。但是,对纳税人因隐瞒、虚报房地产成交价格等情形而按房地产评估价格计算征收土地增值税时所发生的评估费用,则不允许在计算土地增值税时予以扣除。

（三）土地增值额的计算

土地增值额是指纳税人转让房地产所取得的收入（包括货币收入、实物收入和其他收入）减去取得土地使用权时所支付的土地价款、土地开发成本、地上建筑物成本及有关费用、销售税金等规定的扣除项目后的余额。如果纳税人转让房地产的收入减除规定的扣除项目后没有余额，则不需要缴纳土地增值税。其计算公式为：

增值额 = 转让房地产取得的收入 - 扣除项目

纳税人有税法规定情形的，其土地增值税按照房地产评估价格计算征收。

（四）应纳土地增值税的计算

1. 分步计算法

在转让房地产的增值额确定之后，按照规定的 4 级超率累进税率，以增值额中属于每一税率级别部分的金额，乘以该级的税率，再将由此而得出的每一级的应纳税额相加就是土地增值税税额。

土地增值税应纳税额 = ∑（每级距的土地增值额 × 适用税率）

2. 速算扣除法

实际操作中为了简便土地增值税的计算，一般采用速算扣除法计算，具体的计算公式：

应纳税额 = 土地增值额 × 适用税率 - 扣除项目金额 × 速算扣除率

（1）增值额未超过扣除项目金额 50% 的：

土地增值税税额 = 增值额 ×30%

（2）增值额超过扣除项目金额 50%、未超过 100% 的：

土地增值税税额 = 增值额 ×40%- 扣除项目金额 ×5%

（3）增值额超过扣除项目金额 100%、未超过 200% 的：

土地增值税税额 = 增值额 ×50%- 扣除项目金额 ×15%

（4）增值额超过扣除项目金额 200% 的：

土地增值税税额 = 增值额 ×60%- 扣除项目金额 ×35%

以上公式中的 5%、15% 和 35%，均为速算扣除系数。

【学中做 9–14】承【案例导入】，兴和纸业有限公司应纳土地增值税计算如下。

（1）计算扣除项目金额：

扣除项目金额 = 300+700+12+14 = 1 026（万元）

支付给房屋中介公司的中介费不属于国家规定统一缴纳的费用，不允许扣除。

（2）计算增值额与增值率：

增值额 = 1 800−1 026 = 774（万元）

增值率 = 774/1 026 = 75.43%

（3）应纳税额 = 774 × 40%−1 026 × 5% = 309.6−51.3 = 258.3（万元）

【学中做 9–15】某房地产公司转让高级公寓 1 栋，获得货币收入 7 500 万元，获得购买方原准备盖楼的钢材 2 100 吨，每吨 2 500 元。公司为取得土地使用权支付 1 450 万元，开发土地、建房及配套设施等支出 2 110 万元，支付开发费用 480 万元（其中利息支出 295 万元，未超过承认标准)，支付转让房地产有关的税金 47 万元。税额计算如下：

(1)收入额 = 7 500+2 100 × 0.25 = 8 025(万元)

(2)开发费用可扣除额 = 295+(1 450+2 110) × 5% = 473(万元)

(3)扣除项目金额 =(1 450+2 110) × (1+20%)+473+47 = 4 792(万元)

(4)增值额 = 8 025−4 792 = 3 233(万元)

(5)增值额与扣除项目的比例：3 233/4 792 = 67.5%

(6)该比例超过 50% 但未超过 100%，故税率为 40%，速算扣除系数为 5%

(7)应纳税额 = 3 233 × 40%−4 792 × 5% = 1 053.6(万元)

三、土地增值税的会计处理

—— 主营房地产业务的企业土地增值税的会计处理

主营房地产业务的企业，是指在企业的经营业务中，房地产业务是企业的主要经营业务，其经营收入在企业的经营收入中占有较大比重，并且直接影响企业的经济效益。主营房地产业务的企业，既有房地产开发企业，也有对外经济合作企业、股份制试点企业和外商投资房地产企业等。

由于土地增值税是在转让房地产的流转环节纳税，并且是为了取得当期营业收入而支付的费用，因此，土地增值税应同营业税的会计处理相同，借记"营业税金及附加"等科目，贷记"应交税费 —— 应交土地增值税"科目。实际缴纳土地增值税时，借记"应交税费 —— 应交土地增值税"科目，贷记"银行存款"科目等。

1. 现货房地产销售

在现货房地产销售情况下，采用一次性收款、房地产移交使用、发票账单提交买主、钱货两清的，应以房地产已经移交和发票结算账单提交买主时作为销售实现，借记"银行存款"等科目，贷记"主营业务收入"等科目。同时，计算应由实现的营业收入负担的土地增值税，借记"营业税金及附加"等科目，贷记"应交税费 —— 应交土地增值税"科目。在现货房地产销售情况下，采用赊销、分期收款方式销售房地产的，应以合同规定的收款时间作为销售实现，分次结转收入。销售实现时，借记"银行存款"或"应收账款"科目，贷记"主营业务收入"等科目。同时，计算应由实现的营业收入负担的土地增值税，借记"营业税金及附加"等科目，贷记"应交税费 —— 应交土地增值税"科目。

2. 商品房预售

在商品房预售的情况下，商品房交付使用前采取一次性收款或分次收款的，收到购房款时，借记"银行存款"科目，贷记"预收账款"科目；按规定预缴土地增值税时，借记"应交税费 —— 应交土地增值税"科目，贷记"银行存款"等科目；待该商品房交付使用后，开出发票结算账单交给买主时，作为收入实现，借记"应收账款"科目，贷记"主营业务收入"等科目；同时，将"预收账款"转入"应收账款"，并计算由实现的营业收入负担的土地增值税，借记"营业税金及附加"等科目，贷记"应交税费 —— 应交土地增值税"科目。按照税法的规定，该项目全部竣工、办理决算后进行清算，企业收到退回多交的土地增值税时，借记"银行存款"等科目，贷记"应交税费 —— 应交土地增值税"科目；补缴土地增值税时，则作相反的会计分录。

3. 兼营房地产业务的企业土地增值税的会计处理

兼营房地产业务的企业，是指虽然经营房地产业务，但不是以此为主，而是兼营或附带经营房地产业务的企业。兼营房地产业务的企业，转让房地产取得的收入，计算应由当期营业收入负担的土地增值税时，应同营业税一样，记入“其他业务成本”科目。企业按规定计算出应交纳的土地增值税，借记“其他业务成本”科目，贷记“应交税费——应交土地增值税”科目。企业实际交纳土地增值税时，借记“应交税费——应交土地增值税”科目，贷记“银行存款”等科目。

4. 转让房地产的会计处理

企业转让国有土地使用权连同地上建筑物及其附着物，一并在“固定资产清理”科目核算。其转让房地产取得的收入，计入“固定资产清理”科目的贷方，应交纳的土地增值税，计入“固定资产清理”科目的借方。企业实际交纳土地增值税时，借记“应交税费——应交土地增值税”科目，贷记“银行存款”等科目。

四、土地增值税的纳税申报

（一）纳税义务发生时间和纳税地点

土地增值税的纳税人应在转让房地产合同签订的7日内，到房地产所在地主管税务机关办理纳税申报，在税务机关核定的期限内缴纳土地增值税。纳税人因经常发生房地产转让行为而难以在每次转让后申报的，可按月或按各省、自治区、直辖市和计划单列市地方税务局规定的期限缴纳。

土地增值税的纳税人应向房地产所在地主管税务机关办理纳税申报。“房地产所在地”是指房地产的坐落地。

（二）纳税申报

从事房地产开发纳税人在办理纳税申报时，应填写“土地增值税纳税申报表（一）”（见表9-10），连同房屋及建筑物产权证、土地使用权证、土地转让和房屋买卖合同以及与转让房地产有关的材料。

其他纳税人应从房地产合同签订之日起7日内，到房产所在地主管税务机关申报纳税。纳税人应填写“土地增值税纳税申报表（二）”（见表9-11），并提供房屋及建筑物产权证、土地使用权证、土地转让和房屋买卖合同等相关材料。

表 9–10 土地增值税纳税申报表（一）

（从事房地产开发的纳税人适用）

税款所属时间：　　年　月　日　　　　　　　　　　　　　　　　　填表日期：　　年　月　日

金额单位：元（列至角分）　面积单位：平方米

计算机代码			纳税人名称			
项目名称			项目地址			
业　别		登记注册类型		纳税人地址	邮政编码	
开户银行		银行账号		主管部门	电　话	
项　目				行　次	金　额	
一、转让房地产收入总额 1 = 2+3				1		
其中	货币收入			2		
	实物收入及其他收入			3		
二、扣除项目金额合计 4 = 5+6+13+16+20				4		
1. 取得土地使用权所支付的金额				5		
2. 房地产开发成本 6 = 7+8+9+10+11+12				6		
其中	土地征用及拆迁补偿费			7		
	前期工程费			8		
	建筑安装工程费			9		
	基础设施费			10		
	公共配套设施费			11		
	开发间接费用			12		
3. 房地产开发费用 13 = 14+15				13		
其中	利息支出			14		
	其他房地产开发费用			15		
4. 与转让房地产有关的税金等 16 = 17+18+19				16		
其中	营业税			17		
	城市维护建设税			18		
	教育费附加			19		
5. 财政部规定的其他扣除项目				20		
三、增值额 21 = 1–4				21		
四、增值额与扣除项目金额之比（%）22 = 21/4				22		
五、适用税率（%）				23		
六、速算扣除系数（%）				24		
七、应缴土地增值税税额 25 = 21 × 23–4 × 24				25		
八、已缴土地增值税税额				26		
九、应补（退）土地增值税税额 27 = 25–26				27		
十、累计欠税余额				28		
十一、欠缴滞纳金				29		

纳税人声明	授权人声明	代理人声明
我单位所申报的各种税（费）款真实、准确，如有虚假内容，愿承担法律责任。 办税员： 法定代表人（负责人）： （章） 年　月　日	现委托　　　为我单位纳税申报代理人。 委托合同号码： 授权人（法定代表人）： 年　月　日	本纳税申报是按照国家税法和税务机关规定填报的，我确信其真实、合法。 代理人： 代理机构（公章） 年　月　日

以下由税务机关填写	
受理人： （征税专用章） 受理日期：　　年　月　日	稽核人员： 稽核日期：　　年　月　日

表 9-11 土地增值税纳税申报表(二)

(非从事房地产开发的纳税人适用)

税款所属时间： 年 月 日 填表日期： 年 月 日

金额单位:元(列至角分) 面积单位:平方米

<table>
<tr><td>计算机代码</td><td colspan="3"></td><td colspan="2">纳税人名称</td><td colspan="3"></td></tr>
<tr><td>项目名称</td><td colspan="3"></td><td colspan="2">项目地址</td><td colspan="3"></td></tr>
<tr><td>业 别</td><td></td><td>登记注册类型</td><td></td><td colspan="2">纳税人地址</td><td></td><td>邮政编码</td><td></td></tr>
<tr><td>开户银行</td><td></td><td>银行账号</td><td></td><td colspan="2">主管部门</td><td></td><td>电 话</td><td></td></tr>
<tr><td colspan="5">项 目</td><td>行次</td><td colspan="3">金 额</td></tr>
<tr><td colspan="5">一、转让房地产收入总额 1 = 2+3</td><td>1</td><td colspan="3"></td></tr>
<tr><td rowspan="2">其中</td><td colspan="4">货币收入</td><td>2</td><td colspan="3"></td></tr>
<tr><td colspan="4">实物收入及其他收入</td><td>3</td><td colspan="3"></td></tr>
<tr><td colspan="5">二、扣除项目金额合计 4 = 5+6+9</td><td>4</td><td colspan="3"></td></tr>
<tr><td colspan="5">1. 取得土地使用权所支付的金额</td><td>5</td><td colspan="3"></td></tr>
<tr><td colspan="5">2. 旧房及建筑物的评估价格 6 = 7 × 8</td><td>6</td><td colspan="3"></td></tr>
<tr><td rowspan="2">其中</td><td colspan="4">旧房及建筑物的重置成本价</td><td>7</td><td colspan="3"></td></tr>
<tr><td colspan="4">成新度折扣率</td><td>8</td><td colspan="3"></td></tr>
<tr><td colspan="5">3. 与转让房地产有关的税金等 9 = 10+11+12+13</td><td>9</td><td colspan="3"></td></tr>
<tr><td rowspan="4">其中</td><td colspan="4">营业税</td><td>10</td><td colspan="3"></td></tr>
<tr><td colspan="4">城市维护建设税</td><td>11</td><td colspan="3"></td></tr>
<tr><td colspan="4">印花税</td><td>12</td><td colspan="3"></td></tr>
<tr><td colspan="4">教育费附加</td><td>13</td><td colspan="3"></td></tr>
<tr><td colspan="5">三、增值额 14 = 1–4</td><td>14</td><td colspan="3"></td></tr>
<tr><td colspan="5">四、增值额与扣除项目金额之比(%)15 = 14/4</td><td>15</td><td colspan="3"></td></tr>
<tr><td colspan="5">五、适用税率(%)</td><td>16</td><td colspan="3"></td></tr>
<tr><td colspan="5">六、速算扣除系数(%)</td><td>17</td><td colspan="3"></td></tr>
<tr><td colspan="5">七、应缴土地增值税税额 18 = 14 × 16–4 × 17</td><td>18</td><td colspan="3"></td></tr>
<tr><td colspan="5">八、累计欠税余额</td><td>19</td><td colspan="3"></td></tr>
<tr><td colspan="5">九、欠缴滞纳金</td><td>20</td><td colspan="3"></td></tr>
<tr><td>纳税人声明</td><td colspan="2">我单位所申报的各种税(费)款真实、准确,如有虚假内容,愿承担法律责任。
办税员:
法定代表人(负责人):
(章)
年 月 日</td><td>授权人声明</td><td colspan="2">现委托________为我单位纳税申报代理人。
委托合同号码:
授权人(法定代表人):
年 月 日</td><td>代理人声明</td><td colspan="2">本纳税申报是按照国家税法和税务机关规定填报的,我确信其真实、合法。
代理人:
代理机构(公章)
年 月 日</td></tr>
<tr><td colspan="9">以下由税务机关填写</td></tr>
<tr><td colspan="4">受理人:
(征税专用章)
受理日期: 年 月 日</td><td colspan="5">稽核人员:
稽核日期: 年 月 日</td></tr>
</table>

任务十 地方税综合纳税申报

【案例导入】

兴和纸业有限公司 2013 年 12 月份应交的地方税见前述案例导入。

【任务要求】

完成兴和纸业有限公司 2013 年 12 月份地方税综合纳税申报。

一、地方税综合纳税申报

在实际工作中,各地的地方税务机关为了方便纳税人纳税申报,还设置了综合纳税申报表,多个地方税种在一张表上填报,包括营业税、城市维护建设税、教育费附加、文化事业建设费、水利建设专项资金、房产税、城镇土地使用税(预征部分)、印花税(仅限于汇总缴纳和核定征收方式)。

二、地方税综合纳税申报表的样表

地方税综合纳税申报表的样表见表 9-12。

三、填表说明

(一)适用范围

本表适用于营业税、城建税、教育费附加、资源税、房产税和城市房地产税、土地增值税和城镇土地使用税(预征部分)、车船使用税、车船使用牌照税、印花税(仅限汇总缴纳和核定征收两种方式)、文化事业建设费、水利建设专项资金的申报。

(二)填写说明

(1)税种。

指纳税人向主管税务机关申报缴纳的营业税、房产税、城市房地产税、城镇土地使用税、资源税、车船使用税、车船使用牌照税、印花税、土地增值税、城市维护建设税、教育费附加等。

(2)税目。

指每一种税的具体征税对象或范围,即在各税条例中规定的税目、类别或等级等。城镇土地使用税的"税种税目"为相应的"土地等级"。车船使用税(车船牌照使用税)为相应车辆类型的"计税标准"。

(3)税款所属时期。

指本期申报的税(费)款属于某月、季、半年、年度的款项。

(4)应税收入。

填写纳税人本期因提供营业税应税劳务、转让无形资产或者销售不动产所取得的全部价款和价外费用(包括免税收入),分营业税税目填报。房产税(城市房地产税)从价计征的相关税目的"应税收入"表示应税的自用房产原值。城镇土地使用税的"应税收入"表示为"应税的土地面积"。车船使用税(车船牌照使用税)的"应税收入"表示为"应税的车船辆数"

或“应税的车船吨位数”。

(5)应税扣除项目金额。

填写允许扣除纳税人本期提供营业税应税劳务、转让无形资产或者销售不动产所取得的应税收入中按规定可扣除的项目金额，分营业税税目填报。房产税(城市房地产税)、土地使用税、车船使用税的应税扣除项目金额为相关税种政策规定可扣除的项目。

(6)计征依据(金额或数量)根据税法规定填写。

营业税：第4栏和第5栏的差额。

资源税：应税产品的销售数量、自用数量。

文化事业费：同营业税。

房产税(城市房地产税)：应税房产余值[即应税的自用房产原值 - 应税扣除项目余额 - (1- 政策规定的扣除率)](该政策规定的扣除率可由系统维护和修改，默认为30%)。

城镇土地使用税：应税的土地面积。

车船使用税：应税的车船辆数或应税的车船吨位数。

(7)免税收入。

按照税收法规规定的免税收入，其中营业税。应填写纳税人本期提供营业税应税劳务、转让无形资产或者销售不动产所取得的应税收入中不需税务机关审批可直接免缴税款的应税收入或已经税务机关批准的免税项目应税收入，分营业税税目填报，同一税目下如果有两个或两个以上不同的减免项目的应分行填写。

(8)本期应纳税(费)额。

计税(费)依据 × 税(费)率或单位税(费)额。

(9)被扣缴税(费)额。

指所申报的计税依据中已被其他扣缴单位扣缴的税(费)款。

(10)减免税(费)额。

指本期已经税务机关批准或已备案的减免税(费)款。

(11)批准缓缴税额。

税务机关批准缓缴的本期税款。

(12)前期多缴税额。

填写纳税人截至上期(含)多缴纳的同一税种税目的税款。

(13)本期已纳税额。

同一税目本期已向税务机关预缴的税(费)款。

(14)本期应补(退)税额。

指本期应纳税(费)额减去减免税(费)额、被扣缴税(费)额、前期多缴税(费)额、批准缓缴税(费)额、本期已纳税额后的余额。

(15)缴费人数。

只是在缴费人缴纳社会保险费涉及个人缴纳部分时填写。

(三)其他注意事项

本表一式两份，一份纳税人留存，一份受理税务机关留存。

表 9-12 浙江省地方税（费）纳税综合申报表

填报日期：　　　年　月　日　　　　　　　　　　　　　　　　　　　　　　　　计算单位：元（列至角分）．㎡．本．份

纳税人全称（盖章）							地税编码			经济类型				财务负责人		
营业地址							开户银行			银行账号				电话号码		
税（费）种	税（费）目	所属时期	应税收入	应税减除项目金额	计征依据（金额或数量）	免税收入	税（费）率或单位税（费）额	本期应纳税（费）额	被扣缴税额	减免税（费）额		批准缓缴税额	前期多缴税额	本期已纳税额	本期应补（退）税额	缴费人数
										无需审批	审批类					
1	2	3	4	5	6	7	8	9=6×8	10	11	12	13	14	15	16=9-10-11-12-13-14-15	17
合计	—	—	—	—	—	—	—									

纳税人声明	授权人声明	代理人声明	备注
本单位（公司、个人）所申报的各种税费款真实、准确，如有虚假内容，愿承担法律责任。 法人代表（业主）签名： 年　月　日	我（公司）现授权＿＿＿＿为本纳税人的代理申报人，其法人代表＿＿＿＿电话＿＿＿＿，任何与申报有关的往来的文件，都可寄此代理机构。 委托代理合同号码： 授权人（法人代表、业主）签名： 年　月　日	本纳税申报表是按照国家税法和税务机关规定填报，我确信其真实、合法。 代理人（法人代表）签名： 经办人签名： （代理人盖章） 年　月　日	

税务机关填写　受理申报日期：　　年　月　日　受理人签名：　　录入日期：　　年　月　日　录入员签名：

企业（业主）财务负责人或税务代理人签名：　　企业（业主）会计主管或税务代理主管签名：　　填表人签名：　　浙江省地方税务局印制

【知识与技能训练】

一、单项选择

1. 下列各项中，属于土地增值税纳税人的是（　　）。

A. 自建房屋转为自用　B. 出租房屋的企业

C. 转让国有土地使用权的企业　D. 将办公楼用于抵押的企业，处于抵押期间

2. 某公司销售1幢已经使用过的办公楼，取得收入500万元，办公楼原价480万元，已提折旧300万元。经房地产评估机构评估，该楼重置成本价为800万元，成新度折扣率为五成，销售时缴纳相关税费30万元。该公司销售该办公楼应缴纳土地增值税（　　）万元。

A. 21　B. 30　C. 51　D. 60

3. 某房地产开发公司2013年10月转让5年前购入的一块土地，取得转让收入2800万元，该土地购进价1200万元，取得土地使用权时缴纳相关费用40万元，转让该土地时缴纳相关税费35万元。该房地产开发公司转让土地应缴纳土地增值税（　　）万元。

A. 73.5　B. 150　C. 157.5　D. 571.25

4. 以下不属于印花税纳税义务人的是（　　）。

A. 立合同人　B. 代理人　C. 立据人　D. 领受人

5. 某建筑公司与甲企业签订一份建筑承包合同，合同金额6000万元。施工期间，该建筑公司又将其中价值800万元的安装工程转包给乙企业，并签订转包合同。该建筑公司上述合同应缴纳印花税（　　）万元。

A. 1.79　B. 1.80　C. 2.03　D. 2.04

6. 某运输公司与甲公司2010年3月签订了一份运输保管合同，注明运费45万元，保管费10万元；以价值60万元的仓库作抵押，从银行取得抵押贷款80万元，并在合同中规定了还款日期，但是到了还款日期后，由于资金周转困难而无力偿还，按合同规定将抵押财产的产权转移给银行，签订产权转移书据。该运输公司以上经济行为应缴纳印花税（　　）元。

A. 265　B. 575　C. 580　D. 665

7. 甲公司与乙公司分别签订了两份合同：一是以货换货合同，甲公司的货物价值160万元，乙公司的货物价值180万元；二是采购合同，甲公司购买乙公司60万元货物，但因故合同未能兑现。甲公司应缴纳印花税（　　）。

A. 150元　B. 600元　C. 1050元　D. 1200元

8. 按照印花税的有关规定，下列各项中，正确的涉税处理是（　　）。

A. 技术开发合同，以合同所载的报酬金额和研究开发经费作为计税依据

B. 货物运输合同，以收取的全部运费、装卸费和保险费为计税依据

C. 财产租赁合同，以收取的租赁金额为计税依据

D. 财产保险合同的计税依据中包含所保财产的金额

9. 下列各项中，符合房产税纳税人规定的是（　　）。

A. 房屋出典的由出典人纳税

B. 房屋出租的由承租人纳税

C. 房屋产权未确定的由代管人或使用人纳税

D. 个人无租使用纳税单位的房产，由纳税单位缴纳房产税

10. 下列关于房产税纳税人的说法中，错误的是（　　）。

A. 产权属于国家所有的，由经营管理单位纳税

B. 产权所有人不在房屋所在地的，由房产代管人或者使用人纳税

C. 外商投资企业是房产税的纳税人

D. 纳税单位无租使用免税单位房产，不需要缴纳房产税

11. 某企业 2013 年拥有房产原值共计 8000 万元，其中生产经营用房原值 6500 万元、内部职工医院用房原值 500 万元、托儿所用房原值 300 万元、超市用房原值 700 万元。当地政府规定计算房产余值的扣除比例为 20%，2010 年该企业应缴纳房产税（　　）万元。

A. 62.4　B. 69.12　C. 76.8　D. 77.92

12. 某企业 2013 年自建两栋完全一样的办公楼，6 月 30 日建成投入生产经营，入账金额共为 800 万元；7 月 31 日将 1 栋办公楼用于出租，从 8 月 1 日起收取租金，根据合同，收取 3 年租金 7.2 万元。已知当地政府规定的计算房产余值的扣除比例为 30%。该企业 2010 年度应纳房产税为（　　）元。

A. 20800　B. 19600　C. 22400　D. 23600

13. 下列各项中，不属于车船使用税征税范围的是（　　）。

A. 三轮汽车　B. 火车　C. 摩托车　D. 养殖渔船

14. 下列项目中，属于车船使用税的扣缴义务人的有（　　）。

A. 办理交强险业务的保险机构　B. 机动车的生产厂家

C. 车辆船舶的所有人　D. 车辆船舶的管理人

15. 下列车船中，以自重吨位作为车船使用税计税标准的有（　　）。

A. 载客汽车　B. 三轮汽车　C. 船舶　D. 拖船

16. 某运输公司拥有并使用以下车辆：农业机械部门登记的拖拉机 5 辆，自重吨位为 2 吨；自重 5.7 吨的载货卡车 10 辆；自重吨位为 4.5 吨的汽车挂车 5 辆；中型载客汽车 10 辆，其中包括 2 辆电车。当地政府规定，载货汽车的车辆税额为 60 元 / 吨，载客汽车的税额是 420 元 / 年。该公司当年应纳车船使用税为（　　）元。

A. 9750　B. 9570　C. 9150　D. 8970

17. 某船运公司 2014 年初登记注册的船舶如下：（1）净吨位为 400 吨的机动船 15 艘；（2）净吨位为 28.5 吨的小型机动船 15 艘；（3）净吨位为 10 吨的非机动驳船 10 艘；（4）100 马力的拖船 10 艘。当地省政府规定，船舶的单位税额为净吨位每吨 4 元，则 2014 年该船运公司应纳的车船使用税为（　　）元。

A. 27880　B. 26880　C. 26380　D. 25380

18. 某小型运输公司 2013 年 7 月底购入客货两用车 3 辆，每辆可乘 4 人，自重吨位为每辆 1.3 吨，8 月份取得车船管理部门核发的车船登记证书。当地政府规定，载货汽车的车辆税额为 80元/吨，4 人座客车每年税额 200元。则其 2010 年应纳的车船使用税是（　　）元。

A. 150 B. 180 C. 130 D. 156

19. 土地使用权未确定或权属纠纷未解决的，以（ ）为土地使用税纳税人。

A. 原拥有人 B. 实际使用人 C. 代管人 D. 产权所有人

20. 城镇土地使用税的计税依据是（ ）。

A. 实际占用的土地面积 B. 居住面积 C. 建筑面积 D. 使用面积

21. 甲公司与某事业单位共同使用一块面积为5000平方米的土地，其中事业单位占用70%，当地城镇土地使用税单位税额为每平方米5元。甲公司应纳城镇土地使用税为（ ）元。

A. 7500 B. 17500 C. 25000 D. 90000

22. 甲公司实际占地面积共计20000平方米，其中3000平方米为厂区外的绿化区，2000平方米为厂区以内的绿化用地，企业创办的学校和医院共占地1500平方米，出租500平方米，无偿借出800平方米给部队作训练场地。所处地段适用年税额为3元/平方米。甲公司应缴纳的城镇土地使用税为（ ）元。

A. 40000 B. 42000 C. 41000 D. 44100

23. 新征用耕地应缴纳的城镇土地使用税，其纳税义务发生时间是（ ）。

A. 自批准征用之日起满3个月 B. 自批准征用之日起满6个月

C. 自批准征用之日起满1年 D. 自批准征用之日起满2年

24. 下列关于城镇土地使用税纳税义务发生时间相关表述中不正确的有（ ）。

A. 纳税人出租房产，自交付出租房产之次月起计征城镇土地使用税

B. 房地产开发企业自用本企业建造的商品房，自房屋使用的当月起计征城镇土地使用税

C. 纳税人新征用的耕地，自批准征用之日起满1年时开始缴纳城镇土地使用税

D. 纳税人购置新建商品房，自房屋交付使用之次月起计征城镇土地使用税

25. 某企业占用林地140万平方米建造花园式厂房，适用定额税率20元/平方米。该企业应缴纳耕地占用税（ ）万元。

A. 800 B. 1400 C. 2000 D. 2800

26. 获准占用耕地的单位或者个人应当在（ ）缴纳耕地占用税。

A. 实际占用耕地之日起10日内

B. 实际占用耕地之日起30日内

C. 收到土地管理部门的通知之日起10日内

D. 收到土地管理部门的通知之日起30日内

二、计算

1. 某市一内资房地产开发公司2010年开发一个项目，有关经营情况如下：

（1）该项目商品房全部销售，取得销售收入4000万元，并签订了销售合同。

（2）签订土地购买合同，支付与该项目相关的土地使用权价款600万元，缴纳有关费用50万元。

（3）发生土地拆迁补偿费200万元，前期工程费100万元，支付工程价款750万元，基础设施及公共配套设施费150万元，开发间接费用60万元。

（4）发生销售费用100万元，财务费用60万元，管理费用80万元。

（5）该房地产开发公司不能按转让项目计算分摊利息，当地政府规定的开发费用扣除比例为10%。

根据上述资料和税法相关规定，回答下列问题：

（1）该房地产开发公司2010年应缴纳印花税为多少万元？

（2）该公司计算土地增值额时准予扣除的营业税、城建税和教育费附加共计为多少万元？

（3）该房地产开发公司计算土地增值税时准予扣除的扣除项目金额为多少万元？

（4）该房地产开发公司2010年应缴纳土地增值税为多少万元？

2. 华联超市与零点娱乐中心共同使用一块面积为1800平方米的土地，其中超市实际使用的土地面积占这块土地总面积的2/3，另外1/3归娱乐中心使用。当地每平方米土地使用税年税额为5元，税务机关每半年征收一次城镇土地使用税。计算该超市每季度应纳城镇土地使用税税额。

3. 市区某企业5月份进口货物缴纳进口关税50万元，海关代征进口增值税15万元，进口消费税17万元。5月份该企业除上述税金外实际缴纳增值税25万元，消费税20万元，营业税8万元，补缴上月应纳增值税4万元。计算该企业5月份应缴纳的城市维护建设税税额。

4. 某运输企业有4吨位的货运汽车10辆，乘人面包车12辆（10座）。当地政府规定机动车税额按半年缴纳，每自重吨位年税额为16元，10座以下面包车年税额为每辆420元。计算该企业半年应纳车船使用税。

三、实训操作

甲企业2013年房产、土地、车辆的具体情况如下：

（1）公司占地35000平方米，其中厂内绿化用地5000平方米，厂区外公共绿化用地4700平方米，附属学校占地7000平方米，其余为生产车间和办公楼用地；5月16日公司新征非耕地5000平方米用于扩大经营，每平方米价格0.6万元，签订合同并办好土地使用证。

（2）生产车间和办公楼共计房产原值560万元。6月30日签订房屋租赁合同一份，将价值50万元的办公楼从7月1日起出租给其他企业使用，租期12个月，月租0.4万元。

（3）公司原有接送职工上下班载客汽车4辆，净吨位为4.6吨的汽车挂车5辆，客货两用汽车1辆净吨位13吨。10月购进小轿车1辆自用，签订购销合同，合同注明价格150万人民币，当月办理了注册登记。

其他相关资料：①适用城镇土地使用税税率每平方米5元；②公司所在省规定计算房产余值的扣除比例为20%；③当地政府规定的载客汽车车船使用税额是200元/辆，载货汽车单位税额为50元/吨）。

根据上述资料和税法有关规定，计算该公司应缴纳的相关地方税，并完成地方税综合纳税申报。

项目十 网上纳税申报实务

【知识目标】

掌握增值税、企业所得税、地方税的网上纳税申报流程。

【技能要求】

会进行增值税、企业所得税、地方税的网上纳税申报操作。

网上纳税申报是指税务机关通过因特网接收和处理纳税人的申报信息，并从纳税人的预储账户中划转应纳税款，使纳税人在自己的办公室完成纳税申报的一种先进的纳税申报方式。

随着税收征管改革的不断深入和完善，采用信息化、现代化的管理方式已成为趋势，远程电子纳税申报是一种先进的申报方式。与其他几种申报方式相比，网上电子纳税申报具有如下几大优点：

1. 方便

纳税人不受时间和场地的限制，足不出户即可完成纳税申报。

2. 快捷

纳税人可以全天 24 小时使用本系统，避免了到办税服务厅申报时的拥挤，减少等候时间，提高了工作效率。

3. 安全

减少了纳税人因携带现金纳税申报产生的不必要的风险。

4. 高效

技术先进，操作简便，实时性好，中间环节少。

5. 成本降低

使用远程电子纳税申报系统的纳税人，只需要向税务机关交纳一次性开通手续费。

任务一 增值税网上申报实务

【案例导入】

2013 年 1 月，浙江华策有限公司税务会计张芳在月中顺利办妥了各种纳税手续。月底，张芳完成了一个月的涉税业务的会计处理，并进行了发票认证，编制完成财务报表。

【任务要求】

要求根据企业的增值税纳税数据进行增值税网上申报。

一、登录网站

登录浙江省国家税务局(网址 http: //www.zjtax.gov),如图 10–1 所示。

图 10–1 浙江省国家税务局网站主页

二、增值税纳税申报

(1)单击浙江国税网主页右边的“网上申报”。

(2)出现网上申报服务界面,输入用户名和密码,单击“登录”。

(3)进入企业主界面,可看到纳税人的基本信息,如图 10–2 所示。单击涉税服务中的“纳税申报”。

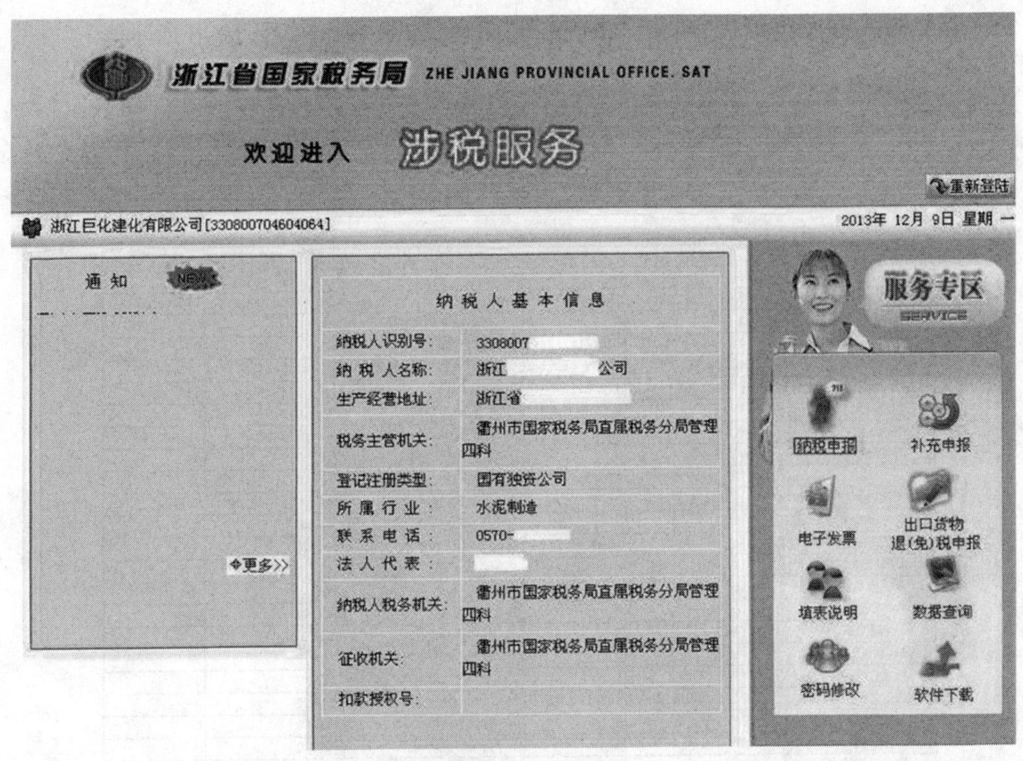

图 10-2 企业界面

(4)进入申报税种信息区,如图 10-3 所示。单击“财务报表 2013(企业会计准则)”。

纳税申报表	所属日期起	所属日期止	申报截止日期	申报状态	扣款状态	扣款日期	申报日期
用电户号申报	2014-01-01	2014-01-31					
财务报表2013(企业会计准则)	2014-01-01	2014-01-31	2014-02-21	未申报	选择财务报表类型,请进入		
年度财务报表2013(企业会计准则)	2013-01-01	2013-12-31	2014-05-31	未申报	选择财务报表类型,请进入		
增值税一般纳税人	2014-01-01	2014-01-31	2014-02-21	未申报	未扣款		
企业所得税资产损失税前扣除申报表	2013-01-01	2013-12-31	2014-05-31	未申报			
企业所得税年度申报表	2013-01-01	2013-12-31	2014-05-31	未申报	未扣款		
企业年度关联业务往来报告表	2013-01-01	2013-12-31	2014-05-31	未申报			
重点税源反馈							

图 10-3 企业申报税种信息区

（5）分别输入资产负债表、现金流量表和利润表，如图 10-4 ~ 图 10-6 所示。

浙江省国家税务局 ZHEJIANG Provincial State Taxation Bureau 网上申报自助服务 修改 作废 打印 返回

资产负债表 | 利润表 | 现金流量表 | 所有者权益变动表（可选） | 全申报

资　产　负　债　表

编制单位：浙江　　　有限公司　　　2013年11月30日　　　单位：元

资产	行次	期末余额	年初余额	负债及所有者权益	行次	期末余额	年初余额
流动资产：	1			流动负债：	34		
货币资金	2	523161.4	1944644.62	短期借款	35	170000000	170000000
交易性金融资产	3	0	0	交易性金融负债	36	0	0
应收票据	4	11969991.93	14017122.84	应付票据	37	0	0
应收账款	5	98955.55	98955.55	应付账款	38	120487.97	127595.92
预付款项	6	472.02	472.02	预收款项	39	331.06	331.06
应收利息	7	0	0	应付职工薪酬	40	0	0
应收股利	8	0	0	应交税费	41	-17896.2	-18602.84
其他应收款	9	0	0	应付利息	42	0	0
存货	10	29699.83	21618.74	应付股利	43	0	0
一年内到期的非流动资产	11	0	0	其他应付款	44	5912702.09	5171025.3
其他流动资产	12	0	0	一年内到期的非流动负债	45	0	0
流动资产合计（13=2&12）	13	12622280.73	16082813.77	其他流动负债	46	0	0
非流动资产：	14			流动负债合计（47=35&46）	47	176015624.92	175280349.44
可供出售金融资产	15	0	0	非流动负债：	48		
持有至到期投资	16	0	0	长期借款	49	0	0
长期应收款	17	0	0	应付债券	50	0	0
长期股权投资	18	0	0	长期应付款	51	0	0
投资性房地产	19	0	0	专项应付款	52	0	0
固定资产	20	6179514.9	6482130.73	预计负债	53	0	0
在建工程	21	0	0	递延所得税负债	54	0	0
工程物资	22	0	0	其他非流动负债	55	0	0
固定资产清理	23	0	0	非流动负债合计（56=49&55）	56	0	0
生产性生物资产	24	0	0	负债合计（57=47+56）	57	176015624.92	175280349.44
油气资产	25	0	0	所有者权益（或股东权益）：	58		
交易性金融资产	3	0	0	交易性金融负债	36	0	0
应收票据	4	11969991.93	14017122.84	应付票据	37	0	0
应收账款	5	98955.55	98955.55	应付账款	38	120487.97	127595.92
预付款项	6	472.02	472.02	预收款项	39	331.06	331.06
应收利息	7	0	0	应付职工薪酬	40	0	0
应收股利	8	0	0	应交税费	41	-17896.2	-18602.84
其他应收款	9	0	0	应付利息	42	0	0
存货	10	29699.83	21618.74	应付股利	43	0	0
一年内到期的非流动资产	11	0	0	其他应付款	44	5912702.09	5171025.3
其他流动资产	12	0	0	一年内到期的非流动负债	45	0	0
流动资产合计（13=2&12）	13	12622280.73	16082813.77	其他流动负债	46	0	0
非流动资产：	14			流动负债合计（47=35&46）	47	176015624.92	175280349.44
可供出售金融资产	15	0	0	非流动负债：	48		
持有至到期投资	16	0	0	长期借款	49	0	0
长期应收款	17	0	0	应付债券	50	0	0
长期股权投资	18	0	0	长期应付款	51	0	0
投资性房地产	19	0	0	专项应付款	52	0	0
固定资产	20	6179514.9	6482130.73	预计负债	53	0	0
在建工程	21	0	0	递延所得税负债	54	0	0
工程物资	22	0	0	其他非流动负债	55	0	0
固定资产清理	23	0	0	非流动负债合计（56=49&55）	56	0	0
生产性生物资产	24	0	0	负债合计（57=47+56）	57	176015624.92	175280349.44
油气资产	25	0	0	所有者权益（或股东权益）：	58		
无形资产	26	27362538.12	27961028.1	实收资本（或股本）	59	17000000	17000000
开发支出	27	0	0	资本公积	60	44422846.19	44422846.19
商誉	28	0	0	减：库存股	61	0	0
长期待摊费用	29	410971.71	676232.09	专项储备	62	0	0
递延所得税资产	30	0	0	盈余公积	63	0	0
其他非流动资产	31	0	0	未分配利润	64	-190863165.65	-185500990.94
非流动资产合计（32=15&31）	32	33953024.73	35119390.92	所有者权益（或股东权益）合计（65=59+60-61+62+63+64）	65	-129440319.46	-124078144.75
资产总计（33=13+32）	33	46575305.46	51202204.69	负债和所有者权益（或股东权益）总计（66=57+65）	66	46575305.46	51202204.69

重写　　提交　　返回

图 10-4　资产负债表页面

浙江省国家税务局 ZHEJIANG Provincial State Taxation Bureau　网上申报自助服务　修改　作废　打印　返回

资产负债表 | 利润表 | 现金流量表 | 所有者权益变动表(可选) | 全申报

现　金　流　量　表

编制单位:浙江　　有限公司　　2014年01月　　单位:元

项目	行次	本期金额	上期金额
一、经营活动产生的现金流量:	1		
销售商品、提供劳务收到的现金	2	0	0
收到的税费返还	3	0	0
收到的其他与经营活动有关的资金	4	0	0
经营活动现金流入小计(5=2+3+4)	5	0	0
购买商品、接受劳务支付的现金	6	0	0
支付给职工以及为职工支付的现金	7	0	0
支付的各项税费	8	0	0
支付其他与经营活动有关的现金	9	0	0
经营活动现金流出小计(10=6+7+8+9)	10	0	0
经营活动产生的现金流量净额(11=5-10)	11	0	0
二、投资活动产生的现金流量:	12		
收回投资收到的现金	13	0	0
取得投资收益收到的现金	14	0	0
处置固定资产、无形资产和其他长期资产收回的现金净额	15	0	0
处置子公司及其他营业单位收到的现金净额	16	0	0
收到其他与投资活动有关的现金	17	0	0
投资活动现金流入小计(18=13+14+15+16+17)	18	0	0
购建固定资产、无形资产和其他长期资产所支付的现金	19	0	0
投资支付的现金	20	0	0
取得子公司及其他营业单位支付的现金净额	21	0	0
支付其他与投资活动有关的现金	22	0	0
投资活动现金流出小计(23=19+20+21+22)	23	0	0
投资活动产生的现金流量净额(24=18-23)	24	0	0
三、筹资活动所产生的现金流量:	25		
吸收投资收到的现金	26	0	0
五、现金及现金等价物净增加额(36=11+24+34+35)	36	0	0
加:期初现金及现金等价物余额	37	0	0
六、期末现金及现金等价物余额(38=36+37)	38	0	0
补充资料	行次	本年金额	上年金额
1.将净利润调节为经营活动现金流量:	39		
净利润	40	0	0
加:资产减值准备	41	0	0
固定资产折旧、油气资产折耗、生产性生物资产折旧	42	0	0
无形资产摊销	43	0	0
长期待摊费用摊销	44	0	0
处置固定资产、无形资产和其他长期资产的损失(收益以"一"号填列)	45	0	0
固定资产报废损失(收益以"一"号填列)	46	0	0
公允价值变动损失(收益以"一"号填列)	47	0	0
财务费用(收益以"一"号填列)	48	0	0
投资损失(收益以"一"号填列)	49	0	0
递延所得税资产减少(增加以"一"号填列)	50	0	0
递延所得税负债增加(减少以"一"号填列)	51	0	0
存货的减少(增加以"一"号填列)	52	0	0
经营性应收项目的减少(增加以"一"号填列)	53	0	0
经营性应付项目的增加(减少以"一"号填列)	54	0	0
其他	55	0	0
经营活动产生的现金流量净额(56=40&55)	56	0	0
2.不涉及现金收支的重大投资和筹资活动:	57		
债务转为资本	58	0	0
一年内到期的可转换公司债券	59	0	0
融资租入固定资产	60	0	0
3.现金及现金等价物净变动情况:	61		
现金的期末余额(62=38)	62	0	0
减:现金的期初余额	63	0	0
加:现金等价物的期末余额	64	0	0
减:现金等价物的期初余额	65	0	0
现金及现金等价物净增加额(66=62-63+64-65)	66	0	0

重写　提交　返回

图 10-5　现金流量表页面

温馨提示：本期金额为01月至11月的累计金额，上期金额为上年同期报表的本期金额。

利　润　表

编制单位:浙江　　　有限公司　　　2013年11月　　　单位：元

项目	行次	本期金额	上期金额
一、营业收入	1	0	0
减：营业成本	2	0	0
营业税金及附加	3	0	0
销售费用	4	0	0
管理费用	5	0	0
财务费用	6	0	0
资产减值损失	7	0	0
加：公允价值变动收益（损失以"-"号填列）	8	0	0
投资收益（损失以"-"号填列）	9	0	0
其中：对联营企业和合营企业的投资收益	10	0	0
二、营业利润（亏损以"-"号填列）11=01-02-03-04-05-06-07+08+09	11	0	0
加：营业外收入	12	0	0
减：营业外支出	13	0	0
其中：非流动资产处置损失	14	0	0
三、利润总额（亏损总额以"-"号填列）15=11+12-13	15	0	0
减：所得税费用	16	0	0
四、净利润（净亏损以"-"号填列）17=15-16	17	0	0
五、每股收益：	18	0	0
（一）基本每股收益	19	0	0
（二）稀释每股收益	20	0	0

重写　提交　返回

图 10-6　利润表页面

（6）三张主表输入完成后，单击“全申报”。如图 10-7 所示。

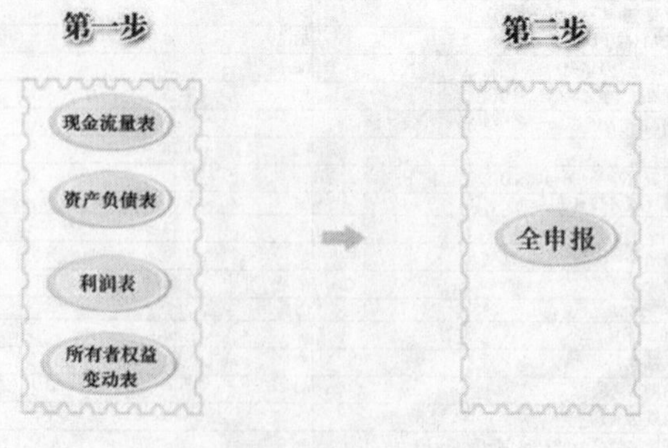

服务热线：4008990000

图 10-7　申报确认

(7)返回申报税种信息区,单击“增值税一般纳税人”。

(8)出现增值税申报步骤,如图10–8所示,操作第一步,点出上面的“不抵扣发票”、“成品油”、“废旧物资开具”、“废旧物资抵扣”、“海关凭证抵扣”、“农产品抵扣”,并分别输入相关内容。

图10–8 增值税申报步骤页面

(9)操作第二步,单击图10–8“抵扣联明细”,进入增值税纳税申报表附列资料(表三)的界面。由于抵扣发票已经认证,所以只要单击“发票数据上传”即可,如图10–9所示。

浙江省国家税务局
ZHEJIANG Provincial State Taxation Bureau
网上申报自助服务　修改　作废　打印　返回

不抵扣发票　转抵扣发票　成品油　海关凭证抵扣　运输发票抵扣　农产品抵扣　抵扣联明细　存根联明细
投入产出法进项表　成本法进项表　直接销售进项表　不构成货物实体进项表　核定扣除进项汇总　附表五　附表六
附表一　附表二　附表三　附表四　固定资产抵扣明细　固定资产抵扣情况　增值税申报表　税负变化申报表
防伪税控服务质量调查表　全申报　扣款

防伪税控增值税专用发票存根联明细

申报所属期:2013年 11 月

纳税人识别号:3308007

纳税人名称:(公章)浙江　　有限公司　　填表日期:2013 年 12 月 12 日　　金额单位:元至角

序号	发票代码	发票号码	开票日期	购货方纳税人识别号	金额	税额	作废
—	—	—	—	—	—	—	—
—	—	—	—	—	—	—	—
—	—	—	—	—	—	—	—
—	—	—	—	—	—	—	—
—	—	—	—	—	—	—	—
—	—	—	—	—	—	—	—
—	—	—	—	—	—	—	—
—	—	—	—	—	—	—	—
—	—	—	—	—	—	—	—
—	—	—	—	—	—	—	—
合计	------	------	------	------	0	0	—

注:注:本表"金额""合计"栏数据应等于《附列资料(表一)》第1、8、15栏"小计""销售额"项数据之和;

本表"税额""合计"栏数据应等于《附列资料(表一)》第1栏"小计""销项税额"、第8栏"小计""应纳税额"、第15栏"小计""税额"项数据之和。

发票数据下载　返回

图10–9 发票数据上传页面

（10）单击“查看明细”后，出现可抵扣发票的明细清单，如图 10-10 所示。

浙江省国家税务局
ZHEJIANG Provincial State Taxation Bureau
网上申报自助服务
修改 作废 打印 返回
不抵扣发票 转抵扣发票 成品油 海关凭证抵扣 运输发票抵扣 农产品抵扣 抵扣联明细 存根联明细
投入产出法进项表 成本法进项表 直接销售进项表 不构成货物实体进项表 核定扣除进项汇总 附表五 附表六
附表一 附表二 附表三 附表四 固定资产抵扣明细 固定资产抵扣情况 增值税申报表 税负变化申报表
防伪税控服务质量调查表 全申报 扣款

防伪税控增值税专用发票申报抵扣明细

申报抵扣所属期：2013年12月

纳税人识别号：330800

纳税人名称：(公章)浙江　　有限公司　　填表日期：2014年01月08日　　金额单位：元至角

类别	序号	发票代码	发票号码	开票日期	金额	税额	销货方纳税人识别号	认证日期	备注
本期认证相符且本期申报抵扣	1	1100132140	07098353	2013-12-18	83333.33	14166.67	110114783956745	2013-12-31	抵
	2	1100132140	07098354	2013-12-18	83333.33	14166.67	110114783956745	2013-12-31	抵
	3	1100132140	07098355	2013-12-18	83333.33	14166.67	110114783956745	2013-12-31	抵
	4	1100132140	07098356	2013-12-18	83333.33	14166.67	110114783956745	2013-12-31	抵
	5	1100132140	07098357	2013-12-18	83333.33	14166.67	110114783956745	2013-12-31	抵
	6	1100132140	07098358	2013-12-18	83333.33	14166.67	110114783956745	2013-12-31	抵
	7	1100132140	07098359	2013-12-18	83333.33	14166.67	110114783956745	2013-12-31	抵
	8	1100132140	07098360	2013-12-18	83333.33	14166.67	110114783956745	2013-12-31	抵
	9	1100132140	07098361	2013-12-18	83333.33	14166.67	110114783956745	2013-12-31	抵
	10	1100132140	07098362	2013-12-18	83333.33	14166.67	110114783956745	2013-12-31	抵
	11	1100132140	07098363	2013-12-18	83333.33	14166.67	110114783956745	2013-12-31	抵
	12	1100132140	07098364	2013-12-18	83333.33	14166.67	110114783956745	2013-12-31	抵
	13	1100132140	07098365	2013-12-18	83333.33	14166.67	110114783956745	2013-12-31	抵
	14	1100132140	07098366	2013-12-18	83333.33	14166.67	110114783956745	2013-12-31	抵
	15	1100132140	07098367	2013-12-18	83333.33	14166.67	110114783956745	2013-12-31	抵
	16	1100132140	07098368	2013-12-18	83333.33	14166.67	110114783956745	2013-12-31	抵
	17	1100132140	07098369	2013-12-18	83333.33	14166.67	110114783956745	2013-12-31	抵
	18	1100132140	07098370	2013-12-18	83333.33	14166.67	110114783956745	2013-12-31	抵
	19	1100132140	07098371	2013-12-18	83333.33	14166.67	110114783956745	2013-12-31	抵
	20	1100132140	07098372	2013-12-18	83333.33	14166.67	110114783956745	2013-12-31	抵
	21	1100132140	07098373	2013-12-18	80128.21	13621.79	110114783956745	2013-12-31	抵
	22	1100132140	07098374	2013-12-18	80128.21	13621.79	110114783956745	2013-12-31	抵
	23	1100132140	07098375	2013-12-18	80128.21	13621.79	110114783956745	2013-12-31	抵
	24	1100132140	07098376	2013-12-18	80128.21	13621.79	110114783956745	2013-12-31	抵
	25	1100132140	07098377	2013-12-18	80128.21	13621.79	110114783956745	2013-12-31	抵
	26	1100132140	07098378	2013-12-18	80128.21	13621.79	110114783956745	2013-12-31	抵
	27	1100132140	07098379	2013-12-18	80128.21	13621.79	110114783956745	2013-12-31	抵
	28	1100132140	07098380	2013-12-18	80128.21	13621.79	110114783956745	2013-12-31	抵

图 10-10　抵扣发票明细清单页面

（11）经核对无误后，单击“确认提交”，如图 10-11 所示。上传数据成功，单击“确定”。

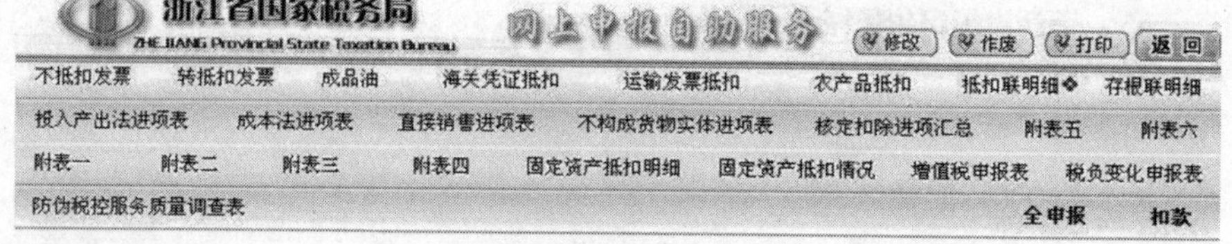

附件5：

增值税纳税申报表附列资料（表四）

（防伪税控增值税专用发票存根联明细）

申报所属期：2013年 11 月

纳税人识别号：3308007

纳税人名称：(公章)浙江　　有限公司　　填表日期：2013 年 12 月 12 日　　金额单位：元至角

序号	发票代码	发票号码	开票日期	购货方纳税人识别号	金额	税额	作废
—	—	—	—	—	—	—	—
—	—	—	—	—	—	—	—
—	—	—	—	—	—	—	—
—	—	—	—	—	—	—	—
—	—	—	—	—	—	—	—
—	—	—	—	—	—	—	—
—	—	—	—	—	—	—	—
—	—	—	—	—	—	—	—
—	—	—	—	—	—	—	—
—	—	—	—	—	—	—	—
合计	——	——	——	——	0	0	—

注：注：本表“金额”“合计”栏数据应等于《附列资料（表一）》第1、8、15栏“小计”“销售额”项数据之和；　　**发票总份数：0**

本表“税额”“合计”栏数据应等于《附列资料（表一）》第1栏“小计”“销项税额”、第8栏“小计”“应纳税额”、第15栏“小计”“税额”项数据之和。

查看明细　确认提交　返回

图 10-11　确认提交页面

(12)返回增值税申报步骤界面，单击“存根联明细”，进入“存根联明细”界面，因为销售发票已认证，所以只要单击“发票数据上传”。先单击“查看明细”，与企业实际销售发票核对无误后，单击“确认提交”。上传数据成功，单击“确定”。如图 10–12 和图 10–13 所示。

浙江省国家税务局
ZHEJIANG Provincial State Taxation Bureau
网上申报自助服务 修改 作废 打印 返回

不抵扣发票 转抵扣发票 成品油 海关凭证抵扣 运输发票抵扣 农产品抵扣 抵扣联明细 存根联明细
投入产出法进项表 成本法进项表 直接销售进项表 不构成货物实体进项表 核定扣除进项汇总 附表五 附表六
附表一 附表二 附表三 附表四 固定资产抵扣明细 固定资产抵扣情况 增值税申报表 税负变化申报表
防伪税控服务质量调查表 全申报 扣款

防伪税控增值税专用发票存根联明细

申报所属期：2013年 11 月

纳税人识别号：3308007

纳税人名称：(公章)浙江　　　有限公司　　　填表日期：2013 年 12 月 12 日　　　金额单位：元至角

序号	发票代码	发票号码	开票日期	购货方纳税人识别号	金额	税额	作废
--	--	--	--	--	--	--	--
--	--	--	--	--	--	--	--
--	--	--	--	--	--	--	--
--	--	--	--	--	--	--	--
--	--	--	--	--	--	--	--
--	--	--	--	--	--	--	--
--	--	--	--	--	--	--	--
--	--	--	--	--	--	--	--
--	--	--	--	--	--	--	--
--	--	--	--	--	--	--	--
合计	-------	-------	------	-------	0	0	--

注：注：本表“金额”“合计”栏数据应等于《附列资料（表一）》第1、8、15栏“小计”“销售额”项数据之和；
本表“税额”“合计”栏数据应等于《附列资料（表一）》第1栏“小计”“销项税额”、第8栏“小计”“应纳税额”、第15栏“小计”“税额”项数据之和。

发票数据下载　返回

图 10–12　查看明细页面

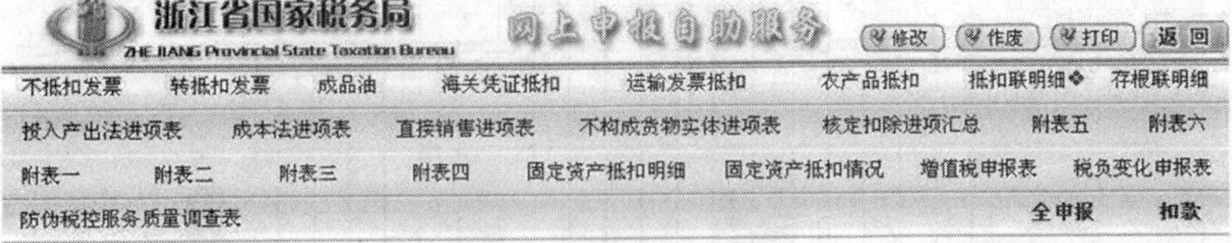

附件5：

增值税纳税申报表附列资料（表四）

（防伪税控增值税专用发票存根联明细）

申报所属期：2013年 11 月

纳税人识别号：3308007

纳税人名称：(公章)浙江　　　有限公司　　　填表日期：2013 年 12 月 12 日　　　金额单位：元至角

序号	发票代码	发票号码	开票日期	购货方纳税人识别号	金额	税额	作废
--	--	--	--	--	--	--	--
--	--	--	--	--	--	--	--
--	--	--	--	--	--	--	--
--	--	--	--	--	--	--	--
--	--	--	--	--	--	--	--
--	--	--	--	--	--	--	--
--	--	--	--	--	--	--	--
--	--	--	--	--	--	--	--
--	--	--	--	--	--	--	--
--	--	--	--	--	--	--	--
合计	-------	-------	------	-------	0	0	--

注：注：本表“金额”“合计”栏数据应等于《附列资料（表一）》第1、8、15栏“小计”“销售额”项数据之和；　　发票总份数：0
本表“税额”“合计”栏数据应等于《附列资料（表一）》第1栏“小计”“销项税额”、第8栏“小计”“应纳税额”、第15栏“小计”“税额”项数据之和。

查看明细　确认提交　返回

图 10–13　确认提交页面

（13）返回增值税申报步骤界面，单击“附表一”，填写本期销售情况明细后单击“提交”，如图 10-14 所示。

增值税纳税申报表附列资料（表一）

（本期销售情况明细）

税款所属时间： 2013年 11月 01日 至 2013年 11月 30日

有限公司（公章）

项目及栏次		开具税控增值税专用发票		开具其他发票		未开具发票		纳税检查调整		合计			应税服务扣除项目本期实际扣除金额
		销售额	销项（应纳）税额	销售额	销项（应纳）税额	销售额	销项（应纳）税额	销售额	销项（应纳）税额	销售额	销项（应纳）税额	价税合计	
		1	2	3	4	5	6	7	8	9=1+3+5+7	10=2+4+6+8	11=9+10	12
税率的货物及加工修理修配劳务	1	0	0	0	0	0	0	0	0	0	0	——	——
税率的有形动产租赁服务	2	0	0	0	0	0	0	0	0	0	0	0	0
税率	3	0	0	0	0	0	0	0	0	0	0	——	——
税率	4	0	0	0	0	0	0	0	0	0	0	0	0
说率	5	0	0	0	0	0	0	0	0	0	0	0	0
E即退货物及加工修理修配劳务	6	——	——	——	——	——	——	——	——	0	0	——	——
E即退应税服务	7	——	——	——	——	——	——	——	——	0	0	0	0
E收率	8	0	0	0	0	0	0	——	——	0	0	——	——
E收率	9	0	0	0	0	0	0	——	——	0	0	——	——
E收率	10	0	0	0	0	0	0	——	——	0	0	——	——
E收率的货物及加工修理修配劳务	11	0	0	0	0	0	0	——	——	0	0	——	——
E收率的应税服务	12	0	0	0	0	0	0	——	——	0	0	0	0
E率 0 %	13	0	0	0	0	0	0	——	——	0	0	0	0
E即退货物及加工修理修配劳务	14	——	——	——	——	——	——	——	——	0	0	——	——
E即退应税服务	15	——	——	——	——	——	——	——	——	0	0	0	0
修理修配劳务	16	——	——	0	——	0	——	——	——	0	——	——	——
	17	——	——	0	——	0	——	——	——	0	——	0	0
修理修配劳务	18	0	0	0	——	0	——	——	——	0	——	——	——
	19	——	——	0	——	0	——	——	——	0	——	0	0

重写　提交　返回

图 10-14 附列资料（表一）页面

（14）返回增值税申报步骤界面，单击“附表二”，进入增值税纳税申报表附列资料（表二）界面。系统自动导入相关数据，经确认无误后，单击“提交”，如图10–15所示。上传数据成功，单击“确定”。

浙江省国家税务局
ZHEJIANG Provincial State Taxation Bureau
网上申报自助服务
修改 作废 打印 返回

不抵扣发票 转抵扣发票 成品油 海关凭证抵扣 运输发票抵扣 农产品抵扣 抵扣联明细◆ 存根联明细◆
投入产出法进项表 成本法进项表 直接销售进项表 不构成货物实体进项表 核定扣除进项汇总 附表五 附表六
附表一◆ 附表二 附表三 附表四 固定资产抵扣明细 固定资产抵扣情况 增值税申报表 税负变化申报表
防伪税控服务质量调查表 全申报 扣款

温馨提示：有抵扣联明细的企业请先提交《抵扣联明细表》

增值税纳税申报表附列资料（表二）

（本期进项税额明细）

税款所属时间： 2013年 11月 01日 至 2013年 11月 30日

纳税人名称：（公章）浙江 有限公司 填表日期：2013年12月12日 金额单位：元至角分

一、申报抵扣的进项税额

项目	栏次	份数	金额	税额
（一）认证相符的税控增值税专用发票	1=2+3	1	2104.45	357.76
其中：本期认证相符且本期申报抵扣	2	1	2104.45	357.76
前期认证相符且本期申报抵扣	3	0	0	0
（二）其他抵扣凭证	4=5+6+7+8	0	0	0
其中：海关进口增值税专用缴款书	5	0	0	0
农产品收购发票或者销售发票	6	0	0	0
代扣代缴税收通用缴款书	7	0	——	0
运输费用结算单据	8	0	0	0
	9	——	——	——
	10	——	——	——
（三）外贸企业进项税额抵扣证明	11		——	0
当期申报抵扣进项税额合计	12=1+4+11	1	2104.45	357.76

二、进项税额转出额

项目	栏次	税额
本期进项税转出额	13=14+15+16+17+18+19+20+21+22+23	0
其中：免税项目用	14	0
非应税项目、集体福利、个人消费用	15	0
非正常损失	16	0
简易计税方法征税项目用	17	0
免抵退税办法不得抵扣的进项税额	18	0
纳税检查调减进项税额	19	0
红字专用发票通知单注明的进项税额	20	0
上期留抵税额抵减欠税	21	0
上期留抵税额退税	22	0
其他应作进项税额转出的情形	23	0

三、待抵扣进项税额

项目	栏次	份数	金额	税额
（一）认证相符的防伪税控增值税专用发票	24	——	——	——
期初已认证相符但未申报抵扣	25	0	0	0
本期认证相符且本期未申报抵扣	26	0	0	0
期末已认证相符但未申报抵扣	27	0	0	0
其中：按照税法规定不允许抵扣	28	0	0	0
（二）其他抵扣凭证	29=30+31+32+33	0	0	0
其中：海关进口增值税专用缴款书	30	0	0	0
农产品收购发票或者销售发票	31	0	0	0
代扣代缴税收通用缴款书	32	0	——	0
运输费用结算单据	33	0	0	0
	34	——	——	——

四、其他

项目	栏次	份数	金额	税额
本期认证相符的税控增值税专用发票	35	1	2104.45	357.76
代扣代缴税额	36	——	——	0

重写 提交 返回

图10–15 附列资料（表二）页面

（15）返回增值税申报步骤界面，单击“增值税纳税申报表附例资料（四）”。填写后单击“提交”，如图 10-16 所示。

浙江省国家税务局
ZHEJIANG Provincial State Taxation Bureau
网上申报自助服务
修改 作废 打印 返回

不抵扣发票 转抵扣发票 成品油 海关凭证抵扣 运输发票抵扣 农产品抵扣 抵扣联明细 存根联明细
投入产出法进项表 成本法进项表 直接销售进项表 不构成货物实体进项表 核定扣除进项汇总 附表五 附表六
附表一 附表二 附表三 附表四 固定资产抵扣明细 固定资产抵扣情况 增值税申报表 税负变化申报表
防伪税控服务质量调查表 全申报 扣款

增值税纳税申报表附列资料（四）

（税额抵减情况表）

税款所属时间：2014年 01月 01日 至 2014年 01月 31日

纳税人名称：（公章）浙江　　　　有限公司　　　　金额单位：元至角分

序号	抵减项目	期初余额	本期发生额	本期应抵减税额	本期实际抵减税额	期末余额
		1	2	3=1+2	4≤3	5=3-4
1	增值税税控系统专用设备费及技术维护费	0	0	0	0	0
2	分支机构预征缴纳税款	0	0	0	0	0
3						
4						
5						
6						

重写 提交 返回

图 10-16　附例资料（四）页面

（16）返回增值税申报步骤界面，单击“固定资产抵扣明细”。填写后单击“提交”，如图 10-17 所示。

浙江省国家税务局
ZHEJIANG Provincial State Taxation Bureau
网上申报自助服务
修改 作废 打印 返回

不抵扣发票 转抵扣发票 成品油 海关凭证抵扣 运输发票抵扣 农产品抵扣 抵扣联明细 存根联明细
投入产出法进项表 成本法进项表 直接销售进项表 不构成货物实体进项表 核定扣除进项汇总 附表五 附表六
附表一 附表二 附表三 附表四 固定资产抵扣明细 固定资产抵扣情况 增值税申报表 税负变化申报表
防伪税控服务质量调查表 全申报 扣款

固定资产进项税额抵扣明细表

所属时期：自 2014年01 月01 日 至2014 年01 月31 日
企业名称：浙江　　　有限公司　　　　行业：　制造

新增机器设备等固定资产										
	序号*	发票号码*	机器设备名称*	型号	开票日期*	设备单价*	设备数量*	设备金额*	抵扣税额*	是否经常用
增值税专用发票	+ 1					0	0	0	0	是
小　计		——	——	——	——	——	0	0	0	—
海关进口增值税专用缴款书	+ 1					0	0	0	0	是
小　计		——	——	——	——	——	0	0	0	—
合　计		——	——	——	——	——	0	0	0	—

注：专用发票包括机动车销售统一发票和税务机关代开专用发票数
1、填表说明
当月未发生固定资产抵扣业务可以不填写该报表
打*的必录项
序号栏由系统按顺序产生
发票号码栏可以输入多张发票号码，多个发票号码以逗号隔开，一张发票号码可以用到多个机器设备
机器设备名称栏只能输入相同型号的一种机器设备即不同型号的机器设备必须分行填写
计算关系：设备数量 * 设备单价=设备金额，可以允许正负10差额，抵扣税额<=（设备金额 * 0.17）+ 1
如一种机器对应多张发票，则开票日期选择其中任一发票录入

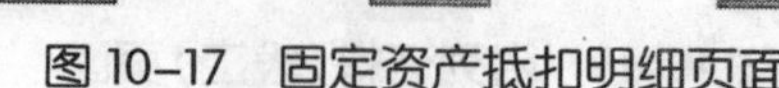

图 10-17　固定资产抵扣明细页面

(17)返回增值税申报步骤界面，单击“固定资产抵扣情况”。填写后单击“提交”，如图10–18所示。

浙江省国家税务局
ZHEJIANG Provincial State Taxation Bureau
网上申报自助服务
修改 作废 打印 返回

不抵扣发票 转抵扣发票 成品油 海关凭证抵扣 运输发票抵扣 农产品抵扣 抵扣联明细 存根联明细
投入产出法进项表 成本法进项表 直接销售进项表 不构成货物实体进项表 核定扣除进项汇总 附表五 附表六
附表一 附表二 附表三 附表四 固定资产抵扣明细 固定资产抵扣情况 增值税申报表 税负变化申报表
防伪税控服务质量调查表 全申报 扣款

固定资产进项税额抵扣情况表

纳税人识别号：33080　　纳税人名称（公章）：浙江　　公司

填表日期：2014 年02 月20 日　　金额单位：元至角分

项目	当期申报抵扣的固定资产进项税额	当期申报抵扣的固定资产进项税额累计
增值税专用发票	0	0
海关进口增值税专用缴款书	0	0
合　　计	0	0

重写 提交 返回

图 10–18 固定资产抵扣情况页面

(18)返回增值税申报步骤界面，单击“增值税纳税申报表”，进入“增值税纳税申报表”界面，系统自动导入相关数据，经确认无误后，单击“提交”，如图10–19所示。上传数据成功，单击“确定”。

网上申报自助服务　修改　作废　打印　返回

不抑扣发票　转抵扣发票　成品油　海关凭证抵扣　运输发票抵扣　农产品抵扣　抵扣联明细◆　存根联明细◆

投入产出法进项表　成本法进项表　直接销售进项表　不构成货物实体进项表　核定扣除进项汇总　附表五　附表六

附表一◆　附表二◆　附表三　附表四◆　固定资产抵扣明细◆　固定资产抵扣情况◆　增值税申报表◆　税负变化申报表

防伪税控服务质量调查表　全申报　扣款

增 值 税 纳 税 申 报 表

（适用于增值税一般纳税人）

根据《中华人民共和国增值税暂行条例》第二十二条和第二十三条的规定制定本表。纳税人不论有无销售额，均应按主管税务机关核定的纳税期限按期填报本表，并于次月一日起十五日内，向当地税务机关申报。

税款所属时间：自2013年11月01日至2013年11月30日　填表日期：2013年12月12日　金额单位：元至角分

纳税人识别号	330800			所属行业：	水泥制造		
纳税人名称（公章）	浙江　有限公司	法定代表人姓名		注册地址	浙江省　市	营业地址	浙江省，山
开户银行及帐号	330.	19[illegible]		登记注册类型	国有独资公司	电话号码	0570 [illegible]

	项目	栏次	一般货物及劳务和应税服务		即征即退货物及劳务和应税服务	
			本月数	本年累计	本月数	本年累计
销售额	（一）按适用税率征税销售额	1	0	12277.78	0	0
	其中：应税货物销售额	2	0	12277.78	0	0
	应税劳务销售额	3	0	0	0	0
	纳税检查调整的销售额	4	0	0	0	0
	（二）按简易征收办法征税销售额	5	0	0	0	0
	其中：纳税检查调整的销售额	6	0	0	0	0
	（三）免、抵、退办法出口销售额	7	0	0	——	——
	（四）免税销售额	8	0	0	——	——
	其中：免税货物销售额	9	0	0	——	——
	免税劳务销售额	10	0	0	——	——
税款计算	销项税额	11	0	2087.22	0	0
	进项税额	12	357.76	1380.58	0	0
	上期留抵税额	13	8607.67	0	0	——
	进项税额转出	14	0	0	0	0
	免、抵、退应退税额	15	0	0	——	——
	按适用税率计算的纳税检查应补缴税额	16	0	0	——	——
	应抵扣税额合计	17=12+13－14－15+16	8965.43	——	0	——
	实际抵扣税额	18（如17<11，则为17，否则为11）	0	0	0	0
	应纳税额	19=11－18	0	0	0	0
	期末留抵税额	20=17－18	8965.43	0	0	——
	简易征收办法计算的应纳税额	21	0	0	0	0
	简易征收办法计算的纳税检查应补缴税额	22	0	0	——	——
	应纳税额减征额	23	0	0	0	0
	应纳税额合计	24=19+21－23	0	0	0	0
税款缴纳	期初未缴税额（多缴为负数）	25	0	0	0	0.00
	实收出口开具专用缴款书退税额	26	0	0	——	——
	本期已缴税额	27=28+29+30+31	0	0	0	0.00
	①分次预缴税额	28	0	——	0	——
	②出口开具专用缴款书预缴税额	29	0	——	——	——
	③本期缴纳上期应纳税额	30	0	0	0	0.00
	④本期缴纳欠缴税额	31	0	0	0	0.00
	期末未缴税额（多缴为负数）	32=24+25+26-27	0	0	0	0
	其中：欠缴税额（≥0）	33=25+26-27	0	——	0	——
	本期应补（退）税额	34=24-28-29	0	——	0	——
	即征即退实际退税额	35	——	——	0	0.00
	期初未缴查补税额	36	0	0	——	——
	本期入库查补税额	37	0	0	——	——
	期末未缴查补税额	38=16+22+36-37	0	0	——	——

授权声明	如果你已委托代理申报人，请填写下列资料：为代理一切税务事宜，现授权_______（地址）_____________为本纳税人的代理申报人，任何与本申报表有关的往来文件都可寄与此人。 授权人签字：	申报人声明	此纳税申报表是根据《中华人民共和国增值税暂行条例》的规定填报的，我确信它是真实的、可靠的、完整的。 声明人签字：

重写　提交　返回

图 10-19　增值税纳税申报表页面

(19)返回增值税申报步骤界面,单击“全申报”,如图10-20所示。申报成功,单击“确定”。没有数据错误,单击“打印”,进行报表打印。

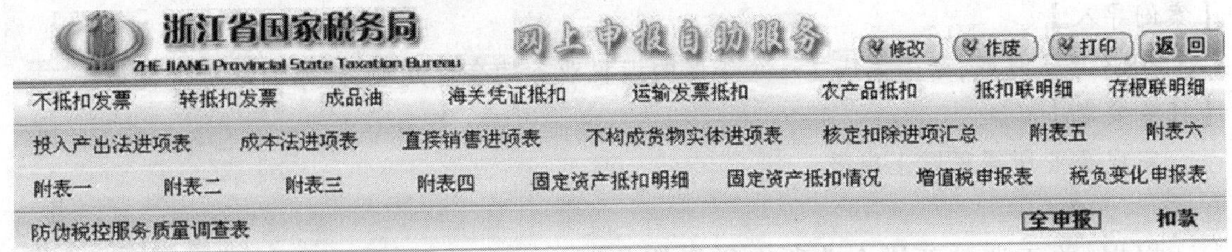

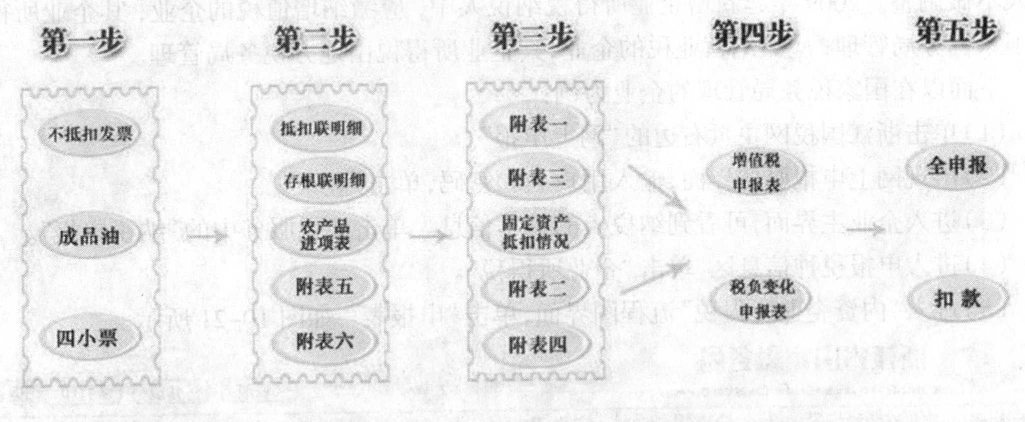

图10-20 全申报页面

(20)申报结果中提示申报成功,即可进行“扣款”操作。点击“清缴税款”按钮,系统弹出提示询问“是否确定继续”。点击“确定”按钮,系统将自动从企业的银行账户进行扣款。如果系统提示扣款成功,表示本次已全额扣税,即完成了本次网上申报缴税的全部操作。此时可点击“注销登录”按钮,离开网上办税大厅。

任务二 所得税网上申报实务

【案例导入】

2013 年 3 月底，张芳完成了一个季度的涉税业务的会计处理，开始编写所得税报表。

【任务要求】

完成企业所得税网上申报。

根据《关于调整新增企业所得税征管范围问题的通知》（国税发〔2008〕第 120 号）规定：以 2008 年为基年，2008 年底之前国家税务局、地方税务局各自管理的企业所得税纳税人不做调整。2009 年起新增企业所得税纳税人中，应缴纳增值税的企业，其企业所得税由国家税务局管理；应缴纳营业税的企业，其企业所得税由地方税务局管理。

下面以在国家税务局管理的企业为例：

（1）单击浙江国税网主页右边的“网上申报”。

（2）出现网上申报服务界面，输入用户名和密码，单击“登录”。

（3）进入企业主界面，可看到纳税人的基本信息。单击涉税服务中的“纳税申报”。

（4）进入申报税种信息区，单击“企业所得税”。

（5）进入“内资企业所得税”流程图界面，单击“申报表”，如图 10-21 所示。

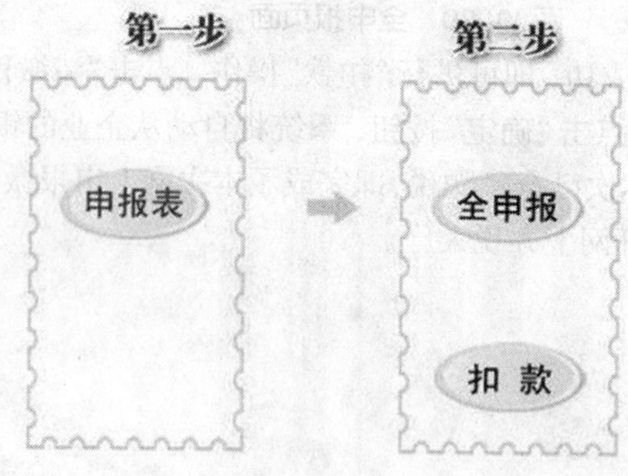

服务热线：4008990000

图 10-21 内资企业所得税页面

(6)进入"企业所得税纳税申报表"界面。根据纸质的所得税纳税申报表依次将"本期金额"和"累计金额"填入,确认无误后,单击"提交",如图 10–22 所示。

浙江省国家税务局
ZHEJIANG Provincial State Taxation Bureau
网上申报自助服务　修改　作废　打印　返回

申报表 | 减免税情况 | 全申报 | 扣款

预缴税额	0
额度减免税额	0
幅度减免税额	0
优惠税率	0
弥补以前年度亏损	41517876.43
如与您的期初数不一致,请与主管税务机关联系核查,谢谢!	

中华人民共和国
企业所得税月(季)度预缴纳税申报表(A类)

税款所属期间: 2013-10-01 至 2013-12-31

纳税人识别号: 330800.
纳税人名称: 浙江　　　　有限公司　　　　金额单位: 元(列至角分)
提示:一、非总分机构纳税人:按"据实预缴"类型申报的,用累计金额来计算税额;其他类型申报的,用本期金额来计算税额。
二、总分机构纳税人:按"总机构"类型申报的,用本表中的26栏和27表本期金额合计数来计算税额;按"分支机构"类型申报的,用本表中的32栏本期金额数来计算税额。

<table>
<tr><th>行次</th><th colspan="2">项　目</th><th>本期金额</th><th>累计金额</th></tr>
<tr><td>1</td><td colspan="4">一、按照实际利润额预缴</td></tr>
<tr><td>2</td><td colspan="2">营业收入</td><td>52149681.41</td><td>143734030.83</td></tr>
<tr><td>3</td><td colspan="2">营业成本</td><td>38449872.02</td><td>123023464.47</td></tr>
<tr><td>4</td><td colspan="2">利润总额</td><td>11114318.72</td><td>4582652.41</td></tr>
<tr><td>5</td><td colspan="2">加:特定业务计算的应纳税所得额</td><td>0</td><td>0</td></tr>
<tr><td>6</td><td colspan="2">减:不征税收入</td><td>0</td><td>0</td></tr>
<tr><td>7</td><td colspan="2">免税收入</td><td>0</td><td>0</td></tr>
<tr><td>8</td><td colspan="2">弥补以前年度亏损</td><td>11114318.72</td><td>12371814.11</td></tr>
<tr><td>9</td><td colspan="2">实际利润额(4行+5行-6行-7行-8行)</td><td>0</td><td>-7789161.7</td></tr>
<tr><td>10</td><td colspan="2">税率(25%)</td><td>25</td><td>25</td></tr>
<tr><td>11</td><td colspan="2">应纳所得税额</td><td>0.00</td><td>0.00</td></tr>
<tr><td>12</td><td colspan="2">减:减免所得税额</td><td>0</td><td>0</td></tr>
<tr><td>13</td><td colspan="2">减:实际已预缴所得税额</td><td>———</td><td>0</td></tr>
<tr><td>14</td><td colspan="2">减:特定业务预缴(征)所得税额</td><td>0</td><td>0</td></tr>
<tr><td>15</td><td colspan="2">应补(退)所得税额(11行-12行-13行-14行)</td><td>———</td><td>0.00</td></tr>
<tr><td>16</td><td colspan="2">减:以前年度多缴在本期抵缴所得税额</td><td>0</td><td>0</td></tr>
<tr><td>17</td><td colspan="2">本期实际应补(退)所得税额</td><td>———</td><td>0.00</td></tr>
<tr><td>18</td><td colspan="4">二、按照上一纳税年度应纳税所得额平均额预缴</td></tr>
<tr><td>19</td><td colspan="2">上一纳税年度应纳税所得额</td><td>———</td><td>0</td></tr>
<tr><td>20</td><td colspan="2">本月(季)应纳税所得额(19行×1/4或1/12)</td><td>0</td><td>0</td></tr>
<tr><td>21</td><td colspan="2">税率(25%)</td><td>25</td><td>25</td></tr>
<tr><td>22</td><td colspan="2">本月(季)应纳所得税额(20行×21行)</td><td>0</td><td>0</td></tr>
<tr><td>23</td><td colspan="4">三、按照税务机关确定的其他方法预缴</td></tr>
<tr><td>24</td><td colspan="2">本月(季)确定预缴的所得税额</td><td>0</td><td>0</td></tr>
<tr><td>25</td><td colspan="4">总分机构纳税人</td></tr>
<tr><td>26</td><td rowspan="5">总机构</td><td>总机构应分摊所得税额(15行或22行或24行×总机构应分摊预缴比例)</td><td>0</td><td>0</td></tr>
<tr><td>27</td><td>财政集中分配所得税额</td><td>0</td><td>0</td></tr>
<tr><td>28</td><td>分支机构应分摊所得税额(15行或22行或24行×分支机构应分摊比例)</td><td>0</td><td>0</td></tr>
<tr><td>29</td><td>其中:总机构独立生产经营部门应分摊所得税额</td><td>0</td><td>0</td></tr>
<tr><td>30</td><td>总机构已撤销分支机构应分摊所得税额</td><td>0</td><td>0</td></tr>
<tr><td>31</td><td rowspan="2">分支机构</td><td>分配比例</td><td>0</td><td>0</td></tr>
<tr><td>32</td><td>分配所得税额</td><td>0</td><td>0</td></tr>
</table>

谨声明:此纳税申报表是根据《中华人民共和国企业所得税法》、《中华人民共和国企业所得税法实施条例》和国家有关税收规定填报的,是真实的、可靠的、完整的。

法定代表人(签字):　　　　年　月　日

纳税人公章: 会计主管: 填表日期:　年　月　日	代理申报中介机构公章: 经办人: 经办人执业证件号码: 代理申报日期:　年　月　日	主管税务机关受理专用章: 受理人: 受理日期:　年　月　日

特别注意:在填写分支机构的分配比例时,例如填写的是10%比例,那么填写10即可。

国家税务总局监制

重写　提交　返回

图 10–22　企业所得税纳税申报表页面

任务三 地方税网上申报实务

【案例导入】

2013 年 3 月底，张芳完成了一个季度的涉税业务的会计处理，开始编写地方税纳税申报表。

【任务要求】

完成地方税纳税申报。

一、登录浙江地税网

登录浙江地税因特网办税服务系统龙版（网址 http: //www.zjds-etax.cn），如图 10-23 所示。输入用户名和密码，单击“登录”。

办税指南 | 各类下载 | 常见问题 | 联系我们 | 地税主页 | 在线培训 | 发票查询

浙江地税因特网办税服务系统龙版

用户名称：浙江 有限公司 普通用户登录

登录密码：

验 证 码： F3UB 证书用户登录

忘记密码 | 新用户注册 | 税务预登记

图 10-23 浙江地税因特网办税服务系统龙版页面

二、地方税网上纳税申报

（1）进入办税系统的企业界面，单击“财务管理”，如图 10–24 所示。

行号	财务报表种类	申报操作			本期报表状态
1	企业资产负债表	录入	修改	导入	已临时上报，请修改后正式上报
2	企业利润表	录入	修改	导入	已临时上报，请修改后正式上报
3	企业财务信息采集表	录入	修改		已临时上报，请修改后正式上报
4	独立纳税重点税源企业调查问卷	录入	修改		非上报期不能报

图 10–24 企业界面

（2）资产负债表和利润表填写完成后，再填写“企业财务信息采集表”，如图 10–25 所示。

企业财务信息采集表

填表说明（填报之前，请先浏览）

编制单位:浙江　　　有限公司　　所属期: 2014年01月　　地税编码: 330800　　单位: 元

地税编码	330800001312008	企业名称	浙江巨化建化有限公司		
会计核算信息	成本计算方法	品种法	坏账损失核算方法	直接法	
	间接成本分配方法	按生产工人工资	主要机器设备折旧方法	年限平均法	
	存货计算方法	个别计价法	是否计提减值准备	否	
项　目	本月数		项　目	本月数	
为职工支付的薪酬（含社保基金）	131091.88		职工人数（人）	28	
实际支付给职工的工资	99480.96		安置残疾职工人数	0	
待处理财产损失	0.00		工业总产值	0.00	
利息支出	3.78		工业增加值	0.00	
销售人员费用	0.00		其他业务收入	0.00	
折旧费用	0.00		其他业务成本	0.00	
本月土地购置面积（平方米）	0.00		上年同期土地购置面积（平方米）	0.00	
生产耗用电量（千瓦时）	0		本年新增的固定资产	0.00	
生产耗用电费	0.00		存货_原材料（累计数）	0.00	
煤炭消费量（吨）	0		存货_库存商品（累计数）	0.00	
油消费量（吨）	0		本月土地购置成交金额（万元）	0.00	
水资源消费量（吨）	0		上年同期土地购置成交金额（万元）	0.00	
主要产品信息（工业企业填写）					

临时保存　　上　报

图 10–25 企业财务信息采集表页面

（3）各种报表填写完成后，返回首面，单击“纳税申报”，填写综合通用申报表，如图10–26所示。

图 10–26　企业界面

（4）进入“综合通用申报表”的填写界面，先单击“申报”，再依次填写“申报计税金额”、“税率”、“计征税金”等栏目内容，如图10–27所示。

▾ 纳税申报注意事项（填报之前，请先浏览）
▾ 综合通用申报表 填表说明（填报之前，请先浏览）
▾ 本企业[浙江　　　　　公司] 基本信息

行号	税种名称	税目名称	代扣代缴代征	申报	应税收入	应税减除项目金额	申报计税金	免税收入	税率	计征税金
1	营业税	公路运输	【×】	□	0.00	0.00	0.00	0.00	3.0000%	0.
2	城市维护建设税	中等城市	【×】	□	0.00	0.00	0.00	0.00	7.0000%	0.
3	教育费附加	教育费附加收入	【×】	□	0.00	0.00	0.00	0.00	3.0000%	0.
4	地方教育附加	地方教育附加	【×】	□	0.00	0.00	0.00	0.00	2.0000%	0.
5	地方水利建设基金	企事业单位及个体经营者	【×】	□	0.00	0.00	0.00	0.00	0.1000%	0.
6	营业税	其他业务	【×】	□	0.00	0.00	0.00	0.00	5.0000%	0.
7	城市维护建设税	中等城市	【×】	□	0.00	0.00	0.00	0.00	7.0000%	0.
8	教育费附加	教育费附加收入	【×】	□	0.00	0.00	0.00	0.00	3.0000%	0.
9	地方教育附加	地方教育附加	【×】	□	0.00	0.00	0.00	0.00	2.0000%	0.
10	地方水利建设基金	企事业单位及个体经营者	【×】	□	0.00	0.00	0.00	0.00	0.1000%	0.
11	城市维护建设税	中等城市	【×】	□	0.00	0.00	0.00	0.00	7.0000%	0.
12	教育费附加	教育费附加收入	【×】	□	0.00	0.00	0.00	0.00	3.0000%	0.
13	地方教育附加	地方教育附加	【×】	□	0.00	0.00	0.00	0.00	2.0000%	0.
14	营业税	房屋租赁	【×】	□	0.00	0.00	0.00	0.00	5.0000%	0.
15	城市维护建设税	中等城市	【×】	□	0.00	0.00	0.00	0.00	7.0000%	0.

总行数：30　　有效行数：0　　应征税金合计：0.00　　开票税金合计：0.00

获取国税数据　申报　关闭

图 10–27　综合通用申报表页面

（5）确认无误后，单击“申报”。跳出一个对话框，经确认无误后，单击“确定”。

（6）地方税申报成功，单击“另存为”，将报表另存。单击“打印”，将报表打印。完成申报。

参考文献

[1] 中国注册会计师协会 .2013 年度注册会计师全国统一考试 — 税法 [M]. 北京：中国财政经济出版社，2013.

[2] 梁伟样 . 税务会计：第三版 [M]. 北京：高等教育出版社，2013.

[3] 费琳琪，徐艳 . 纳税实务 [M]. 北京：中国人民大学出版社，2011.

[4] 朱丹，方飞虎 . 税务会计实务 [M]. 杭州：浙江大学出版社，2010.

[5] 周常青 . 涉税业务核算 [M]. 北京：北京大学出版社，2011.

[6] 张敏，周建共 . 纳税实务：第 3 版 [M]. 北京：高等教育出版社，2013.

[7] 罗威 . 企业办税业务实训 [M]. 北京：机械工业出版社，2012.

[9] 国家税务总局网站 [EB/OL].http：//www.chinatax.gov.cn.

[10] 浙江国家税务局 [EB/OL].http：//www.zjtax.gov.cn/pub/zjgs.

[11] 浙江省地方税局 [EB/OL].http：//www.zjds.gov.cn.